# 월드트레킹 완벽가이드
# 유럽

이재홍 지음

www.globaltourmind.com

[저자 **이재홍 박사** 프로필]

1958년 서울 출생. 서울공대 대학원과 미국 Syracuse 대학원 석사 학위, 한양공대에서 전자공학 박사학위를 받았다. 제15회 기술고등고시를 거쳐 과학기술처 사무관을 시작으로 정보통신부를 거쳐 2010년 7월 산업통상자원부에서 이사관으로 명퇴할 때까지 28년 7개월 간 기술 관료로 봉직했다.

요즘은 30년 넘게 취미로 즐겨온 오디오기기 자작(自作) 기술 노하우를 밑바탕으로 삼아 디지털 오디오기기 회로 설계 프리랜서로 일하고 있다. 월간 오디오의 편집위원과 '4050 그린 산악회' 해외원정 대장을 맡고 있다. 저서로는 [진공관 앰프의 이해와 설계 및 제작] 등 오디오와 멀티미디어에 관한 기술 전문서 7권이 있다.

# 월드트레킹 완벽가이드
# 유럽

**이탈리아** 알프스 돌로미테 지역 산악트레킹 · **영국 스코틀랜드** 웨스트 하이랜드 트레킹
**스웨덴** 피엘라벤(Fjallraven) 클래식 트레킹 · **산티아고** 카미노 순례길 트레킹: 프랑스·포르투갈루트

이재홍 지음

자유여행 길라잡이
여행마인드

이탈리아 알프스 돌로미테 지역 크로다 로사 산의 북면 근처에서 주변 풍광에 매료돼 행복해 하는 여행자들

## 머리말

## "누구나 월드 트레킹
## 10대 코스에 도전 가능"

　제주도 올레길이 태동해 걷기 열풍이 일어나면서 그 여파로 지리산 둘레길, 동쪽 해안가를 따라 걷는 해파랑 길, 서울 둘레길 등등 우리나라 곳곳에도 멋진 걷기 코스가 속속 들어서게 되었다. 이처럼 국내에서도 빼어난 걷기 코스를 찾는 이들이 많아지면서 해외의 멋진 트레킹 코스에 대한 관심도 덩달아 높아지게 되었다.

　나 역시 40대 중반 무렵부터 건강관리에 대해 지대한 관심을 갖게 되면서 본격적으로 산행과 트레킹의 매력에 점차 빠져들어 국내의 여러 산과 트레킹 코스를 즐겨 찾게 되었다. 그 연장선상에서 자연스럽게 해외 트레킹 코스에 도전하고자 마음먹게 되었다. 그러나 여느 직장인으로는 보통 10일 이상 소요되는 해외 트레킹에 본격적으로 나서기가 쉽지 않아 늘 마음 한쪽에 동경의 대상으로만 그 꿈을 간직하고 있었다.

　그런데 나에게도 2010년 7월, 28년 이상 다니던 직장에서 명퇴할 수밖에 없었고, 인생 제 2막을 맞이해 나름대로의 생각을 정리할 인생여로의 휴지기가 필요했다. 명퇴를 한 달 정도 앞두었을 때, 과감히 스페인 산티아고 순례코스에 출사표를 던져 떠나자는 생각이 들었고 명퇴한 지 사흘 후에 바로 스페인으로 향하는 비행기를 타게 되었다.

사실 시작은 이렇듯 별 생각 없이 출발선을 끊은 것이었으나, 해외 트레킹에 대한 관심과 흥미로움이 점차 더해지자 좀 더 다양한 지역으로, 좀 더 다양한 방법으로 해외 트레킹을 떠나게 되었다. 그러다 보니 2015년도 말경에는 모두 10번의 해외 트레킹을 다녀오게 되었다.

이렇게 도전한 10번의 해외 트레킹은 인터넷과 해외 트레킹 가이드북 등을 통해서 얻은 정보를 바탕으로 여행사의 도움 없이 혼자 계획하고 다녀왔다는데 그 의미가 있다. 이 과정을 통해서 얻은 소중한 정보들이 나와 같이 혼자서, 혹은 친구들과 몇 명이 모여서 해외 트레킹을 준비하는 분에게는 매우 유용할 것 같은 생각이 들어 이 책을 쓰게 되었다.

나는 어쩌면 전문 산악인과는 전혀 거리가 먼 아마추어다. 평소에는 수도권 주변의 북한산·관악산·도봉산 등을 주말 산행으로 즐겨 다녔다. 가끔 지방 원정 산행에 참가하는 정도의 산행 실력과 체력 밖에는 내세울 게 없다. 그 때문에 해외 트레킹 코스도, 튼튼한 체력과 전문 장비를 갖추고 도전해야 하는 곳보다는 보통 주말 산행 정도를 즐기는 분들이라면 누구라도 의지만 있으면 도전할 수 있는 곳을 골랐다. 따라서 이 책은 본인 또는 주변 지인 몇 명이 어울려서 해외 트레킹에 도전하도록 도움을 줄 수 있는 실용적인 가이드북으로 기획되었다.

트레킹 대상 지역은 안전이 보장된 유럽과 북미 및 오세아니아 등의 선진국을 중심으로 하였다. 그 내용도 개인적인 트레킹에 초점을 맞추기보다는 실제 트레킹을 기획하고 실행에 옮기는데 필요한 지식과 사전 정보를 제공하는 것에 나름 주안점을 두어 저

술하였다.

　나는 이러한 해외 원정 트레킹 경험을 바탕으로 2015년부터는 인터넷 아마추어 산행 동호인 모임에서 해외 원정 대장으로 봉사하고 있다. 이렇듯 아마추어 산행 모임에서 소규모의 인원을 인솔해 다녀 온 경험 역시 이 책에서 함께 소개하였다.

　이번 책자와 곧 출간되는 다음 책자에 소개하는 10개의 트레킹 코스는 대부분 우리나라에는 잘 알려지지 않은 곳이 많다고 생각된다. 이는 내 자신이 잘 알려지지 않은 곳에 대한 호기심이 많아서인 것 같다. 또한 각 트레킹에서는 고유한 방법으로 접근하고 즐길 수 있는 방법을 제시하였기 때문에 보다 다양한 트레킹을 기획해 과감히 도전장을 내밀 수 있으리라 본다.

　이처럼 여행사의 도움 없이 혼자 또는 친구들 몇 명이서 해외 트레킹에 도전해 얻는 즐거움과 보람은 훨씬 크다. 경비적인 면에서도 크게 도움이 될 뿐 아니라 여행 계획의 유연성과 현지에서의 융통성 등 여러 측면에서도 절대적으로 유리하다고 본다.

　또한 해외 트레킹은 같은 길을 걷거나 같은 산장에서 묵게 되는 현지 트레커들과 대화하고 친분을 쌓을 기회가 훨씬 많이 주어지는 여행이다. 일반적인 해외여행과 다르게 더 다양한 사람들을 만나게 되면서 다양한 문화적 체험과 교류가 가능하다는 장점도 있다.

　사실 많은 분들이 혼자 또는 친구 몇 명이서 떠나는 데 있어 언어의 문제 등으로 망설이는 경우를 보게 되는데 이제 스마트 폰만 있으면 언어의 장벽을 쉽게 극복할 수 있는 시대가 되었다. 구글(Google) 번역기 앱을 설치하고 해외 데이터 로밍 무제한 사용 서비스를 신청하여 가면 휴대 전화 서비스가 제공 되는 곳에서는 어디서나 실시간으로 통역 및 번역 서비스를 아주 훌륭하게 해 준다.

또한 길 안내 서비스도 스마트폰 앱을 통하여 정확하게 받을 수 있다. 예컨대 산티아고 순례자의 길을 거닐기 전 전용 앱을 설치하면 GPS의 도움을 받아 순례 길에서 현재의 위치, 인근 숙소, 레스토랑 및 주변 관광명소 포인트 등 지역에 대한 다양한 정보를 쉽게 얻을 수 있어 참 유용하다. 또한 복잡한 도심에서도 원하는 곳을 찾아가는 데 있어 마치 차량의 내비게이션과 같은 역할을 해주어 매우 편리하다. 이처럼 정보화 시대의 산물인 스마트폰을 이용하면 언어의 장벽이나 낯선 곳에서의 두려움을 훌륭하게 극복 할 수 있기에 이제는 자신감을 갖고 언제든지 세상만사를 훌훌 떨치고 먼 길을 떠나면 좋으리라 본다.

이번에 펴내는 [월드트레킹 완벽 가이드: 유럽] 편과 곧 발간하는 [월드트레킹 완벽 가이드: 아태-미주] 편에 소개되는 10곳의 트레킹 코스와 특징을 요약하면 다음과 같다.

① 캐나다 로키 산맥 트레킹, 캠핑카 12박 13일: 6인용 캠핑카를 렌트하여 로키산맥국립공원 지역 내에 머물면서 하루 코스의 다양한 트레일 코스 체험

② 이탈리아 알프스 돌로미테 트레킹 12박 13일: 이태리 알프스의 산장을 최대한 이용하여 장거리 대표코스인 롤러코스터 코스 종주 트레킹

③ 영국 스코틀랜드 웨스트 하이랜드 트레킹 153km 완주 12박 13일: 스코틀랜드 지역의 마을 호텔과 B&B(Bed and

Breakfast)에 체류하며 큰 짐은 각 구간마다 배달 서비스 (delivery service)를 이용해 간편하게 걸었던 트레킹

④ 스웨덴 북극지역 트레킹(피엘라벤 클래식 트레킹) 110km 완주, 9박 10일: 북위 68도의 북극권 지역에서 매년 8월에 열리는 '스웨덴 아웃도어 메이커인 피엘라벤' 사무국이 주최하는 110Km의 구간을 침낭 및 텐트를 구비하고 야영하는 백 패킹 트레킹

⑤ 뉴질랜드 남섬 일주 여행·트레킹 14박 15일: 렌터카를 이용하여 뉴질랜드 남 섬의 주요한 곳을 관광과 트레킹으로 망라하는 코스. 2박 3일 종주 코스인 루트번 코스와 마운틴 쿡 트레일 및 빙하 트레킹 등 중간 중간 들렀던 관광명소도 곁들여 소개

⑥ 산티아고 프랑스 루트 820km 완주 35일: 해외 트레킹 코스로 가장 많이 찾는 코스이면서 누구나 한 번은 꼭 도전해봐야 할 필수 코스. 시간적 여유만 있으면 누구라도 도전해 볼 수 있는 비교적 쉬운 난이도의 코스

⑦ 산티아고 포르투갈 루트 14박 15일: 산티아고 순례길 중 가장 짧으면서도 스페인과 포르투갈 관광도 겸할 수 있는 코스. 사설 알베르게(숙소)와 마을 호텔을 적절히 이용해 편하게 걸으며 아울러 두 나라의 주요 도시를 관광하는 방법을 소개

⑧ 하와이 화산 국립공원 트레킹 8박 9일: 겨울철에 갈 수 있는 매력적인 트레킹 목적지. 열대 해변에서의 스노클링은 물론 해발 3000미터 급의 활화산 지역을 직접 걸어 보는 이색트레킹 여행. 렌터카를 이용해 하와이에 위치한 2 곳의 미국 국립공원 내에서의 캠핑도 경험

⑨ 일본 큐슈 올레길 3박 4일: 가장 가까우면서 경비도 적게 드는 트레킹 여행지인 일본 큐슈에서 올레길 2곳과 구중산 등반을 JR 레일패스 3일 권으로 철도를 최대한으로 이용하여 알차고 실속 있게 즐기는 트레킹 방법 소개. 관광과 먹거리 탐방 및 쇼핑도 겸하는 다목적 트레킹 요령도 서술

⑩ 일본 홋카이도 다이세쯔산 트레킹·자유여행 4박 5일: 일본 열도에서 가장 단풍이 일찍 찾아오는 10월 초에 홋카이도의 명산 2곳을 트레킹하고 삿포로와 운하의 도시 오타루 일대를 둘러보는 자유여행을 겸한 트레킹 여행. 저가 항공을 활용하면서 대중교통 시스템이 불편한 홋카이도에서 렌터카를 이용해 효과적으로 둘러보는 방법을 소개한다.

이제는 우리나라 여행자들도 패키지여행에서 벗어나 자신만의 스타일로 자유여행으로 떠나는 분들을 자주 접하게 된다. 이 책으로 한 발 더 나아가 세계의 아름다운 곳을 향해 배낭을 둘러메고 자유자재로 거닐며 자유여행의 묘미를 만끽하며 아울러 방문하는 여행지의 문화를 직접 체험하고 현지인들과 교감하는 기회가 좀 더 많아지기를 학수고대해 본다.

이 책이 나오는 데 성원을 아끼지 않으셨지만 이미 이 세상에 계시지 않아 더욱 그리운 사랑하는 부모님과 가족들에게 감사한 마음 그지없다. 그동안 나와 함께 다양한 해외 트레킹코스에 도전해온 길 동무 '4050그린산악회'의 여러 회원님들에게 특히 고마움을 표시하고 싶다.

**2017년 12월 이재홍**

# 목차

### Chapter 1
## 이탈리아 알프스 돌로미테 지역 산악트레킹
– 알프스 산장에 머무르며 즐기는 장거리 종주 트레킹의 진수 –

1) 개요 …26
2) 기후 및 최적 여행 시기 …28
3) 가이드 책자 및 지도 …28
4) 계획 짜기 · 준비하기 …30
5) 트레일의 들머리와 날머리 …34
6) 준비물 …37
7) 실전 트레킹 노하우 …38

    가) 트레일 들머리까지 이동하기 및 베로나 관광 …38
    나) 트레킹 1일째: 오티세이 케이블 카 승강장 → 푸에즈(Puez)산장 10km (7시간) …46
    다) 트레킹 2일째: 푸에즈 산장 → 라 빌라(La Villa)마을 7.5km (4시간) …60
    라) 트레킹 3일째: 라 빌라마을 → 세네스(Sennes)산장 (4시간) …80
    마) 트레킹 4일째: 세네스 산장 → 카보닌(Carbonin)마을 (10시간 반) …102
    사) 트레킹 5~6일째: 아룬조 산장 및 트레 치메 지역 트레킹 (8시간) …137

8) 인스부르크 및 베네치아 관광 …184

Chapter 2
## 영국 스코틀랜드 '웨스트 하이랜드 트레킹'
– 영국에서 가장 유명한 154km의 장거리 트레일 중급 코스 일주일 여정 –

1) 개요 …196
2) 기후 및 최적 여행 시기 …200
3) 가이드 책자 및 지도 …200
3) 계획 짜기·준비하기 …202
4) 트레일 들머리·날머리 …206
5) 트레킹 실전 노하우 …209
   가) 1일째: 멀가이브 → 드라이먼(Drymen) 19 km: 약 6시간 …209
   나) 2일째: 드라이먼 → 로와덴난(Rowardennan) 24 km: 약 8시간 …220
   다) 3일째: 로와덴난 → 아델리쉬(Ardelish) 19km: 7시간 …233
   라) 4일째: 아델리쉬 → 틴드럼(Tyndrum) 22km: 8시간 …243
   마) 5일째: 틴드럼 → 브리지 오브 오치(Bridge of Orchy) 13km: 4시간 …250
   바) 6일째: 브리지 오브 오치 → 킹스 하우스 호텔(Kings house Hotel) 18km: 8시간 …258
   사) 7일째: 킹스 하우스 호텔 → 킨로치레벤(Kinlochleven) 14km: 5시간 반 …270
   아) 8일째: 킨로치레벤 → 포트 윌리암 (24km) …277
6) 스코틀랜드 관광 …285
7) 기타 유의사항 …292

Chapter 3

# 스웨덴 피엘라벤(Fjallraven) 클래식 트레킹
― 스웨덴 북부 라플란드 지방 440km 킹스 트레일 일부 110km 백 패킹 트레킹 ―

1) 개요 …296
2) 기후 및 최적 여행 시기 …298
3) 가이드 책자 및 지도 …299
4) 주요 준비물 …301
5) 계획 짜기 · 준비하기 …308
6) 피엘라벤 클래식 주요 규칙 및 유의점 …312
7) 구간별 트레킹 …314

    가) 1일차: 니카루옥키타 → 케브네카이제 제1체크포인트 이후 2km지점 (21km) …316

    나) 2일차: 케브네카이제 제1체크포인트 2km 지점 → 셀카 산장 (25.5km) …322

    다) 3일차: 셀카 산장 → 알레스하루에 산장 (총 26km) …339

    라) 4일차: 알레스하루에 산장 → 아비스코 국립공원 캠프 사이트 (20km) …344

    마) 5일차: 아비스코야우레 캠프 사이트 → 아비스코 관광 안내소 결승점 (15km) …349

8) 스톡홀름 관광 및 트리에스타(Tyresta) 국립공원 트레킹 …355

Chapter 4

# 산티아고 카미노 트레킹 : 프랑스 루트
– 명퇴 이후 혼자 걸은 '카미노 드 산티아고' 프랑스 길 33일 –

1) 개요 ···374
2) 기후 및 최적 여행 시기 ···379
3) 가이드 책자 및 지도 ···381
4) 계획 짜기 · 준비하기 ···383
5) 순례 길 걷기 ···390
   가) 출국에서 생장피드포르까지 ···390
   나) 생장피드포르 → 로그로노 구간 ···393
      ☞ 1일째: 7월 13일, 생장피드포르 → 오리슨(Orisson)산장 8km ···393
      ☞ 2일째: 7월 14일, 오리슨 산장 → 에스피날(Espinal) 24.5km ···397
      ☞ 3일째: 7월 15일, 라라소아나 → 팜플로나(Pamplona) 16km ···405
      ☞ 4일째: 7월 16일, 팜플로나 → 푸엔타 나 레이나(Puenta La Leina) 23.5km ···413
      ☞ 5일째: 7월 16일, 푸엔타 라 레이나 → 에스텔라(Estella) 22km ···422
      ☞ 6일째: 7월 17일, 에스텔라 → 아코스(Arcos) 21.8km ···430
      ☞ 7일째: 7월 18일, 아코스 → 로그로노(Logrono) 28km ···434
   다) 로그로노 → 부르고스 구간 ···444
      ☞ 8일째: 7월 21일, 로그로노 → 나제라(Najera) 29km ···444
      ☞ 9일째: 7월 22일, 나제라 → 산토 도밍고 데 라 칼사다(Santo domingo

　　　　　de La Calzada) 21km ···448

　☞ 10일째: 7월 23일, 산토 도밍고 데 라 칼사다 → 벨로라도(Belorado)
　　　　　23km ···449

　☞ 11일 째: 7월 24일, 벨로라도 → 산 후안 데 오르테가(San Juan De
　　　　　Ortega) 24km ···450

　☞ 12일째: 7월 25일, 산 후안 데 오르테가 → 부르고스(Burgos) 27.6km ···460

**라) 부르고스에서 레온까지** ···474

　☞ 13일째: 7월 26일, 부르고스 → 라베 데 라스 깔사다스(Rabe de las
　　　　　Cazada) 11.8km ···474

　☞ 14일째: 7월 27일, 라베 데 라스 깔사다스 → 가스뜨로헤리스(Castrojeriz)
　　　　　(29km) ···277

　☞ 15일째: 7월 28일, 가스뜨로헤리스 → 프로미스타(Fromista) (25km) ···482

　☞ 16일째: 7월 29일, 프로미스타 → 까리온 데 로스 꼰데스(Carrión de
　　　　　los Condes) 19.5km ···487

　☞ 17일째: 7월 30일, 까리온 데 로스 꼰데스 → 떼라디오스 데 로스
　　　　　뗌쁠라리오스(Terradillos de los Templarios) (26.2km) ···490

　☞ 18일째: 7월 31일, 떼라디오스 데 로스 뗌쁠라리오스 → 베르시아노스
　　　　　델 레알(Bercianos del Real) 23.5km ···491

　☞ 19일째: 8월 1일, 베르시아노스 델 레알 → 만시야 데 라스 물라스(Mansilla
　　　　　de las Mulas) (25.3km) ···501

　☞ 20일째: 8월 2일, 만시야 데 라스 물라스 → 레온(Leon) 25.3km ···504

**마) 레온 → 폰페라다 구간** ···509

　☞ 21일째: 8월 3일, 레온 → 산 마르띤 델 까미노(San Martini del Camino)
　　　　　26.1km ···509

　☞ 22일째: 8월 4일, 산 마르띤 델 까미노 → 아스토가(Astorga) 27.1km ···515

- ☞ 23일째: 8월 5일, 아스토가 → 폰세바돈(Foncebadon) 26.3km ···525
- ☞ 24일째: 8월 6일, 폰세바돈 → 폰페라다(Ponferrada) 32.5km ···529

**바) 폰페라다 → 산티아고 구간** ···539

- ☞ 25일째: 8월 7일, 폰페라다 → 비야프랑까 델 비에르소(Villafranca del Bierzo) 23km ···539
- ☞ 26일째: 8월 8일, 비야프랑까 델 비에르소 → 알토 도 포요(Alto do Poio) 35.7km ···545
- ☞ 27일째: 8월 9일, 알토 도 포요 → 사리아(Sarria) 33.4km ···548
- ☞ 28일째: 8월 10일, 사리아 → 포르토마린(Portomarín) 22km ···553
- ☞ 29일째: 8월 11일, 뽀르또마린 → 빨라스 데 레이(Palas de Rei) 25.5km ···560
- ☞ 30일째: 8월 12일, 팔라스 데 레이 → 아르수아(Aruzua) 28.7km ···565
- ☞ 31일째: 8월 13일, 아르수아 → 몬테 도 고조(Monte do Gozo) 34.6km ···568
- ☞ 32일째: 8월 14일, 몬테 도 고조 → 산티아고 4.5km ···572

**사) 피스테라 · 무시아 걷기 및 바르셀로나 관광** ···584

**6) 에필로그** ···595

Chapter 5

# 산티아고 카미노 트레킹 : 포르투갈 루트
― 인정과 편안함이 있는 10일간의 짧은 순례자 길 트레킹 ―

1) 개요 ···607

2) 기후 및 최적 여행 시기 ···614

3) 가이드 책자 및 지도 ···614

4) 계획 짜기 · 준비하기 ···616

5) 순례길 걷기 ···621

    가) 도심 관광 및 순례길 들머리로 가기 ···621

    나) 순례길 구간 ···653

        ☞ 1일째: 빌라 도 핀하이로에서 레잇스(Rates)까지 19.4km ···653

        ☞ 2일째: 레잇스 → 바르셀로스(Barcelos) 15km ···659

        ☞ 3일째: 발렌카 → 포리노(Porrino) 18km ···669

        ☞ 4일째: 포리노 → 아케이드(Arcade) 23km ···676

        ☞ 5일째: 아케이드 → 바로(Barro) 24km ···681

        ☞ 6일째: 바로 → 칼라스 데 라이스(Calas De Reis) 15km ···686

        ☞ 7일째: 칼다스 데 라이스 → 테오(Teo) 28km ···691

        ☞ 8일째: 테오 → 산티아고 10km ···703

6) 피스테라 및 마드리드 관광 ···714

# Chapter 1
# 이탈리아 알프스 돌로미테 지역 산악트레킹

- 알프스 산장에 머무르며 즐기는 장거리 종주 트레킹의 진수 -

이태리 알프스 돌로미테 지역 산악 트레킹 코스 중 세네스 산장으로 들어서는 길 주변 풍광

## 1) 개요

　이탈리아와 오스트리아 사이의 돌로미테(Dolomite) 지역은 알프스 지역 중에서 잘 알려지지 않았지만 유네스코 세계 자연 유산으로 지정된 매우 아름다운 곳이다. 지금은 이탈리아 영토이지만 1차 대전 이전에는 오스트리아의 영토였던 이곳은 개발을 최소화하여 도보가 아니면 접근할 수 없는 부분이 많다. 다만 산장은 곳곳에 꽤 많이 설치되어 있고 시설도 훌륭하여 산악 트레킹 대상으로는 아주 매력적인 곳이라 할 수 있다.

　돌로미테 지역에는 돌로마이트(dolomite)라는 암석 종류가 흔하다. 이 돌로마이트는 하얀색의 마그네슘 탄산염 퇴적암으로 이름은 이를 처음 명명한 프랑스 지질학자의 이름에서 유래했는데 우리말로는 백운암이라고도 부른다. 돌로미테 지역의 트레일은 반나절 코스부터 일주일 코스 등 다양한 난이도의 트레킹 코스가 여럿 있으며 암벽 등반 코스도 많다. 트레킹 중에는 비아 페라타(Via Ferrata)라고 하여 쇠줄에 몸을 연결하고 걷거나 오르는 구간도 있다. 그 중 롤러코스터(Roller coster) 트레일 코스는 가장 길지만 돌로미테 지역의 대표적인, 그리고 다양한 풍경들을 감상할 수 있는 종주 코스이다. 이 코스는 보통 7일 정도 걸려 완주하는 것이 일반적이다.

　이 롤러코스터 트레일(trail)의 장점은 하루하루 갈 때마다 완전히 다른 멋있는 풍광을 볼 수 있다는 것이다. 어느 날은 달 표면과 같이 울퉁불퉁하고 기묘하고 거친 바위로 이루어진 구간이 있는가 하면 야생화가 온 천지에 핀 구간, 또 어떤 날은 차마고도(茶馬高道)와 같이 산허리를 돌아서 끝없이 걸어가는 구간을,

또 다른 날에는 젖소가 한가롭게 노니는 초원 지대를 볼 수 있는 등, 다양한 볼 거리를 제공한다.

마지막 날에는 이 트레킹의 하이라이트라고 할 수 있는 트레 치메(Tre Chime)구간에 도착한다. 3개의 봉우리라는 뜻의 이름이다. 이 트레 치메는 돌로마이트로 된 하얀색 봉우리로, 맑은 날 해질 무렵에는 석양에 따라 봉우리가 황금색에서 차차 붉은 색으로 변하는 장관을 볼 수 있다. 이 장관을 보기 위해서는 거의 반드시 로카텔리(Locatelli) 산장에서 숙박을 해야 여유롭게 볼 수 있어 트레킹 계획을 짤 때 이 산장을 예약하는 것이 가장 중요하다.

이 코스에서는 구간구간에 있는 산장에서 숙박하여야 하지만 중간에 하루 이틀 정도는 마을로 내려와 조그만 호텔에서 잘 수 있다. 이때 다양한 오스트리아와 이탈리아 향토 요리를 즐길 수 있는 장점도 있다. 이 트레일 코스에서의 캠핑은 금지되어 있다.

돌로미테 지역은 이탈리아와 오스트리아 중간 사이에 끼인 오지로서 이탈리아어와 독일어, 그리고 이 지역 방언인 라딘(Ladin)어가 같이 사용된다. 이탈리아 지역이지만 1차 대전 전에는 오스트리아 영토여서 그런지 독일계 주민이 더 많은 듯 하였다.

트레치메의 멋진 석양풍광을 볼 수 있어 예약이 쉽지 않은 로카텔리 산장 일대 풍경

### 2) 기후 및 최적 여행 시기

돌로미테 지역의 산장은 6월 중순부터 문을 열기 시작해 7월 초에는 모든 산장이 문을 열고, 10월 초에 닫힌다. 7월 달에는 일부 구간에 아직 눈이 남아 있다. 8월 달은 가장 성수기이며 날씨도 안정적으로 변한다. 9월 달에는 날이 짧아지긴 하지만 맑은 날이 가장 많다. 대부분의 트레일이 2000m 이상 고지대이기 때문에 여름에도 아주 선선하다.

### 3) 가이드 책자 및 지도

가이드 책자로서는 영국의 론리 플래닛(Lonely Planet) 출판사에서 나온 하이킹 인 이탈리아(Hiking in Italy)라는 책을 가장 추천할 만하다. PDF판으로도 발매되어 있어서 온라인으로도 구매가 가능하다.(http://www.lonelyplanet.fr/catalogue/hiking-italy)

온라인으로 PDF판을 구매 시에는 전체를 모두 구매할 필요가 없고 돌로미테 부분이 있는 챕터만 따로 구입하면 된다. 이 책에서 추천한 일정과 코스를 기준으로 산장 예약을 하고 상세 코스를 짜는 것이 좋다.

한편 하루하루 다른 곳을 트레킹 하고자 하는 분은 영국 Cicerone에서 나온 'Shorter walks in Dolomites'라는 책자가 좋다. 이 책에서는 주로 1~2일 정도의 짧은 코스를 다양하게 소개하고 있다. 모두 아마존(www.amazon.com)에서 구입 가능하다.

돌로미테 지역의 트레킹은 반드시 상세한 지도가 필요하

다. 25000:1의 지도는 오스트리아의 산악 관문 도시인 볼짜노(Volzano: 독일 명 Bozen)의 편의점이나 산장에서 구입할 수 있다. 롤러코스터 트레일 지역을 모두 커버하기 위해서는 더 토바코(The Tobacco)사에서 나온 'No 05 Val Gardena'·'No 07 Alta Badia'·'No 03 Cortina D' Ampezzo과 'No 10 Dolomiti di Sesto' 등의 4개 지역 지도가 필요하다. 즉 토바코사에서 나온 3·5·7 및 10 번 지도가 필요하다. 그 외에 콤파스(KOMPASS)사에서 나온 25000:1 축척의 지도를 추천할 만하다. 또한 스마트폰 앱 중 'South Tyrol/Südtirol Trekking app'을 사용하는 것도 추천한다.

1. 론리 플레닛에서 나온 'Hiking in Italy'
2. 영국 'Cicerone'에서 나온 'Shorter walks in Dolomites'
3. 스마트폰용 앱 'South Tyrol·Südtirol Trekking' app

### 나) 계획 짜기·준비하기

돌로미테 지역의 트레킹의 성공 여부는 트레일 구간 구간에 위치한 산장의 예약이다. 산장 예약이 의외로 어렵고 인원이 제한되어 있기 때문에 국내의 트레킹 전문 여행사들 중에서도 롤러코스터 트레일과 같은 종주 트레킹을 하는 곳은 거의 없다. 대신 여행사들은 산 밑 마을의 호텔이나 단기대여 아파트에서 묵으면서 하루하루 당일치기로 4~6시간 정도 만에 다녀올 수 있는 트레일을 여러 개 묶은 상품을 제공하는 것 같다. 이래서는 진정한 돌로미테 알프스의 매력을 느끼기 힘들다.

이 산장 예약을 위해서라도 돌로미테 트레킹 여행은 적어도 6개월 전에 준비를 시작해야 한다. 특히 트레 치메의 석양을 감상할 수 있는 로카텔리 산장을 가장 우선적으로 한다. 이들 산장은 대부분 이탈리아 등산협회에서 운영하는데 인터넷 사이트를 통해 예약할 수 있는 곳은 그리 많지 않다. 대부분은 전자 우편을 보내 예약하는 방법을 사용한다. 이때 영어 보다는 구글(Google) 번역기 등을 통해 영어로 먼저 내용을 쓰고 이를 이탈리아어나 독일어로 번역하여 보내야 답장이 올 확률이 높아진다.

롤러코스터 트레일을 완주하기 위해 필요한 산장과 이들 간의 거리는 다음과 같다.

- ✓ 1일  오티세이 케이블카 승강장 → 푸에즈산장(4~6시간, 10km)
- ✓ 2일  푸에즈산장 → 라빌라마을(4~5시간, 7.5km)
- ✓ 3일  라빌라마을 → 라바렐라산장(5~7시간, 11km)

- ✓ 4일   라바렐라산장 → 비엘라산장(5~7시간, 13km)
- ✓ 5일   비엘라산장 → 피아조평원산장 (5.5~6.5시간, 9km)
- ✓ 6일   피아조평원산장 → 트레치메드라이지넨호텔(3~4시간, 7.5km)
- ✓ 7일   트레치메드라이지넨호텔 → 로카텔리산장(5~7시간, 10km)
- ✓ 8일   로카텔리산장 → 아룬조산장(1시간 반)
- ✓ 또는 로카텔리산장 → 돌로미테호프호텔(3~4시간)에서 버스로 하산

    만약 위의 산장들이 예약이 어려울 경우 전후에 위치한 다른 산장을 예약하여야 하는데 이럴 경우 하루 걸을 거리가 좀 길어지거나 짧아지는 단점이 있다. 실제로 걸어본 결과 다음과 같이 변형 하는 것도 좋을 것 같다.

    다음은 산장 예약의 어려움 등으로 변형하여 걸은 코스이다.

- ✓ 1일   오티세이 케이블카 승강장 → 푸에즈산장
- ✓ 2일   푸에즈산장 → 라빌라마을
- ✓ 3일   라빌라마을 → 페데루산장(중형 택시로 이동) → 페네스산장
- ✓ 4일   페네스산장 → 카보닌마을
- ✓ 5일   카보닌마을 → 아룬조 산장(버스로 이동) → 로카텔리산장
- ✓ 6일   로카텔리산장 → 아룬조산장
- ✓ 7일   아룬조산장 → 버스 편으로 하산

    관련 책자의 권고대로 7일 코스로 잡았는데 산장 예약의 어려움이 있어 일부 코스는 다소 수정하였고 잘못 길을 드는 바람에 약간의 코스 변동도 생겼지만 대체로 거의 전 구간을 무사히 마

칠 수 있었다.

항공권 예매는 항공권 가격 비교 사이트인 카약(www.kayak.com) 또는 스카이스캐너(www.skyscanner.co.kr/Flights) 사이트를 통해서 가고자 하는 날의 항공권을 검색한다.

여러 항공사 중에서 대체로 러시아 항공인 아에로플로트사(www.aeroflot.ru/cms/ko)가 모스크바를 경유하여 베네치아까지 연결한다. 핀란드 항공은 아쉽게도 베네치아나 인스부르크까지 운항하지 않는다. 독일항공사 루프트한자(Lufthansa) 등이 인스부르크(Innsbruck)를 프랑크프루트를 경유하여 운항하지만 비행시간이 길다. 그래서 러시아 항공을 이용하는 게 합리적인 것 같다.

이밖에도 이탈리아 항공사 알리탈리아(Alitalia)와 에어프랑스 항공사 등을 이용할 수 있다. 이탈리아의 베네치아(Venezia)가 오스트리아의 인스부르크보다는 관광지로서 더 매력적이기 때문에 트레킹 후 관광까지 고려하면 베네치아 왕복으로 항공권을 예매하는 것도 합리적이라고 생각된다.

어쨌든 원하는 목적지로 가는 항공권의 가격을 확인 후 실제 항공권 예매는 해당 항공사의 인터넷 사이트에서 직접 하는 것이 좋다. 가끔 해당 항공사의 인터넷 사이트에서 예약하다 보면 가격이 더 비쌀 경우가 있는데 이때는 가격 할인 사이트를 통해 예약한다.

항공권은 대체로 탑승 2달 전부터는 가격이 오르기 때문에 미리 구매하는 것이 좋다. 단 유류 할증료가 유가에 따라 달라지기 때문에 일찍 예매했다고 반드시 싼 것은 아니다.

열차표 예매는 www.thetrainline.com이나 이탈리아 국철 홈페이지인 http://www.trenitalia.com에서 한다. 참고로 트레킹을 마치고 나올 때 열차로 갈아타는 도비야코(Dobbiaco) 마을은 무인 열차 자판기로 운영한다. 영어로도 안내가 나오므로 현지 구입에 별 불편이 없다. 인스부르크에서 베네치아로 올 때는 역시 오스트리아 국철 홈 페이지(www.oebb.at/en)에서 예매를 하여야 한다. 열차표 역시 2달 전쯤에 예매를 하면 가격이 좀 더 저렴한 표를 구할 수 있다.

우리들은 약간의 이탈리아 지역 관광을 겸하는 트레킹 일정을 짰다. 우선 러시아 항공을 이용해 인천 → 모스크바 경유 → 베네치아까지 이동한 후 베네치아 공항 근처에서 1박을 하고, 열차편으로 베로나(Verona)에서 반나절 관광을 한 후 볼짜노(Bolzano)로 이동해 다시 1박, 그리고 볼짜노에서 버스로 오티세이(Ortisei: 독일 명 St. Ulich)로 이동하여 트레킹을 시작하였다.

트레킹 후에는 아룬조(Arunzo) 산장에서 현지 버스로 도비야코로 이동, 도비야코에서 열차로 오스트리아 인스부르크까지 이동한 후 하루 반 동안 시내를 관광하고 베네치아로 이동하였다. 베네치아는 일정상 오후 및 저녁에 관광을 하기로 했다. 이렇듯 총 10박 11일의 일정으로 진행하였다.

항공권은 6개월 전에 조기 예매해서 항공료는 126만원 정도가 들었다. 이를 포함해 총 비용 250만원 정도의 다소 저렴한 비용으로, 트레킹과 함께 이탈리아 베네치아 및 오스트리아 인스부르크 관광까지 마칠 수 있었다.

## 5) 트레일의 들머리와 날머리

　돌로미테의 인접지역으로 가장 편하게 이동하는 방법은 코르티나 익스프레스(Cortina Express: http://www.cortinaexpress.it/)란 버스를 이용하는 방법이다. 이 버스를 타면 베네치아 공항에서 돌로미테의 관문 마을인 코르티나 담페초(CORTINA D'AMPEZZO)까지 바로 갈 수 있다. 걸리는 시간은 약 4시간. 상세한 시간표와 요금은 홈페이지에 나와 있다. 버스운행은 2015년 여름 기준으로 하루에 오전, 오후 2번 운행한다. 반대로 코르티나 담페초에서 베네치아로도 하루에 2번 운행한다. 이 버스 회사에서는 날머리인 아룬조 산장에서 베네치아까지 바로 가는 버스 역시 운영한다. 버스 요금은 27유로(2015년 기준)로 열차편 등 다른 교통수단보다는 훨씬 저렴하다.

　그러나 문제는 아룬조 산장이나 코르티나 담페초에서, 롤러코스터의 시작점인 오티세이까지 가는 버스 편이 없다는 것이다. 높은 산맥이 이 두 지역을 분리하고 있기 때문에 택시 이외에는 방법이 없다.

　따라서 오티세이를 가기 위해서는 먼저 볼짜노란 산악 관문도시로 가야 한다. 볼짜노 열차 역 위 30m 지점의 택시 승차장 근처에 오티세이로 가는 170번 버스가 정차한다. 정확한 버스 시간표는 아래 SAD 웹 사이트에서 얻을 수 있다. 약 30분마다 차가 있으며 오티세이까지는 약 1시간 15분 정도가 소요된다.

　(http://www.valgardena.it/en/val-gardena/information-services/bus-schedule/)

▲ 롤러코스터 트레일 들머리로의 여정도

(베네치아에서 베로나를 거쳐 볼짜노까지는 철도를 이용해 주파하고 볼짜노에서 버스로 환승해 오티세이 마을에 도착)

인터넷 예약이 편리한 이탈리아 국철 홈페이지

돌로미테 지역으로 운행한다는 안내문구가 보이는 '코티나 익스프레스' 홈페이지

    이들 돌로미테 지역에서는 도시 및 마을 명을 이탈리아어와 독일어, 두 가지 방식으로 표기되어있기 때문에 자칫 혼동할 수 있으니 주의하기 바란다. 오티세이의 또 다른 이름은 독일어 이름, 세인트 울리흐(St. Ulrich)이다. 버스 시간표에도 이 이름으로 표시되어 있다.

    버스는 오티세이 중앙 광장 부근에 도착하는데 이곳은 아주 아름다운 리조트 마을이다. 트레킹을 시작하기 위해서는 세카다 케이블 카 (Seceda cable car) 승강장을 찾아 간다. 스키 리조트가 많기 때문에 케이블 카나 리프트가 여러 개 있어 현지인에게 물어보고 찾아 가는 것이 좋다.

트레킹 코스의 날머리는 아룬조 산장에서 현지 버스편을 타서 도비야코(독일 명 Toblach)로 이동한 다음 여기서 열차편으로 인스부르크나 베네치아로 가는 방법이 있고, 혹은 코르티나 익스프레스 버스 편으로 바로 베네치아로 오는 방법이 있다.

아룬조 산장에서 도비야코까지 가는 버스는 역시 코르티나 익스프레스 사에서 운행하고 있는데 상세 시간표가 웹 사이트에 PDF 파일로 나와 있다. 도비야코에서 열차를 탔을 때는 인스부르크로 가든 베네치아로 가든, 열차를 포르테짜(독일 명 Franzensfeste)에서 갈아타야 한다.

### 6) 준비물

돌로미테 구간의 트레킹에서의 모든 숙박은 산장이나 호텔에서 묵기 때문에 텐트와 침낭 등이 필요가 없다. 이탈리아 등산협회가 운영하는 산장은 시설이 매우 좋은 편이다. 산장에서는 별도의 비용으로 모포를 빌릴 수 있다. 때문에 가벼운 여름용 침낭이나 모포 내피를 갖고 가는 것이 좋다. 모포 내피는 가볍기 때문에 가져가도 부담이 별로 되지 않고 위생적이니 기분 상으로도 좋을 것 같다. 산장에 따라서는 부직포로 된 1회용 모포 내피를 파는 곳도 있기는 하다.

식사도 산장에서 예약할 때 하프 보드(Half Board)를 선택하면 저녁 및 다음날 아침 식사를 제공한다. 산장에서 제공되는 식사는 호화롭지는 않지만 충분한 칼로리를 낼 수 있는 것으로 바로 조리되어 나와서 맛도 좋다. 그 외에도 기호에 따라 컵라면 등을 가져갈 수는 있겠지만 트레일 전 구간에 걸쳐서 버너 등불을 피우는 것이 금지되어 있어서 그리 좋은 선택은 아닌 것 같다.

   돌로미테 지역은 해발 2,000m 이상이기 때문에 두터운 바람막이와 고어텍스 재킷 등이 필요하고 두툼한 외피 혹은 경량 다운재킷 등이 필요하다. 반면에 날씨가 좋은 오후에는 반팔 정도도 시원하게 느껴졌던 만큼 옷을 다양하게 가져 갈 필요가 있다.

   등산 배낭은 50리터 이상에 등산 스틱 등이 필요하다. 모기나 날파리 등 곤충에 대응할 필요는 거의 없다.

돌로미테 지역의 한 산장 예약 사이트

## 7) 실전 트레킹 노하우
### 가) 트레일 들머리까지 이동하기 및 베로나 관광

   여행 첫날은 베네치아 공항에 밤늦게 도착하여 공항 근처 호텔에서 숙박한 후 아침에 베네치아 메스트레(Mestre)역으로 이동해 베로나(Verona)로 도착, 그 일대에서 6시간 정도 관광명소를 둘러봤다. 로미오와 줄리엣으로도 유명한 도시, 베로나는 꽤 훌륭한 관광 자원을 가진 도시이다. 명품점이 즐비한 다운타운 지역과 함께 규모가 작지만 콜로세움과 비슷한 원형 극장인 아레나(Arena)가 있다. 아레나는 자연적인 음향의 울림이 좋기 때문에 오페라를 비롯해 각종 음악 행사가 많이 열린다. 시간이 있다면 하루쯤 베로나에 묵으면서 노천극장에서 펼쳐지는 음악회에 참석해 보는 것도 좋을 것이다. 또 두오모 성당 등 중세 시대의 건축물 등도 많다.

소설 '로미오와 줄리엣'의 배경 도시로 유명한 베로나 시가지 전경

베로나의 원형 극장인 아레나(Arena)의 스타디움에 앉아서 잠시 휴식을 즐기는 여행자들

아레나 앞의 철제 조형물 앞에서 포즈 취한 여행자

먼 옛날 가면무도회에서 봄직한 화려한 가면이 전시된 기념품점

 아레나 스타디움 위에서 내려다 본
중세풍의 베로나 번화가 광경

원형 극장인 아레나(Arena) 입구

베로나의 가장 번화한 거리의 오후 풍경

우리들은 저녁에 다시 열차를 타고 등산과 산악 트레킹의 관문 도시인 볼짜노로 갔다. 볼짜노는 남 티롤지방의 분위기를 그대로 전해 주는 오스트리아 풍의 도시이다. 조용하고 아름다운 도시인데 시내 중심가에는 등산 용품 상점이 많으며 가격대도 꽤 매력적이었다. 볼짜노만으로도 관광하기에 좋은 도시이니 반나절 정도 관광하면서 본격 트레킹을 시작하기 전 시차 적응도 겸하는 휴식 시간을 갖는 것도 바람직할 것 같다.

우리들은 열차 역에서 걸어서 5분 정도의 거리에 있는 'Stadt Hotel Città'라는 호텔을 예약 했는데 유서가 깊은 건물에 아주 청결하고 훌륭한 시설을 갖고 있었다. 조식 뷔페가 다양하고 질적으로 매우 좋았다. 트윈 베드 룸 1실에 123유로로 가격도 비교적 합리적이었다.

볼짜노에서 하룻밤 잔 뒤, 버스 편으로 본격적인 트레킹이 시작되는 오티세이로 갔다. 약 1시간 15분 정도 걸리는 이동시간 동안 벌써 눈이 즐거웠다. 창 밖에 펼쳐지는 알프스 산맥과 예쁜 집들을 보다 보면 감탄사를 연발하게 된다. 오티세이는 조그만 휴양지 마을인 동시에 겨울에는 격조 있는 스키 리조트 마을이다. 마을 전체가 아주 아름답다. 오가는 사람들도 많지만 여유로운 곳이었다.

산악 트레킹의 관문 도시인 볼짜노 철도역 플랫폼

오스트리아 풍이 느껴지는 오티세이 마을에서의 기념사진

오티세이 마을의 조그만 어린이 놀이터에서 그네를 타고 즐기는 어머니와 아들

살짝 구름이 낀 하늘을 배경으로 더욱 고풍스러워 보이는 볼짜노의 오래된 성당

케이블카를 타기 위해 승강장 쪽으로 오르면 조망할 수 있는 오티세이 마을 전경

### 나) 트레킹 1일째: 오티세이 케이블 카 승강장 → 푸에즈(Puez)산장 10km(7시간)

본격적인 트레킹은 오티세이의 세케다(Secceda)케이블 카를 타는 것으로 시작된다. 케이블 카 덕분에 2000m까지 힘들이지 않고 올라 갈수 있다. 케이블 카 승강장에는 레스토랑 및 실내 쉼터와 공간이 있다.

비가 간간히 뿌리는 흐린 날씨여서 우비를 입고 목적지인 푸에즈산장(☎ 0471 79 5365: rifugiopuez@yahoo.it)까지 약 7시간 정도를 트레킹 하였다. 트레킹하는 사람들이 우리밖에는 없어서 그런지 다소 황량한 느낌을 주는 지역이었는데, 장소에

참고로 호텔 Stadt Hotel Città이 위치한 볼짜노 중심가

유명 아웃도어 브랜드의 매장이 즐비하게 들어서 있는 오티세이 마을의 중심가

▲ 이탈리아 알프스 돌로미테 지역 산악트레킹 첫째 날 푸에즈 산장까지의 여정도

오티세이 마을의 세케다 케이블카 승강장　　트레킹 루트 2B 일대 풍광

따라서는 마치 달 표면에 온 것 같은 느낌이 들기도 하였다. 나무는 전혀 없고 초지와 군데군데 바위와 암석으로 이루어진 지역이었다. 멀리서 3000m 높이의 사소 룽고(Sasso Lungo 산: 3,181m)이 보였다. 길은 이런 높은 산 사이에 나 있었다.

7월인데도 고도가 높아 군데군데 잔설이 남아 있었고, 우비를 입었지만 기온이 낮아 덥게 느껴지지 않았다. 길은 중간 중간에 표시가 나타나기 때문에 길을 잃을 염려는 거의 없다. 크게 높이 오르거나 하강하지 않고 대체적으로 평탄한 길이다. 안내책자를 보니 전 코스에 걸쳐 450m 정도 오르고 431m 정도 내려가는 코스라고 한다. 길을 걷다보니 가끔 토끼와 쥐 중간 정도로 보이는 마모트(Marmot)를 볼 수 있었다.

돌로미테의 트레일 코스에는 루트별로 바위나, 별도의 표지판으로 루트 번호를 표시 하여 놓았다. 케이블 카 승강장을 나와서 루트 2B를 따라 걷는다. 편안하고 완만한 내리막으로 시작한다. 초록색의 초지 지역인데 몇 곳의 양치기들의 여름 집 또는 농가인 말가(malga)가 보인다.

그 중 한 곳은 간단한 우유와 커피 등의 음료와 비스킷을 팔고 있었다. 아늑한 초지 지역인 프레라 롱기아(Prera Longia)지역을 지나 약 2시간을 걸으면 플란 시아티어(Plan Ciautier)지역을 만나게 되는데 여기서 오른편으로 빠지면 루트 3과 합쳐지면서 표지는 루트 2~3으로 바뀌게 된다.

겨울철에 유명 스키장으로 탈바꿈하는 주변에는 스키 리프트 시설이 많이 구비되어 있다

트레킹을 시작한지 얼마 되지 않아 가랑비가 내리기 시작해 우비 등을 챙기는 여행자들

가볍게 트레킹을 즐길 수 있는 코스가 많이 있는 오티세이 마을 주변

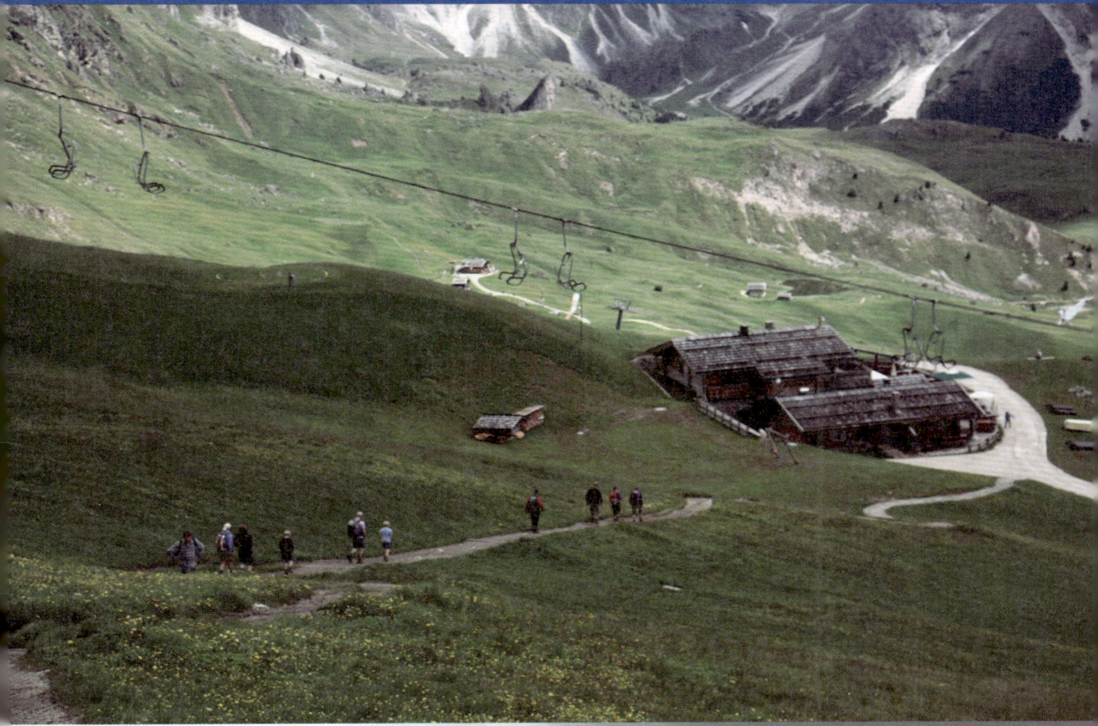

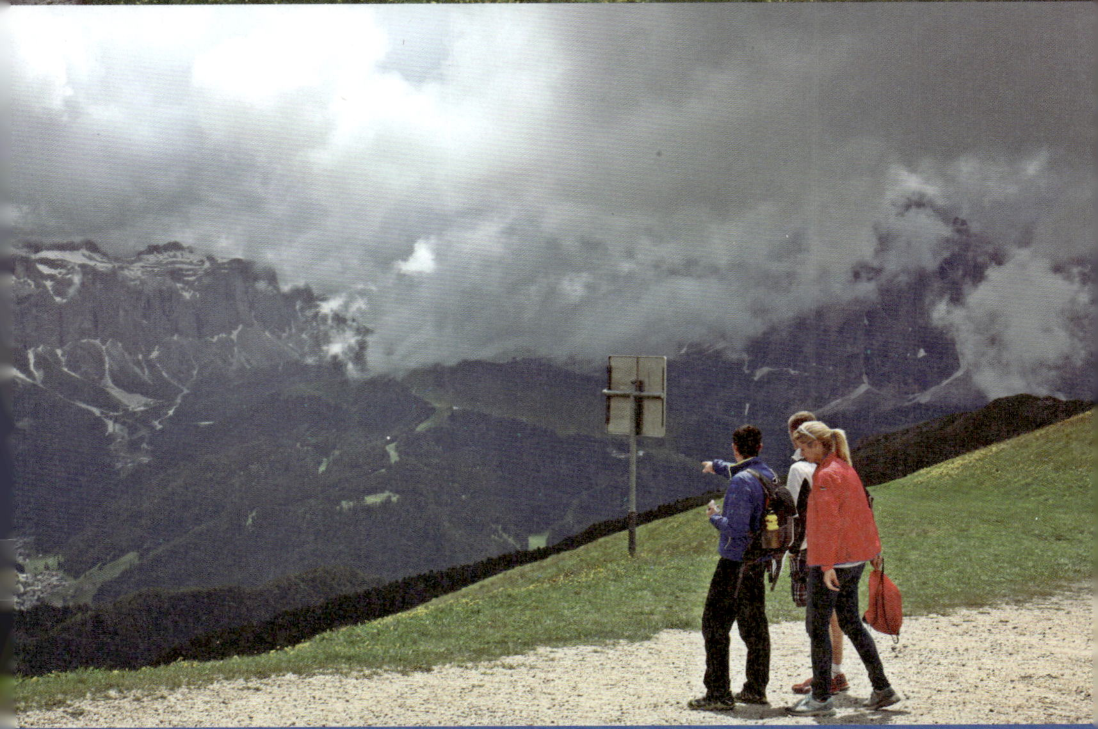

케이블 카에서 내리자 펼쳐진 돌로미내 산봉오리 풍광

돌로미테 산봉우리를 배경으로 포즈 취한 한 여행자

멋진 돌로미테 산봉우리 풍광을 배경으로 인증사진 찍기에 여념이 없는 여행자들

유네스코 세계자연유산에 등재된 지역에 위치한 푸에즈 산장 외관

푸에즈 산장 주변으로 여러 트레킹 길이 이어진다

얼마 후 왼쪽 편으로 루트3은 갈라져 나가고 루트2로 바뀌게 된다.

이곳은 포셀라 포시스 데 실레스(Forcella Forces de Sielles)라고 하는 지역으로 급하게 오르는 부분도 있고 철로 된 보조 줄(이것을 Via Ferrata 라고 한다.)이 설치된 지역도 있다. 크게 위험한 구간은 아니지만 보조 줄을 잡고 천천히 올라갈 필요가 있다. 이렇게 다소 가파른 곳을 오르면 이날 가장 높은 곳인 2,600m까지 가게 되는데 여기에 도달하면 갑자기 평평한 곳이 나타나면서 주위를 조망할 수 있는 멋진 휴식 장소가 나타난다. 이곳에서 사진도 찍고 휴식을 취한 다음 계속 루트2를 따라가면 양 같은 가축들이 보이는 한적한 곳으로 길이 이어진다.

길은 다시 편안해지고 주위는 온통 초록색 풀밭이 되었다. 비는 오지 않지만 안개가 자욱하게 끼기 시작했다. 슬슬 저녁이 다가오는데도 산장이 보이지 않고 안개가 더욱 짙어져 약간의 조바심을 느끼며 걸었는데 어느 순간 안개 속에서 산장이 보여 안도할 수 있었다.

안개에 뒤덮여 신비한 자태를
드러내는 돌로미테 산봉우리

    영어로 산장 예약 신청 메일을 보냈지만 답장이 없어 구글 번역기를 통해 이탈리아어로 보내 겨우 예약할 수 있었던 산장이다. 이 산장은 해발 2,245m에 위치한 산장으로 산장 입구에는 유네스코 세계자연유산에 등재된 곳이라는 표지가 있다. 롤러코스터 코스 완주를 위해서는 절대적으로 숙박을 해야 하는 곳이다. 이곳 이외에 숙박 할 곳은 전혀 없다.

    하프 보드로 예약을 해서 저녁이 제공 되었다. 소박하지만 따뜻한 스프와 감자와 파스타 그리고 포도주 및 생맥주(주류는 별도로 판매)를 먹고 나자 트레킹 첫날의 긴장에서 해방 될 수 있었다.

    잠은 3층 침대가 놓인 기숙사 형태로 우리들 일행 외에 영국에서 온 트레커 2명과 함께 한 방을 사용하였다. 주위에서 자꾸 코고는 소리가 들려 잠을 이루기 힘들었지만 다음 날을 생각하여 억지로 잠을 청하였다.

살짝 돌탑위에 또 하나의 돌을 올리면서 안전 산행을
기원해 보는 한 여행자

힘겹게 올라 보니 주변이 안개로 뒤덮여 있는 포셀라 포시스 데 실레스 지역

트레킹 루트를 따라 유유자적하는 방목하는 양떼들

### 다) 트레킹 2일째: 푸에즈 산장 → 라 빌라(La Villa)마을 7.5km(4시간)

아침에 일어나 밖에 나가니 기온이 거의 우리나라 11월 달 수준과 비슷했다. 영상 10도 이하 정도는 되었을 것 같다. 숙소에서 오트밀과 바게트 빵, 치즈와 커피로 아침을 먹고서 다시 산행을 시작하니 날씨는 쾌청하였다. 이날은 라 빌라 마을까지 내려가는 코스였다.

도전해야 할 루트는 남동쪽 방향으로 루트 2 → 5 → 15를 타고 시작한다. 산행 지도와 표지판을 따라서 걷는데 루트 2와 15를 보내고 루트 5를 계속해서 따라 가야 하는데도 계속 루트 2의 표시만이 보였다. 지도를 꺼내 들고 위치를 확인하였지만 지금 우리가 대체 어디 있는지를 확인할 수가 없었다. 요즘은 스마트폰의 등산 앱을 잘 이용하면 현 위치 파악이 쉬울 것 같았지만 그 당시에는 그런 준비는 미처 하지 못했다. 분명 갈라져야 하는 시점이 넘었을 것 같은데도 계속 '루트 2' 표지판만 보이고 '루트 5'가 보이지 않는다.

나중에 알았지만 푸에즈 산장을 떠나서 약 1시간 정도 걸을 즈음에 루트 2는 남쪽 하산 방향으로, 가야 할 루트 5는 동쪽의 방향으로 나아가면 갈라지는 지점이 나오는 데 이 지점의 표시를 놓쳐버렸던 것 같았다. 그 주위는 나무 및 초목이 거의 없는 황량한 암릉(岩陵) 지대로 마치 달 표면에 온 것과 같은 느낌이 들었다. 황량하지만 독특한 풍경으로 인상이 깊었다.

계속 루트 2를 따라 걷던 길을 내려가다 보니 4시간 만에 도로에 인접한 곳으로 하산하였다. 거의 하산이 끝나는 시간부터 비가 본격적으로 내리기 시작했고 점심도 제대로 먹지 못해 다들 힘들어 하고 있었다.

하지만 마침 눈앞에 지미스 헛(Jimmy's Hut)이란 조그만 산장 겸 레스토랑이 보여서 얼른 들어가 점심과 와인을 즐길 수 있었다.

조그만 산장 겸 레스토랑으로 아늑한 느낌이 나는 목조 건물 '지미스 헛(Jimmy's hut)' 이모저모

▲ 푸에즈 산장에서 라 빌라 마을까지의 트레킹 여정도(롤러코스터 트레일 파트 2)

푸에즈 산장을 뒤로 하며 기쁨의 환호성을 지르는 여행자들

푸에즈 산장을 뒤로 하고 루트 2번을 따라 트레킹 시작하면서 중간 중간 가던 길을 멈춰서 포즈 취하는 여행자들

나무 한 그루 없는 황량 곳이지만 호수와 어울려져 만들어내는 멋진 한 폭의 풍경화

푸에즈 산장 인근 지역을 배경으로 포즈 취한 필자

걷다가 휴식 겸 간식을 먹는 필자와 일행 옆을 지나가는 외국인 트레킹 여행자들

루트 2번 끝 지점에 있는 지미스 헛 (Jimmy's Hut) 일대 멋진 풍경

점심 식사와 함께 맥주를 마신 '지미스 헛' 일대 풍경

구름 아래로 멀리 펼쳐지는 '그로드너 요흐(Grodner Joch)'

상세 지도를 보니 그로드너 요흐(Grodner Joch)라는 조그만 마을이 2km 정도 있고 여기에서 버스를 타고 라 빌라로 갈 수 있다고 해서 천천히 다시 길을 나섰다. 임도(林道: 임산물의 운반 및 산림의 경영관리를 위해 설치한 도로) 수준의 넓은 길이 마을까지 이어져 있고 주위에 여러 가지 야생화가 지천으로 피어 있었다. 빗속에서도 사진을 찍어가면서 알프스 풍경을 즐기며 걸을 수 있었다.

　　라 빌라 마을은 꽤 큰 규모의 마을로 슈퍼마켓과 등산 장비점 등의 다양한 상점이나 호화로운 호텔이 많은 리조트 마을이다. 볼짜노에서 SAD 버스로 2시간 반 가량 걸리며 주위의 마을도 버스로 이동하기 편리한 곳이다. 숙소는 www.booking.com을 통해 예약한 호텔 돌로미티(Hotel Dolomiti)이었다. 이곳은 마을 중심지와는 1.5km 정도 떨어져 있지만 깔끔하고 여유로운 공간에 아주 만족스러운 3성급 호텔이다. 조식 뷔페도 아주 훌륭하다.

야생화 군락을 카메라에 담느라 여념이 없어 발걸음이 잘 떼어지지 않는 여행자

빗속에 야생화가 지천으로 흐드러지게 피어 파라다이스를 이루는 대지 풍경

아주 편한 흙길이어 빗길이어도 편하게 좌우 경치를 감상하면서 트레킹을 즐길 수 있는 마을로 내려가는 길

야생화를 배경으로 빗속에서도 인증 샷을 남겨 보는 여행자

인근 지역 전체 지도와 함께 트레킹 루트를 안내해주는 안내판 주변 풍광

짧은 트레킹을 계획하고 있는 듯 방향 표지판을 보며 어디로 갈지 생각 중인 여행자들

필자 일행과 반대 방향으로 이 곳을 들머리로 해서 올라오는 트레커들

야생화가 만발해 일대 장관을 이루는 알프스의 7월

### 라) 트레킹 3일째: 라 빌라마을 → 세네스(Sennes)산장 (4시간)

셋째 날은 롤러코스터 트레일 안내책자에 따르면 1,100m의 오름과 491m의 내리막을 거치는 총 11km의 라바렐라(Lavarella) 산장까지 걷는 데 전체 트레킹 중 가장 힘든 날이다.

하지만 출발 전 몇 달 전부터 문의를 했는데도 라바렐라 산장이 수용인원 초과로 예약이 되지 않았고 좀 더 뒤에 있는 페네스(Pennes) 산장도 마찬가지였다. 그래서 그 뒤로 도로가 연결 된 페데루 산장(Pederu: ☎ 0474 50 10 86: www.pederu.it)까지 차량으로 이동하여 계속 걷는 방법을 택할 수밖에 없었다.

페데루 산장에서 비엘라(Biella) 산장까지 걷는 것이 좋았지만 이 비엘라 산장마저 예약 인원이 마감되었다고 해서 겨우 중간에 있는 세네스산장(☎ 0474 50 10 92; www.sennes.com)을 예약하였다.

6명이었지만 짐 때문에 9인승 택시를 한국에서 예약해 가야 했다. 여행 당일에는 아침에 라 빌라 마을에서 대형 9인승 택시를 타고 산행 기점이 되는 페데루 산장으로 이동하였다. 약 40분 정도가 소요되었으며 110 유로를 지불하였다.

페데루 산장은 도로와 연결되기 때문에 규모도 매우 크고 넓

라 빌라 마을로 가는 버스를 탈 수 있는 정류장이 보이는 풍경

이곳을 트레킹 들머리로 해서 올라가는 다양한 루트를 안내해주는 방향 표지판

은 주차장도 마련되어 있어 관광버스도 많이 주차되어 있었다. 여기서부터 당일치기 일정으로 간단한 트레킹을 하는 사람도 많은 것 같았다.

페데루 산장에서부터 바로 가파른 길을 오르면 그날 숙박 예정지인 세네스 산장까지 3시간 정도가 걸린다. 약 1시간 정도 가파른 임도를 걸으면 다음부터는 아주 편하고 경관이 좋은 길로 이어진다.

다음 날 걸어야 할 길이 10시간 이상이기 때문에 힘도 축적하고, 또 세네스 산장이 돌로미테 지역에서 가장 아름답다고 하여 알프스의 멋진 경치도 넉넉하게 즐길 겸 그 날만은 산행 일정을 짧게 잡았다.

세네스 산장 근처는 정말 사운드 오브 뮤직(Sound of Music) 영화에 나오는 한 장면처럼 푸른 초원에 작고 노란 야생화가 지천으로 피어 있었다. 방목을 하는 소들도 이리 저리 한가하게 풀을 뜯고 목에 달린 방울 소리가 들리는 가운데 트레킹의 고단함을 잊을 수 있는 시간을 가질 수 있었다. 산장은 하프보드로 예약했는데 음식도 훌륭했다. 포도주와 맥주도 다양하게 즐길 수 있어 좋다.

▲ 롤러코스터 트레일 추가 지도

페데루 산장은 도로와 이어지기 때문에 자전거 이용 여행자들도 즐겨 찾는다

빙하 녹은 물이라 손이 시릴 정도의 트레킹 중에 만난 개울물

세네스 산장 가는 길목에서의 단체 인증 샷

반려견을 데리고 오는 모습도 보이는 페데루 산장으로 들어서는 길

세네스 산장 가는 길은 급경사 구간으로 시작되지만 중간에 피크닉을 즐기기에 좋은 넓은 풀밭이 펼쳐진다

세네스 산장에 거의 이르러서는 암릉 주변에 야생화가 지천으로 피어 절묘한 풍경을 보여준다

세네스 산장 근처에 이르면 고산 평원 지대가 펼쳐진다

세네스 산장 부근에 이르러서 만나게 되는 안내지도 주변 풍경

'라 빌라마을 → 세네스(Sennes)산장' 트레킹 구간은 산악용자전거 AV1을 이용해 찾는 이들도 많다

야생화가 지천으로 핀 이 구간을 달리는 라이딩 기분은 아마 최고 일 듯

세네스 산장 2층에서 바라 본 돌로미테 산봉우리 모습

캘린더 사진이 따로 없는 푸른 하늘과 뭉게구름과 야생화 군락

풍광 좋은 곳에 앉아 휴식을 취하는 커플 트레커

돌로미테 산봉우리를 가슴에 품고 길을 거니는 트레킹 여행자들

산장 앞 벤치에서 바라본 거대한 암릉 산봉우리 주변 풍광

네덜란드에서 온 트레커들과 함께 한
세네스 산장의 야외 카페

숙소 2층 베란다의 태양 집열판

형형색색의 야생화들이 지천으로 피어
있지만 그중에서도 노란색 야생화가 유
독 많이 보인다

세네스 산장 주변 전경

늦은 오후 햇살을 받으며 야생화 군락지로 나와 다양한 포즈로 추억을 만들어 보는 여행

어둠이 서서히 깔리는 늦은 오후 상념에 잠겨 있는 여행자

저녁 시간이 되니 어디선가 몰려 와 풀을 뜯고 있는 한 무리의 방목 소떼들이 만들어내는 목가적인 풍경

너무나 멋진 풍광에 매료돼 시간 가는 줄 모르고 주변 풍광에 넋을 잃은 여행자

### 마) 트레킹 4일째: 세네스 산장 → 카보닌(Carbonin)마을 (10시간 반)

트레킹 넷째 날. 이날은 10시간 반을 걸었다. 세네스 산장에서 동틀 무렵 걷기 시작한 산행은 해가 어스무리하게 지려고 하는 시간에 도착하여 끝났다. 아침 8시 경에 출발해 한 시간 정도 돌길을 걸으면 비엘라 산장(☎ 0436 86 69 91)에 도착한다.

비엘라 산장으로 가는 길은 두 가지로, 다소 시간이 걸리지만 경관이 좋고 길이 넓은 알타 비아 1번(Alta Via No1) 루트를 따라가는 방법과, 지름길인 루트 6을 가는 방법이 있다.

우리들은 넓은 알타 비아 1번 루트를 따라 걸었다. 이 길은 거의 평지이지만 잔돌과 자갈이 많아서 걷는 것이 그리 쉽지만은 않다. 이 부근의 경관은 마치 달 표면에 온 것과 같은 느낌을 주었다.

비엘라 산장을 지나고는 바로 위쪽으로 올라서서 남동쪽 방향으로 루트 28을 따라간다. 포셀라 코코다인(Forcella Cocodain)에 도달하기까지 약 1시간이 걸리는 동안 장엄한 풍경을 즐길 수 있었다. 멀리 그랑 디 포세스 호수(Lago Grande di Fosses)가 보이고 크로다 로사(Croda Rossa) 산자락으로 향하는 길이다.

세네스 산장을 떠나면서
여장을 챙기는 여행자

여기서 왼편 길, 북쪽으로 난 내리막길인 루트 28을 따라 걷는데 길에 돌이 많아 다소 험하고 미끄러지기 쉬웠다. 그대로 1시간 반가량 더 걸은 후에는 루트 3으로 갈라지는 곳을 만나게 된다. 여기서부터 루트 3과 합쳐지는 길을 따라 걷는데 이 뒤로는 좌우 풍광도 좋아지고 길도 다소 편해진다.

아침 햇살을 받으며 여유롭고 평화롭게 앉아 있는 소떼들

갈림길에서 다시 한 번 지도를 확인해 보는 여행자들

산장을 떠나면서 우공에게 작별인사를 건네는 여행자

비엘라 산장으로 나 있는 루트 6 번 길로 산악자전거 AV1 루트이기도 하다

초원지대에서 점차 돌이 많이 섞인 돌길로 변하는 비엘라 산장으로 가는 길

비엘라 산장으로 가는 두 갈래 갈림 길 표지판 옆에서 포즈 취한 여행자들

세네즈 산장의 추억을 뒤로 하며 상쾌하게 출발하는 여행자들

세네즈 산장 앞 초원 지대의 젖소로 이러한 소로부터 채취하는 우유로 치즈를 주로 만든다고 한다

돌길로 이루어진 조그만 언덕을 넘어가는 비엘라 산장으로 가는 길

월드 트레킹 완벽가이드: 유럽

밤새 모여 있던 소들도 아침이 되면 풀밭을 찾아 각각 어디론가 떠난다

다행히 날씨가 좋아 필자 일행이 도전할 루트 6번 길의 시야가 잘 보였다

비엘라 산장 뒤 언덕에 있었던 조그만 성모 마리아 상 주변 풍광

월드 트레킹 완벽가이드: 유럽

비엘라 산장을 지나면 길은 완전히 돌길로 변하는데 무거운 배낭을 잠시 내려놓고 안내판을 바라보는 여행자

포셀라 코코다인(Forcella Cocodain) 인근의 28번 트레킹 루트를 걷는 필자

전년도에 내린 눈의 잔설이 남아 있는 28번 루트에서 누워도 보고 한껏 포즈도 취해보는 여행자들

마치 달 표면처럼 황량한 지대 위 잔설이 남아 있는 구간을 통과하는 트레킹 여행자들

    길을 재촉하다 보면 초목 지대를 만나게 되고 얼마쯤의 내리막 끝에 말가 카발리 디 소프라 (Malga Cavalli di Sopra)에 다다르게 된다.

    많은 사람들이 여기서 점심을 먹고 쉬다가 다시 길을 나선다. 이곳에는 장미의 붉은 색깔을 머금은 것 같은 암석으로 이뤄진 크로다 로사 산을 제대로 조망할 수 있다.

    말가 레스토랑을 나오면 다시 오르막길로 이어지면서 크로다 로사 산의 북면 옆쪽으로 난 아주 좁은 길을 따라서 걷게 된다. 이 길은 100m 이상의 낭떠러지 사이에 난 좁은 길로서 안전을 위해 철제 보조 줄이 달려 있다. 한 손으로 이 줄을 잡은 채 천천히 걸어야 한다. 1 시간 반 정도 걸리는 이 길을 걷다보면 상당한 스릴감을 만끽할 수 있다.

말가에서부터 약 1시간 정도 걸으면 그 날의 최고봉인 2300m 고지에 다다르게 되고, 여기서부터는 다시 밑의 계곡으로 향하는 내리막길로 루트 3이 계속된다.

길은 다시 초목지대로 이어지는데 여기저기서 방목 하는 소떼들을 볼 수 있다

말가에서 본 피아자 평원으로 이어지는 3번 루트 주변의 가슴 탁 트리는 풍경

말가 카발리 디 소프라(Malga Cavalli di Sopra) 주변 풍경

점심 식사 후 잠깐 의자에 누워 휴식을 취하는 여행자들

말가를 떠나기 전 인증 샷 한 컷을 남기는 여행자

많은 사람들이 점심 식사를 위해 즐겨 찾는 말가 주변 풍경

붉은 빛을 띠는 크로다 로사 산이 눈앞에 펼쳐진다

좋은 날씨 덕분에 더욱 선명한 해상도의 루트 3 번 길 일대 풍경

드디어 저 멀리 보이는 트레 치메 일대의 멋진 풍경화

크로다 로사 산의 북면 근처에서 주변 풍광에 매료돼 행복해 하는 여행자들

폭이 좁고 밑은 아찔한 낭떠러지의 다소 위험한 길로 이어지는 고지 2,300m 일대 풍경

말가 근처에서 루트 28번이 루트 3번과
루트 4번으로 나뉘게 된다

루트 3번 길을 따라 가다가 바라 본 뒤에
있는 말가 일대 풍광

월드 트레킹 완벽가이드: 유럽

크로다 로사 산의 북면 근처에서 트레 치메 일대의 멋진 풍경을 가슴에 품은 한 트레킹 여행자

북서쪽으로 내려오면 나오는 루트 18 시작점 인근에는 맛 집으로 정평이 나 있는 요구르트 전문점인 또 다른 말가 스톨라(Malga Stolla)를 지나게 된다.

이곳을 지나 내리막길을 계속 가면 야생화가 지천에 피인 피아자 평원(Prato Piazza)이 펼쳐진다.

이곳에 리조트 호텔(Hotel Hohe Gaisl: ☎ 0474 74 8606: www.hohegaisl.com)과 바로 옆에 피아자 평원 산장(☎ 0474 74 86 50; www.pratopiazza.com)이 나란히 위치해 있다.

피아자 평원은 택시로 인근 마을과도 연결도 된다. 가능하면 이 피아자 평원 산장이나 한 시간 더 가면 나오는 발랜드로 산장(Vallandro: ☎ 0474 97 2505)에 숙소를 잡으면 하루 걷는 거리로 적당하다.

그러나 우리가 방문한 그 당시에는 이 두 산장 역시 예약이 꽉 차있었기 때문에 약 1시간 반 정도 임도를 계속 내려가면 나오는 카보닌 마을의 호텔(Hotel Croda Rossa: ☎ 0474 97 2521)까지 가야 했다.

사전에 예약에 성공하지 못해 10 시간 이상을 더 걸어야 했던 피아자 평원 산장 외관

택시로 접근이 가능한 피아자 평원 산장 옆의 리조트 호텔 외관

피아자 평원 부근에 다시 드넓게 펼쳐지는 야생화 군락지

피아자 평원 산장에서 조우한 캐나다 출신 트레커들

넓어서 자전거 라이딩을 하는 사람들도 제법 많은, 피아자 평원을 잇는 루트 37 일대 풍경

피아자 평원 부근에서 방목되는, 이 지구상에서 가장 행복한 소떼

피아자 평원 부근의 목가적인 풍경

피아자 평원에 위치한 조그만 교회

### 사) 트레킹 5~6일째: 아룬조 산장 및 트레 치메 지역 트레킹 (8시간)

트레킹 5일째와 6일째는 돌로미테 알프스 지역에서 가장 유명한 트레 치메 지역을 트레킹 하였다. 트레 치메란 3개의 봉우리란 뜻인데 일출과 일몰 때 햇볕을 받아 황금색으로 보이는 것으로도 유명하다.

이 일출과 일몰 때 트레 치메를 제대로 보기 위해서는 로카텔리 산장(☎ 0474 97 2002; www.dreizinnenhuette.com)에서 숙박을 해야 한다. 운 좋게도 롤러코스터 트레일의 일부 산장들은 놓쳤으나 이 로카텔리 산장은 가장 예약하기 힘들다고 알려졌는데도 다행히 전자 우편만으로 예약할 수 있다.

그밖에도 이 트레 치메 부근의 가장 중심지이면서 주변 도시와도 버스가 직접 연결되는 아룬조 산장(☎ 0435 3 9002; www.rifugioauronzo.it)도 예약할 수 있다. 그 결과 우리는 이틀 동

아룬조 산장으로 가는 버스를 기다리는 필자 일행

안 이 두 산장에 머물면서 트레 치메 지역의 두 개의 코스를 돌면서 트레킹의 대미를 장식할 수 있었다. 특히 운이 따랐는지 날씨가 아주 청명하게 좋아 황금색을 지나 붉게 물든 트레치메 봉우리를 볼 수 있는 행운까지 얻었다.

트레킹 5일째 아침에 카보닌 마을에서 아룬조 산장까지 가는 버스를 탔다. 걸어서 트레치메 지역으로 가기 위해서는 S51 도로를 따라 3km 정도 오르거나, 이 도로와 평행으로 난 랜드로 호수(Lago di Landro)의 동쪽 편을 트레일로 올라가서 '호텔 트레 치메 드라이 진넨(Hotel Tre Cime-Drei Zinnen: ☎ 0474 97 2633: www.hoteltrecime.com)'을 거쳐 가는 방법이 있다. 이 '호텔 트레 치메 드라이 진넨'은 버스를 타면 도비야코(10km)와 코르티나(Cortina: 24km)의 두 마을과 연결된다.

아침나절 카보닌 마을 곳곳을 둘러보는 여행자들

조그만 화환이 걸려 있는 작은 조형물 앞에서 포즈 취한 여행자

발랜드로 산장에서 '호텔 트레 치메'까지 이어지는 트레일은 5.5km로 약 3시간 정도 걸리는 짧은 거리이다. 하지만 '롤러코스터 트레일' 중 가장 험난한 구간이다. 이 '루트 34' 길의 오르막을 40분쯤 걸으면 2200m 지점에 위치한 '몬테 스페치에 고개(Sella di Monte Specie)'에 도착한다.

이곳부터는 가파른 내리막길이 이어진다. 한쪽으로는 깊은 계곡이고 길 폭도 좁다. 안전을 위해 곳곳에 쇠줄이 설치되어 있다. 이곳이 1차 세계대전 중 이탈리아와 오스트리아의 격전지라서 그런지 군데군데 참호 진지와 같은 전쟁 유적지가 고스란히 남아 있다.

기상조건이 나쁘거나 산행 경험이 많지 않는 여행자라면 카보닌 마을을 경유하는 코스로 우회하는 게 바람직하다. 이 경우 '호텔 트레 치메'에서부터 로카텔리 산장까지 루트 10-102를 따라 약 5시간 정도 걸어야 한다. 그러면 경관이 좋은 목초 지대를 걷다가 다시 급경사의 오르막이 펼쳐지는데 로카텔리 산장으로 이어진다.

로카텔리 산장에서 날머리인 아룬조 산장까지는 루트 105를 통해 갈 수도 있고 루트 101번을 통해 갈 수도 있다. 루트 105번은 완만한 높낮이의 구간으로 멀리 풍광이 잘 보인다. 이쪽으로 가는 사람은 반대편 루트 101보다 훨씬 적다.

반면 루트 101은 아주 왕래가 빈번한 곳이다. 그 이유는 중간 지점인 포셀라 라바레도(Forcella Lavaredo)에서부터 아룬조 산장까지의 길이 넓고 평탄하기 때문이다. 루트 101을 따라 가면 두 산장은 약 1시간 반 정도 걷는 거리가 된다.

멀리 험준한 알프스 산맥이 보이는 아룬조 산장 앞의 탁 트인 전경

한해 가장 많이 관광객들이 찾는 여름 시즌이라 주차 공간이 부족한 아룬조 산장 주차장

관광객을 태운 버스들도 많이 보이는 아룬조 산장 앞의 주차장 일대 풍광

돌로미테 산장 중에서 가장 규모가 큰 아룬조 산장 외관

아룬조 산장 뒤편 트레 치메 일대 풍광

아룬조 산장 입구에서 포즈 취한 필자

아룬조 산장까지는 대형버스도 올라오기 때문에 편한 복장으로 하루 코스로 올라오는 사람이 많다

루트 104를 따라 걸어가다 뒤돌아 본 아룬조 산장 일대 풍광

트레킹 마지막 날은 아룬조 산장에서 루트 104를 따라가다가 피안 디 센지아(Pian di Cengia) 산장을 거쳐 루트 101로 합류한 뒤, 로카텔리 산장으로 이어지는 길로 천천히 트레킹하였다. 피안 디 센지아 산장에서부터 로카텔리 산장으로 이어지는 루트 101번은 오른쪽으로 에메랄드빛의 영롱한 빙하 호수(Laghi dei Pian)를 끼고 걷는 코스이다.

아름다운 호수와 평탄한 초원 지대를 거쳐 암릉(巖陵) 길로 이어지는 구간이기 때문에 꼭 걸어보길 추천하는 구간이다. 중간에 들른 피안 디 센지아 산장에서 마신 맥주와 치즈·소시지 모듬 안주가 훌륭했던 기억이 아직도 생생하다.

또 다른 날머리로는 로카텔리 산장에서 루트 102번을 따라 북동쪽 방향으로 돌로미테 호프 호텔(Hotel Dolomitenhof)로 가는 방법이 있다.

로카텔리 산장을 나서면서 발 사소 베치오(Val Sasso Vecchio) 계곡으로 향하는 급경사의 내리막길을 걷게 되는데 약 2시간 만에 폰도 발레 산장(Fondo Valle refuge : ☎ 0474 71 0606; www.rifugiofondovalle.com)을 지나게 된다. 날머리인 돌로미테 호프 호텔까지는 약 3시간 정도가 소요된다. 여기서 3km 정도 더 걸어가면 작은 마을인 세스토(Sesto)가 나오는데 여기서는 열차역이 있는 산 칸디도(San Candido) 마을까지 가는 버스가 1시간마다 한 번씩 온다. 이 두 마을까지의 거리는 7km 정도이며 아주 편한 숲 속 길로 이어지기 때문에 시간적 여유가 있다면 숲길을 걸어보는 것도 좋을 것 같다.

아침에 아룬조 산장에 도착하여 저녁에 숙박을 할 예정이라 산장에 짐을 맡기고 가벼운 차림으로 트레킹에 나섰다. 아룬조 산장은 차량으로 접근이 가능한데다 돌로미테 지역에서 가장 유명한 트레치메 봉우리를 볼 수 있기 때문에 관광객들도 많이 찾는 곳이다.

아룬조 산장에서 라바레도 산장으로 걷는 구간은 일반 관광들로 붐빈다

라바레도 산장으로 가는 루트 104 번 길에서의 단체 사진

어느 산악인 추모비 앞에서 한 트레커가 기도를 드리고 있다

넓고 평탄하여 많은 사람들이 즐겨 찾는, 아룬조 산장에서 라바에도 산장으로 이어지는 길 주변의 가슴 시원한 풍경

누군지 잘 알 수 없는 산악인 추모비 앞 또는 주변에서 기념사진을 찍는 트레킹 여행자들

수용인원은 25명 정도로 적지만 접근성이 좋아 관광객 등 찾는 사람이 많아 레스토랑은 아주 붐비는 라바에도 산장 주변 풍경

라바에도 산장에서 바라 본, 넓고 평탄한 루트 104 번 길 주변의 기기묘묘한 풍광

라바에도 산장에서 바라 본, 넓고 평탄한 루트 104 번 길 주변의 기기묘묘한 풍광

루트 104번 길 중간에 위치한 조그만 교회로 그 주변에 산악인 추모비들이 많다

라바에도 산장 앞의 안내판으로 여기서 부터 경사길이 시작된다

로카텔리 산장으로 향하는 루트 101번 길 위의 트레킹 여행자들

로카텔리 산장으로 향하는 루트 101번 길 위의 트레킹 여행자들

라바에도 산장 쪽에서 바라 본 트레 치메 뒷면 풍경

트레 치메를 옆에서 끼고 로카텔리 산장으로 이르는, 방향 표시판은 이태리어와 독일어로 모두 표시 되어 있는 길 주변 풍경

트레 치메가 제대로 보이기 시작 한다

트레치메 봉우리 앞면에 위치하여 가장 좋은 조망을 만끽할 수 있기에 숙소 예약이 매우 어려운 로카텔리 산장

트레 치메가 잘 보이는 로카텔리 산장 앞의 야외 카페 벤치

'3개의 봉우리'란 뜻이지만 실제로 가보면 작은 것 하나가 더 있어 4개의 봉우리로 이뤄진 트레 치메의 위용

로카텔리 산장에서 루트 105로 들어서는 길목에서 휴식을 취하는 여행자들

1936년에 지어졌음을 알리는 로카텔리 산장 외관 벽면

온 가족이 함께 독일에서 왔다는 한 트레킹 가족

트레 치메 일대가 국가 지정 자연공원임을 알리는 안내판

트레 치메를 배경으로 로카텔리 야외 카페에서 망중한을 즐기는 여행자들

로카텔리 산장을 기점으로 많은 트레커들이 오고 간다

로카텔리 산장을 기점으로 루트 101, 102 와 105 번 길이 갈라진다

로카텔리 산장을 떠나 다시 아룬조 산장으로 가는 루트 105번 우회도로로 들어서는 초입에서 바라본 풍경

트레치메 쪽으로 산자락을 가르는 길이 멀리 이어지는 것이 보인다

바위가 쉽게 부스러져 여기 저기 작은 돌멩이들로 즐비한 루트 105번 길

트레 치메 일대는 암벽 등반의 메카로 인기 있다

아룬조 산장으로 향하는 루트 105번 길 위에서 짧은 휴식 중인 여행자들

    아룬조 산장 숙박의 경우 저녁과 다음날 아침까지 제공하는 하프 보드가 1인당 60유로였다. 저녁 메뉴로 꽤 훌륭한 식사를 제공했다. 이 하프보드는 식사티켓을 나누어 주고 7~8시 사이에만 배식하며, 아침 식사는 7시부터 가능하다. 아침 식사 메뉴는 바게트 빵과 플레인 요구르트·오렌지주스·우유·커피 등이었다.

    트레킹 마지막 날에는 루트 104를 통하여 로카텔리 산장으로 갔다. 날씨가 화창하여 석양의 햇빛에 비친 트레 치메 모습이 어떨지 기대가 되었다. 루트 104는 기복이 많지 않은 평탄한 길이었다. 들판에는 야생화도 많이 피어 천천히 구경하면서 여유 있게 걷는다. 이 부분에서 루트 104를 따라 피안 디 센지아 산장 쪽으로 발길을 돌린다.

    호수를 옆에 끼고 산허리를 돌아 걸어간다. 이 호수는 빙하호수로서 물 빛깔이 에메랄드 색의 환상적인 빛을 띠고 있었다. 로카텔리 산장에 도착한 후 산장에 묵는 모든 사람이 모여서 저녁 식사를 했다. 방 번호에 따라 테이블이 지정되어 있었다.

그날 나온 저녁은 생선과 소고기 요리 중 택일하는 것이었는데 생각 외로 맛이 훌륭했던 연어 스테이크에 비해 소고기 요리는 맛이 아쉬웠다. 그래도 1인당 60유로라는 저렴한 가격이니 만족할 수밖에 없었다.

식사 후에는 이 곳의 하이라이트, 트레 치메가 석양에 물드는 모습을 보기 위해 다들 밖으로 나갔다. 포도주나 맥주 한잔을 들고 나가면 서서히 트레 치메가 석양에 물드는 모습을 보게 된다. 석양이 넘어감에 따라 색깔이 미묘하게 변한다. 처음에는 환한 노란색이었던 봉우리가 다시 황금색으로 변하다가 마지막에는 붉은 색으로 변하는데 역시 마지막에 붉은 햇빛을 받아 붉게 타오르는 모습이 장관이었다. 힘들게 로카텔리 산장을 예약한 보람이 느껴졌다. 이 황홀한 광경을 볼 수 있어서 감사할 따름이다.

석양의 아름다운 모습에 반하여 일출시에는 또 어떤 모습을 보여 줄까 궁금하여 새벽에 좀 일찍 일어나 밖으로 나갔다. 그러나 일출 때에는 아쉽게도 그저 핑크빛으로만 머물러 있었다.

오후 늦게 아룬조 산장으로 다시 돌아오는 여정으로 5일 째 트레킹을 마무리하다

피안 디 센차아 산장으로 가는 101번 루트에 들어서 있는 산중 호수 주변 풍광

맑은 여름 날 뭉게구름 둥실 떠다니는 파란 하늘을 배경으로 우뚝 솟은 돌로미테 암릉의 멋진 풍경화

트레킹 도중 잠시 짬을 내 풀밭에서 팔베개를 하고 누워 자연의 품에 안겨보는 여행자들

석양이 짐에 따라 점차 붉게 물드는 트레 치메 봉우리

암벽 등반을 하기 위해 분주하게 움직이는 산악인들로 즐비한 로카텔리 산장의 아침

트레킹을 모두 마치고 트레 치메를 배경으로 한 단체 기념사진

주변에 산악인 추모비가 많이 들어서 있었던 조그만 교회 옆으로 펼쳐져 있는 아룬조

산악자전거로 트레 치메 루트를 라이딩 하는 한 여행자

## 8) 인스부르크 및 베네치아 관광

　이른바 '롤러코스터 트레킹'을 마치고 남은 시간은 이틀이다. 여기까지 왔는데 오스트리아를 두고 그냥 가기는 아까워서 조그만 마을 도비야코로 가서 열차편을 이용해 인스부르크로 갔다.
　산악 중심 도시인 인스부르크는 역시 이탈리아와는 다른 분위기였다. 도시가 그리 크지는 않아 차분하게 관광을 할 수 있다.
　이곳에서 반나절의 낮 관광을 한 후 역에서 약 1km 떨어진 시내 중심 부근의 호텔(Hotel Goldene Krone Innsbruck)에서 하루 묵은 뒤 다시 열차를 타고 베네치아로 왔다. 이 호텔은 깔끔하고 위치는 좋지만 다소 좁았고 승강기가 없어서 불편하였다.

▼ 인스부르크에서 철도로 베네치아까지 가다가 중간에 베로나에서 환승

▲ 아룬조 산장에서 버스로 도비야코까지, 도비야코에서 철도로 포르테짜에서 환승해 인스부르크로 이동

영화 '사운드 오브 뮤직'의 한 장면을 연상 시키는 인스부르크 시내 풍경

독일제국의 독수리 상을 연상 시키는 문양이 새겨진 광장 기념문

짧았던 인스부르크에서의 여정을 아쉬워하며 스마트폰으로 거리 사진 찍기에 여념이 없는 여행자

오스트리아 티롤지방의 중심도시 인스부르크의 한 광장 기념탑 주변 풍경

186 월드 트레킹 완벽가이드: 유럽

인스부르크의 명물인 개선문

아직도 전차와 함께 관광용이지만 마차가 여전히 공존하는 인스부르크 시가지

인스부르크의 주요 교통수단인 노면 전차 트램(tram)

이태리 베네치아로 돌아가기 위해 찾은 인스부르크 역 플랫폼

귀국까지 남은 시간은 하루 정도다. 짧은 시간이었지만 수상도시 베네치아 곳곳을 수상버스도 타고 도보로도 걸으면서 둘러보았다. 산마르코 광장 및 리알타 다리 등을 구경하고 나자 어느덧 길고도 짧았던 이탈리아 돌로미테 트레킹 일정도 모두 끝났다.

　베네치아의 숙소는 가급적이면 산 마르코 광장이 있는 같은 섬에서 잡아야 베네치아의 야경 및 밤 문화를 즐길 수 있다. 이곳은 매우 복잡한 곳인 만큼 일찍 예약하지 않으면 호텔 잡기가 어렵다.

　우리들은 조그만 호텔(Domus Ciliota: 0415 20 4888: info@ciliota.it)을 예약했는데 처음에는 호텔의 위치를 찾는 것이 어려웠지만 위치나 가격 대비 시설 등은 훌륭하였다. 늦은 밤까지 화려한 상점들을 보면서 산 마르코 광장의 밤 문화를 제대로 즐길 수 있었다.

베네치아 산타루치아역 광장 앞으로 바로 앞에서 수상택시를 탈수 있다

선착장에서 이색적인 복장으로 관광객을 맞이하고 있는 현지인들

베네치아는 물의 도시답게 자가용 보트에서 수상버스와 수상택시에 이르기까지 다양한 수상 교통수단이 구비돼 있다

물의 도시 베네치아의 상징인 곤돌라 타기를 즐기는 여행자들

산마르코 광장에서 비둘기 떼와 망중한을 즐기는 여행자들

▼ 베네치아의 명물 곤돌라로 건물 사이를 아슬 아슬 하게 누비고 다닌다

▲ 베네치아의 관광 명소인 탄식의 다리로 유죄를 선고 받은 사람이 이 다리를 건너 수감되었기 때문에 나온 이름

▼ 산 마르코 광장 풍경

▲ 산 마르코 광장 주변의 노천카페

베네치아 노천 가게

관광 안내 책을 보면서 복잡하기로 이름난 베네치아 골목길을 거니는 여행자

산마르코 성당 입구

관광객을 최대 6명까지 태울 수 있는 곤돌라를 이용해 베네치아의 정취를 만끽하는 여행자들

Chapter 2

# 영국 스코틀랜드
# '웨스트 하이랜드 트레일'

- 영국에서 가장 유명한 154km의 장거리 트레일 풍급 코스 일주일 여정 -

영국 스코틀랜드 '웨스트 하이랜드 트레일' 코스 중 가장 인적이 드문 코스로 마차가 지나친 흔적도 남아 있어 세월의 무상함을 만끽 할 수 있다

## 1) 개요

웨스트 하이랜드 트레일(West Highland trail)은 영국에서 가장 유명한 장거리 트레일이다. 스코틀랜드의 최대 도시인 글래스고우 외곽인 멀가이브(Milngavie)에서 시작하여 포트 윌리암(Fort William)에 이르는 154km를 걷는 코스인데 난이도는 중급 정도이다. 대략 7일에서 8일 사이의 완주를 목표로 걸으며 연간 15000명 정도가 걷는다고 한다.

트레일 코스는 로치 로몬드(Loch Lomond) 호수 중간을 사이에 두고 완만한 지형의 로우랜드(Low Land)와 산악 지형의 하이 랜드(High Land)로 나뉘는데, 이틀 정도는 완만한 숲과 편한 산길로 이루어진 로우 랜드 지역을 걷는다. 로치 로몬드 호수를 끼고 트레킹이 계속되다가 3일째부터는 산악 지형으로 점차 들어가면서 다른 풍광으로 점차 바뀌게 된다. 산이라도 트레일은 대부분 산 사면을 타고 조성되어 있어 급준하게 산을 오르내리는 구간은 그리 많지 않다.

4일째부터는 마을이 거의 없는 구간을 지나게 되는데 옛날 마차가 달리던 시골길과 18세기에 쓰였던 군사도로로 조성된 구간을 지나게 된다. 군사도로는 영국 중앙정부에 대한 반항이 잦았던 이 지역 스코틀랜드인들을 진압하기 위한 용도였다고 한다. 일부는 지금은 사용하지 않는 철도길 구간을 이용하여 조성되어 있다. 영국에서 최대 높이의 산인 벤 네비스(Ben Nevis) 옆을 지나고 나면 이 트레일의 마지막인 포트 윌리암 마을에 도착하게 된다.

이 길은 국내에는 잘 알려지지 않아 트레커도 영국인과 독일인 등 유럽인이 대부분이었다. 걷는 동안 짙푸른 녹색의 풀과 나무 그리고 호수를 만끽할 수 있어 다른 트레일과는 좀 색다른 맛을 느낄 수 있다. 또한 숙소마다 짐을 옮겨주는 짐 운반 서비스가 잘 되어 있어 편하게 걸을 수 있는 곳이기도 했다.

또한 각 구간마다 호텔이나 B&B(간단한 아침식사가 가능한 민박 숙소)·호스텔 등이 비교적 잘 갖추어져 있다. 캠핑 사이트는 공식으로는 4군데 정도 있으며 이외에도 사설 캠핑장과 비박 가능한 곳이 여러 군데 있다.

영국 스코틀랜드 '웨스트 하이랜드 트레일' 코스 중 글렌 팔로츠(Gren Falloch) 지대로 가는 내리막 길 위에 선 여행자

▼ 스코틀랜드 웨스트 하이랜드 트레킹 전체 구간 개략도

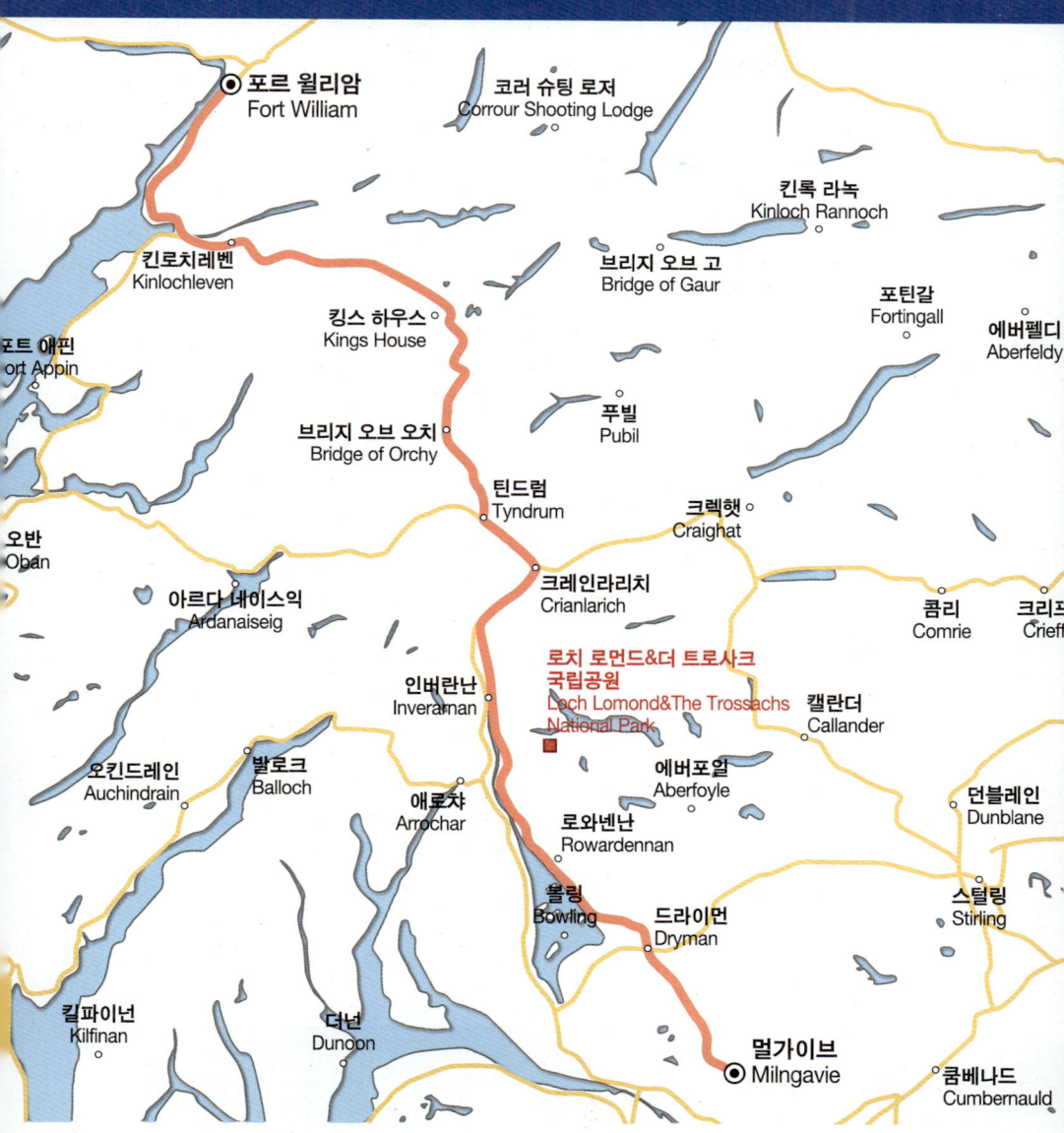

## 2) 기후 및 최적 여행 시기

　스코틀랜드는 비가 매우 많이 오는 다우 지역으로 연중 비의 양의 변화가 많지 않는 저온 다습지역이다. 기온은 여름에도 낮의 기온이 20도를 약간 넘는 정도이고 겨울에도 영하로 거의 떨어지지 않는다. 6월 하순의 경우 대체로 11도에서 18도 사이를 유지했다. 날씨의 변화가 심해 비가 내리다 그치길 반복하는 경우가 많아, 튼튼한 우비와 우산 및 고어텍스 재킷 그리고 스패츠(spats)의 준비가 필수이다.

　트레킹 최적기는 5월 하순과 10월 초이다. 5월 하순은 야생화가 만발한 풍성한 신록을 즐길 수 있고 10월 초는 호수와 어우러진 단풍을 즐길 수 있는 시기이다. 6~9월도 좋지만 이때는 미젯(Midget)이라고 하는 벌레에 대한 대비가 좀 필요하다. 이 곤충은 모기보다는 훨씬 작지만 사람을 무는데, 걸을 때나 바람이 많이 불 때는 나타나지 않다가 멈춰서 쉬거나 할 때 나타나 사람을 귀찮게 한다.

## 3) 가이드 책자 및 지도

　이 트레킹 시 가장 많이 사용되는 가이드북은 'West Highland Way (Charlie Loram 저)'인데 상세한 지도, 경로 안내 및 숙소, 캠핑 사이트 등이 망라되어 있다. 론리 플래닛(Lonely

스코틀랜드 날씨는 변덕스러워 우비 및 고어텍스 재킷 등이 필요하고 실제로 트레일 걷는 내내 비가 자주 내려 우산과 우비는 필수품이 되었다

Planet) 사에서 펴낸 'Walking the West Highland way'(PDF 파일로 유료 다운로드 가능)도 유용하다.

공식 웹 사이트인 http://www.west-highland-way.co.uk/home.asp에서도 여러 유용한 정보들을 얻을 수 있다. 특히 위의 사이트에서 무료로 다운로드 가능한 West Highland Way Pocket Companion PDF 파일만 받아도 실제 걷는 데 지장이 없을 정도의 정보가 담겨 있다. 나는 이 파일을 스마트폰에 저장하여 필요할 때마다 보곤 했는데, 특히 숙소 정보가 아주 유용했다. 그리고 오프라인 상으로도 안내 표지가 그런대로 잘 되어 있고 길이 명확하여 세밀한 등산 지도 없이도 충분히 완주가 가능하다.

 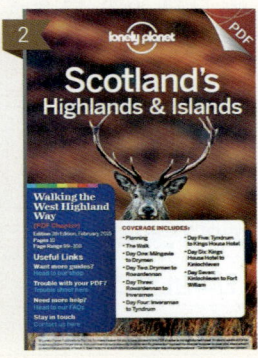 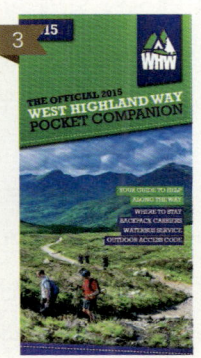

1. West Highland Way(Charlie Loram 저) 표지
2. 론리 플래닛사에서 나온 'Walking the West Highland Way' 표지
3. 'West Highland Way Pocket Companion' PDF 파일 표지

### 3) 계획 짜기·준비하기

트레킹 계획은 가능하면 6개월 전, 적어도 3개월 전에는 착수하는 것이 좋다. 가장 먼저 체크해 보아야 할 것이 트레킹 5일째 또는 6일째 묵어야 할 킹스 하우스(Kings House) 호텔 예약이다. 이곳을 제외하면 캠핑을 하지 않는 이상 묵을 숙소가 전혀 없다. 또한 인근 마을로 가는 버스도 2시간마다 한 대씩만 올 정도로 외진 곳이어서 우선적으로 이 호텔 예약이 된 다음 전체 일정 계획을 짜는 것이 바람직하다.

가장 일반적인 트레킹 기간은 7일이나, 5일째 코스가 30km가 넘어 8일로 나누어 걷는 경우도 있다. 실제 걸어 본 결과 거리는 멀어도 코스가 쉬워서 어느 정도 산행 실력이 있으면 7일 만에 완주하는 것도 충분히 가능하다고 생각된다. 그리고 트레킹 마지막 날에 하루를 더해 영국 최고봉인 벤 네비스 산을 다녀오는 것이 좋을 것 같다. 산행 시간은 왕복 7시간 정도이다.

다음은 일반적인 가이드북에서 나오는 추천 일정이다.

- ✓ Day 1   멀가이브 → 드라이먼(19km)
- ✓ Day 2   드라이먼 → 로와덴난(24km)
- ✓ Day 3   로와덴난 → 인버란난(22km)
- ✓ Day 4   인버란난 → 틴드럼(19km)
- ✓ Day 5   틴드럼 → 킹스 하우스(31km)
- ✓ Day 6   킹스하우스 → 킨로치레벤(14km)
- ✓ Day 7   킨로치레벤 → 포트 윌리암(24km)

위의 추천 일정을 기준으로 숙소 예약 등을 고려한 결과 우리는 다음과 같이 코스와 숙소를 잡았다.

| Day 1 | 숙소 명 | 이용객실 종류 |
|---|---|---|
| 6월 24일 | 글래스고우 Premere Inn City Center | twin *3 |
| 6월 25일 | Elm bank B&B Dryman | 3 베드룸 독채 아파트 |
| 6월 26일 | Rowardennan Lodge SYHA | 6인실, 조·석식 포함 |
| 6월 27일 | Ardlui Hotel, Vermont Lodge | 6인용 별장, 3베드룸 |
| 6월 28일 | Tyndrum Inn | twin*3 |
| 6월 29일 | Bridge of Orchy Hotel | 더블*3 |
| 6월 30일 | Kings House Hotel | 3베드룸*2 |
| 7월 1일 | Blackwater Hostel, Kinlochleven | 3베드룸*3 |
| 7월 2일 | 글래스고우 Premere Inn City Center | twin*3 |
| 7월 3일 | 에든버러 브리타니아 호텔 | twin*3 |
| 7월 4일 | 글래스고우 Charing Cross Guesthouset | twin*3 |

숙소 예약은 'West Highland Way Pocket Companion' 책자에 나온 것을 참조하여 www.booking.com 같은 숙박할인 예약업체를 이용하거나 해당 숙소 담당자에게 직접 전자 우편을 보내 예약한다.

킹스하우스에 전자 우편을 보내 2015년 5월 20일부터 6월 한 달 동안 6명이 예약할 수 있는 날짜를 문의한 결과 6월 30일 딱 하루만이 가능하다는 답신을 듣고 이날 예약을 했다. 그 후 이 날을 기점으로 일정을 짠 후 나머지 호텔을 예약하고 항공권을 구매했다.

　이 숙소 예약 여부가 전체 트레킹의 성사 여부를 판가름하는데 국내에서 스코틀랜드 호텔이나 B&B를 예약할 때에는 직접 전화를 걸어 구두로 신용 카드 정보를 제공해야만 예약해주는 경우가 많으니 주의해야 한다.(킹스 하우스 호텔 등)

　영국에서는 여행 중 열차를 4번 탔는데 사전에 트레인라인 사이트(www.thetrainline.com)을 이용하여 예약하였다. 이때 신용카드나 페이팔(paypal)을 통해서 결제가 가능한데 예약 번호와 본인 증명용 신용카드만으로 영국의 모든 역 창구나 자동 발권 기에서 실제 차표로 발급 받을 수 있다. 열차를 이용한 구간은 모두 4 번으로 다음과 같다.

　* 글래스고우 중앙역(Glasgow Central station) → 멀가이브(약 30분)

　* 포트 윌리암 → 글래스고우 퀸즈 스트리트(Queens street)역(4시간)(종착역이 센트럴역이 아니나 두 역간의 거리가 도보로 8분소요)

　* 글래스고우 센트럴역 → 에딘버러 웨블리역(Edinburgh Waverly station) 왕복(편도 약 1시간)

　영국의 열차는 시간대별로 요금이 달라지고 직행과 갈아타는 편으로도 나누어지니 예약 시 가능한 직행으로 예약하는 것이 좋다. 열차 요금은 적정하다고 생각되었다.

　이 웨스트 하이랜드 트레일은 숙소 간 짐 운반 서비스가 잘 발달되어 있고 서비스도 아주 좋았다. 숙소 간 트렁크 하나를 운반해 주는 서비스는 짐 하나당 약 45파운드이지만 단체면 할인

도 가능했다. 실제 이용해 보니 매우 유용했다.

미리 예약한 호텔을 알려주면 오후 3~4시경이면 짐이 먼저 도착하여 기다리고 있다. 서비스 업소는 몇 곳이 있으나 그중 www.travel-lite-uk.com라는 사이트를 이용하였는데 아주 만족스러웠다. 사전에 예약 할 때 트레킹동안 예약한 숙소 이름을 알려 주면 되고 요금은 처음 짐을 맡길 때 주면 된다.

이 짐 운반 서비스는 트렁크 사이즈에는 관계가 없기 때문에, 여행용 대형 트렁크를 가져가도 좋다. 트렁크가 크면 옷 여러 벌에 점심에 먹을 컵라면·건조 비빔밥·누룽지·김 등 밑반찬도 충분히 가져갈 수 있다.

영국의 숙소는 거의 대부분 방마다 차를 끓여 마실 수 있는 전기 포트가 있어서 1리터짜리 보온병을 가져가면 숙소에서 미리 물을 끓여 가져가 점심 식사를 하거나 쉴 때 커피 등을 타 마실 수 있어 좋다. 보온병은 내부가 깨지기 쉬우니 공항 수하물 체크인 시 기내 반입(핸드 캐리) 수하물에 넣어 가져가야 한다.

**가장 먼저 예약해야 하는 킹스하우스 호텔 주변 풍경**

### 나) 트레일 들머리·날머리

트레킹 후 잠시 관광 일정을 포함시키는 것이 바람직할 것 같아 스코틀랜드의 최고 관광지인 에든버러와 글래스고우 관광도 하였다. 에든버러는 하루 반 정도, 그리고 글래스고우는 트레킹 시작 전후로 하루 정도 관광을 하였는데 도보로 시내 관광만 하여도 충분할 정도였다.

'웨스트 하이랜드 트레일'의 들머리는 글래스고우의 외곽에 있는 멀가이브라는 조그만 마을이다.

이 트레일을 시작하기 위해서는 우선 글래스고우 왕복 항공권을 구입해야 한다. 부담이 덜 되는 가격의 항공권을 구하기 위해서는 항공 최저가 안내 사이트 몇 개를 검색해 보는 것이 좋다.

내가 즐겨 이용하는 사이트로는 www.kayak.com 이다. 이 사이트에 들어가서 서울 ↔ 글래스고우를 검색해 보면 일반적으로 저가 항공권 순으로 결과가 나온다. 중국동방항공·에미리트항공 등이 주로 앞에 나오겠지만 이들 항공편은 가격대가 싼 대신 편도의 총 비행시간이 무려 20~30시간에 이르는 경우가 많다.

여행자 입장에서 무난하고 합리적인 항공여행 시간대인 14~16시간대를 찾아보면 좋다. 내가 이곳으로 가려던 당시에는 영국 항공(British Airways)밖에는 마땅한 곳이 없는 것 같아 이를 이용하였다.

공식 사이트를 통해 출발 약 2달 전 기준으로 123만원에 할인항공권을 예약하였다. 이 티켓은 인천 → 런던 히드로

도심에 위치해 있는 글래스고우 센트럴역 외관

글래스고우 중심가 모습으로 인적이 드물어 한산한 편이다

(Heathrow) 공항 환승 → 글래스고우 공항 최종 도착 여정이었는데 환승 시간이 1시간 45분으로 다소 빠듯했다. 히드로 공항에서 환승하는 경우 최소한 2시간 30분 정도의 환승 여유시간을 갖는 게 무난하리라 생각된다.

참고로 런던에서 글래스고우 공항까지는 국내선 항공편을 이용해 1시간 20분 정도 걸린다. 공항에 도착하면 도착 게이트 바로 앞에서 시내로 향하는 500번 버스를 타면 된다.

글래스고우 공항에서 중심가인 중앙역까지는 약 20분 정도밖에 걸리지 않아 매우 편리하다. 왕복 버스요금은 9파운드로 4명일 경우 3명 요금만 받는다. 돌아오는 교통편은 언제든지 사용할 수 있는 오픈티켓으로 잘 보관했다가 돌아올 때도 실물 티켓을 제시하여야 한다.

요금은 운전사에게 직접 줄 수 있고 차 내에 있는 시간표를 갖고 내리면 돌아올 때 시간과 탑승 장소를 알 수 있어 편리하다.

도착 첫날밤은 호텔 선택이 여유로운 글래스고우에서 보냈는데 센트럴역과 가까운 호텔(Premier Inn Glasgow City Centre: Argyle St.)로 숙소를 잡았다. 이곳은 500번 공항버스 첫 번째 정거장에서 내리면 걸어서 2분 정도 걸리는 곳이며,

센트럴역까지도 걸어서 5분 만에 닿으므로 교통이 매우 편리하고 가격도 저렴하다. 다만 이곳 숙소는 아쉽게도 조식은 제공하지 않는다.

글래스고우 중앙역에서 멀가이브까지는 수시로 열차가 있는데 환승이 필요한 경우도 있으니 가급적 직행 편을 선택하는 것이 좋다. 약 30분 정도 소요된다. 역 지하의 16번·17번 플랫폼에서 출발한다.

멀가이브 역에서 내리면 왼편에 웨스트 하이랜드 트레일 안내 간판이 온다. 반 지하보도 터널을 지나 마을로 들어서면 중앙 부근에 웨스트 하이랜드 트레일의 공식 출발점인 더글러스 스트리트 (Douglas street) 중앙의 오빌리스크(Obelisk)가 나온다. 이 오빌리스크 바로 뒤에 밑으로 내려가는 계단으로 내려가면 짐 운반 서비스 차량이 기다리는데 여기서 짐을 맡기고 출발한다.

날머리는 포트 윌리암 시내의 고든(Gordon) 광장에 있는 앉아있는 청동상이 있는 곳이다. 포트 열차역 앞의 공원에도 동상이 몇 개 있지만 여기는 공식 종착점이 아니고 예쁜 상점이 기다랗게 늘어선 거리 마지

스코틀랜드 글래스고우 공항에서의 단체사진

글래스고우 공항과 시내 중심가를 연결하는 500번 버스 내부

런던뿐 아니라 영국의 대도시에는 자주 볼 수 있는 2층 버스

막 부근에 위치해 있다. 이 거리는 여행자들도 제법 많고 레스토랑과 바 및 기념품점도 많다.

글래스고우로 돌아가는 열차는 오후 5시 35분경 출발한다. 4시간 정도가 소요된다. 일주일 이상 걸어온 길에 있는 역을 통과하는 것을 자주 보게 되는데 이때 마다 감회가 새롭게 느껴졌다.

### 5) 트레킹 실전 노하우
#### 가) 1일째: 멀가이브 → 드라이먼(Drymen) 19 km: 약 6시간

공식 출발점인 오벨리스크에서 촬영을 하고 마을을 둘러보았다. 조그마하지만 예쁜 마을이다. 몇 개의 슈퍼마켓도 있고 필요하면 캠핑용 부탄가스도 살 수 있다. 관광 안내소에는 트레킹에 필요한 지도와 안내서, 그리고 웨스트 하이랜드 트레일에 관한 기념품도 판다.

멀가이브 역에 9시에 도착한 후 마을을 1시간 정도 돌아보고 식품도 몇 가지 샀다. 오벨리스크 뒤의 계단을 내려가니 짐 배달 서비스 차가 기다리고 있어 짐을 맡기고 간편하게 출발하였다.

예전에 철길로 이용했다는 길을 따라가면 곧 조그만 시냇물이 나오고 그 옆을 따라 길을 가게 되어 있다. 조금 있으면 아주 잘 가꾸어진 나무가 우거진 머그독 우드(Mugdog Wood) 공원길로 이어지게 된다. 간간히 개를 데리고 산책 나온 주민들을 마주치게 된다.

'웨스트 하이랜드 트레일'의 상징인 육각형 표시가 자주 나타나게 되니 표시를 확인하면서 길을 걸으면 된다. 길을 잘못 들거나 잃을 염려는 거의 하지 않아도 될 정도로 길이 확실하게 나 있다.

첫날은 구간 모두가 평지여서 쉬웠다. 일종의 구릉지(丘陵地: 산지와 평지의 중간 형태를 갖는 지형)를 통과하기도 하는데 중간 중간에 가축의 방목을 위해 문이 설치되어 있는 곳이 있다. 문을 열고 통과한 후에는 꼭 닫아주고 나오는 배려가 필요하다.

평지 길을 걷다보면 처음으로 덤고야츠 언덕(Dumgoyach Hill)이 나와 살짝 오르막과 내리막을 걷게 된다. 이 언덕을 지나면 스카치위스키 양조장인 그렌고얀 양조장(Grengoyane Distilleries)으로 갈라지는 길을 만나게 된다.

원래의 웨스트 하이랜드 트레일 길에서 오른쪽 차도 방향으로 1 km 정도 지점에 있다. 시음 코너와 선물점 등이 있으며 공장 시찰도 가능하다. 공장은 잠깐 가서 둘러보고 기념사진 찍는 정도로 하고 다시 트레일 코스로 복귀했다.

숙소 간 짐 운반 서비스 차량에 트렁크를 맡기고 출발 준비를 하는 여행자들

▲ 일정 첫째 날 멀가이브에서 드라이먼(Drymen)에 이르는 19 km, 약 6시간 트레킹 여정 상세 루트

가벼운 오르막길과 내리막길이 반복되는 덤고야츠 언덕 주변 풍경

웨스트 하이랜드 트레일의 공식
출발점 표시인 오빌리스크

멀가이브 마을 중심가 풍경

덤고야츠 언덕을 지나면 평탄한 길이 이어진다

방향 표지판에 자주 나오는 'Public path' 란 단어로 영국에서는 걸을 수 있는 권리가 중요하게 간주 된다

내부에는 시음 코너와 선물점 등이 있고 양조 시설도 볼 수 있는 그렌고얀 양조장 이모저모

멀가이브역 앞의 웨스트 하이랜드 트레일 안내판

트레킹 시작 후 처음 나타난 트레일 방향 표지판

신록으로 우거진 마을의 조그만 머그독 우드 공원을 지나는 여행자들

정원을 아기자기하게 잘 꾸며 놓은 어느 집 앞에서 포즈 취한 일행들

스코틀랜드에는 우리나라에서도 쉽게 볼 수 있는 나무들도 많다

나무는 많지 않고 거의 초지로 이뤄진 전형적인 스코틀랜드의 트레일 풍경

가랑비가 내려 우산을 쓰고 드라이먼 마을에 이르는 트레일을 일렬로 걸어가는 여행자들

다시 길로 복귀하여 1km 정도 가면 점심 먹을 장소로 적당한 카페 겸 레스토랑 '비치 트리인(Beech tree Inn)'이 나온다. 이곳에는 레스토랑도 있는데 누구나 이용할 수 있는 피크닉 테이블도 있어 점심을 준비해 갔을 경우 이곳을 이용하면 좋다.

그 다음으로 옛 철길을 따라 계속 걷다 보면 첫날 목적지인 드라이먼에 독착한다. 드라이먼 마을에 도착하기 1.6km 전에는 캠핑 사이트(www.drymencamping.co.uk)가 있다. 이곳에서는 캠핑도 가능하지만 조그만 캐빈도 들어서 있어 드라이먼에서 숙소를 구하기 어려울 때는 그 대안으로 고려 해 볼 만하다.

드라이먼 마을은 웨스트 하이랜드 트레일 루트에서 왼쪽 옆길로 걸어서 약 7분 정도 떨어져 있다. 큰 도로가 나오고 드라이먼 마을 사인이 나오면 그 사인을 따라 걸으면 된다. 이 마을도 조그만 마을이지만 몇 개의 조그만 호텔과 B&B 그리고 레스토랑과 슈퍼마켓이 있다. ATM 머신은 슈퍼마켓 안에 있는데 250파운드 한도 내에서 인출 가능하다.

우리가 묵은 곳은 '드라이먼 엘름 스트리트(Drymen Elm Street)' B&B로 가격 대비 괜찮은 곳이었다. 'Self Catering B&B'라는 문구가 말해주듯이, 거실과 주방이 마련되어 있어 필요하면 슈퍼마켓에서 음식 재료를 사서 직접 저녁을 요리해 먹을 수도 있다. 아침식사는 제공하지 않는다.

스코틀랜드의 여름은 짧은 듯. 7월이면 소박한 들꽃이 여기 저기 흐드러지게 핀다

드라이먼 마을에 들어가기 전 다리를 스트레칭 하는 여행자들

드라이먼 마을에 도착하기 바로 전에 다다른 풀밭을 가로지르는 여행자들

카페·레스토랑 '비치 트리 인' 간판과 입구

트레일 걷는 내내 비가 자주 내려 우산과
우비는 필수품이 되었다

전형적인 영국 민박집 분위기가 물씬 풍기는
드라이먼 엘름 스트리트 B&B 내부 모습

## 나) 2일째: 드라이먼 → 로와덴난(Rowardennan) 24 km: 약 8시간

▲ 드라이먼에서 로와덴난(Rowardennan)까지의 24 km, 약 8시간에 이르는 둘째 날 상세 여정도

바비큐 시설을 구비하고 있는 민박집 뒤편 정원    민박집을 떠나지 전의 단체사진

    트레킹 이틀째. 출발 후 처음부터 가라드하반 숲(Garadhaban Forest)을 지나게 되는데 아주 완만하게 오르는 곳이라 거의 평지 길이라고 느껴질 정도다.

    비가 계속 오락가락 하여 고어텍스 재킷을 입고 우산을 들고 길을 재촉했다.

    이 숲에는 백 패커를 위한 캠핑장이 있다고 안내 책자에 나와 있으나 다소 떨어져 있어서 떨어져 지나갔다. 노란색의 야생화가 만발한 숲속 길을 따라 가다보면 전망이 좋지만 다소 힘들게 올라가야 하는 코닉 힐(Conic Hill: 358m)에 이르게 된다. 산을 오르니 비가 더 거세져 우비로 갈아입고 산을 올랐다.

    비와 안개로 시야가 가려 잘 보이지 않아 산을 내려오니 로치로몬드 호수변의 아주 조그만 발마하(Balmaha)라는 마을로 이어지게 되었다. 이곳을 기점으로 로우랜드와 하이랜드로 나누어진다고 한다. 이 마을에 방문자 센터가 있는데 건물 뒤편에 비를 막아주는 천장이 있는 쉼터가 있어 여기서 점심을 먹었다. 점심 후 이 곳의 안내 및 관광 가이드 비디오도 보면서 약 30분 간 쉬다가 다시 걷기 시작했다.

    그로부터 계속 호수가를 따라 걷는 길이 펼쳐진다. 호수와 아주 가까이 붙어서 가거나 좀 떨어져서 상당히 깊숙한 숲속 길을 가기도 하는데 지도상으로 보면 호수 오른편을 따라 올라가는 코스이다.

발마하 마을을 떠난 후 약 4km 지점에는 캠핑장(Cashel Caravan and Camping Ground) 옆을 지나게 된다. 계속하여 약간의 업 앤 다운이 있는 숲속 길을 걷다 보면 A81 도로와 만나게 되고 곧 로와덴난 호텔이 나타난다.

우리가 묵은 로와덴난 SYHA 호스텔은 약 30분 정도 더 걸어야 나타나는데 호수를 낀 전망 좋은 곳에 위치해 있다. 말하자면 동화 속에 등장하는 성과 같은 예쁜 건물이 잔디와 호수를 끼고 위치해 있다. 저녁시간이 되면서 다행히 날씨가 개어서 저녁 노을이 호수에 지는 광경을 보면서 산책할 수 있었다.

방은 6명이 함께 자는 곳이었는데 침대는 2층으로 상하 6개가 마련되어 있었다. 방의 크기는 다양한 듯 했고 공동 샤워실과 화장실이 있으며 남녀 구분이 되어 있다.

이곳은 주변에 별다른 시설들이 없어 아침과 저녁을 기본적으로 제공한다. 저녁 메뉴는 사전에 골라서 주문하면 저녁 6시 반부터 배식이 시작되는데 원하는 시간을 지정할 수 있다. 아침도 역시 7시 반부터 제공하고 원하는 경우 별도로 점심 도시락도 사전에 주문할 수 있다.

드라이먼 마을을 빠져 나오면 펼쳐지는 녹음이 무성한 숲속 오솔 길을 걷다 포즈 취한 한 여행자

마치 개나리꽃과 같은 분위기를 풍기는, 가라드하반 숲으로 가는 길 양쪽에 활짝 핀 노란색 꽃을 배경으로 포즈 취한 한 여행자

가볍게 내리는 가랑비를 맞으며 편한 길을 걸어가는 여행자들

가라드하반 숲 입구에 세워진 안내판

비를 피하여 로치 로몬드 호수 방문자 센터 옆에서 점심식사를 하는 여행자들

캠핑을 하면서 길을 걷는 사람은 많지 않은 듯 트레일 옆 숲에 들어선 텐트 하나가 보인다

멀찌감치 로치 로몬드 호수가 아스라이 보이는 발마하 마을로 내려가는 편한 길에서 바라본 주변 풍광

빗속의 로치 로몬드 호수 선착장 주변의 평화로운 전경

하얀색 외벽과 파란색 창틀이 잘 어울리는 발마하 마을의 한 레스토랑

로치 로몬드 방문자 센터 옆에 마련된 피크닉 에어리어

로치 로몬드 호수 방문자 센터 이모저모

월드 트레킹 완벽가이드: 유럽

마치 동화 속 성과 같은 느낌을 주는 로와덴난 SYHA 호스텔 주변 풍경

로치 로몬드 호수 앞에 세워진 이 지역 출신
등산가이자 작가인 톰 와이어 (Tom Weir) 동상

도착순으로 침대를 배정해 주는 로와덴난 SYHA 호스텔의 안내 데스크

수프와 탄두리 치킨 등 4~5가지의 메뉴가 제공되는 로와덴난 SYHA 호스텔에서의 저녁 식사

저녁 식사 후 호스텔 앞 호수 변을 산책하는 여행자들

저녁이 되자 하늘이 맑게 갠 로와덴난 SYHA 호스텔 앞 호수 주변 풍경 및 호스텔 외관

여정 3일째 아침 로와덴난 SYHA 호스텔을 떠나는 필자와 일행들

## 다) 3일째: 로와덴난 → 아델리쉬(Ardelish) 19km: 7시간

▲ 로와덴난에서 아델리쉬(Ardelish)까지의 19km, 7시간 여정지도

트레킹 3일 째. 하루 종일 여전히 비가 부슬부슬 내렸다. 하루 종일 호수 변을 끼고 가는 길이다. 원래는 호수 변을 바로 따라 가는 길과 위쪽으로 올라가는 길 두 개가 있었으나 호수 변 길이 폐쇄되는 대신 길이 편한 위쪽 산 중턱을 돌아가는 길이 열려 있었다. 임도(林道) 수준의 도로로 걷기에 편했다.

시간이 있어 등산을 하고 싶은 경우 SYHA 호스텔을 나와서 바로 오른쪽으로 974m 높이의 벤 로몬드(Ben Lomond) 산을 등반하고 내려올 수도 있다.

임도 같은 길을 가다 보면 로우초이쉬 보티(Rowchoish Bothy)라는 곳에 이르게 된다. 여기서부터는 다시 호수 변을 따라 걷는데 생각보다 길이 좀 험하다. 아마 전 트레킹 전 구간 중에서 가장 험한 구간일 것으로 생각된다. 바위가 많고 이끼가 끼어 있어 조심스레 걸어야 한다. 이곳을 지날 때는 마치 강원도 계곡 산행을 하는 느낌이었다.

이렇게 험한 길을 간지 약 3시간 정도 후면 인버스나이드(Inversnaid)라는 곳에 도착하는데 이곳은 호수 변과 아주 멋진 폭포의 옆에 위치한 꽤 훌륭한 호텔이다. 이 호텔 앞에 테이블이 마련되어 있어 우리는 호수를 바라보는 좋은 전망을 즐기며 이곳에서 점심 식사를 하였다.

점심 식사와 약간의 휴식을 취한 후 다시 길을 나서는데 이후는 다시 길이 좀 힘든 편이다. 트레킹 안내 책자에 따르면 '몸의 유연성과 균형을 테스트할 수 있는 구간'이라고 적혀있는데 정말 비가 온 탓에 한 손에 우산을 든 채로 몸의 유연성과 균형을 잘 맞추면서 걸어야 했다.

약 2km 정도 걷다 보면 낙석 사이의 조그만 동굴이 나타나는데 먼 옛날 악명 높았던 도둑인 로브 로이(Rob Roy)가 숨어 살았던 곳이라고 한다. 이곳에서 더 나아가면 백패커들이 텐트를 칠 수 있는 도운 보티(Doune Bothy)라는 곳이 나타난다. 주변에 아무런 부대시설이 없어 그저 하룻밤 기본적인 캠핑만 할 수 있는 곳이라는 생각이 들었다.

좀 더 걸으니 셋째 날 종착점인 아델리쉬에 도착하였다. 이곳은 폐허가 된 집 몇 채만이 있는 곳으로 여기서 보트를 타고 호수를 건너 반대편에 위치한 예약 호텔(Arduli Hotel & Resort)에서 묵었다.

이곳에서 보트를 부르는 방법이 좀 흥미로운데 깃대에 달린 빨간색 공을 끝까지 올리면 반대편 쪽에서 보고 있다가 데리러 온다. 편도에 일인당 4파운드이지만 호텔 투숙객은 무료로 태워준다. 시원한 호수를 가르며 생각지도 않은 즐거움을 만끽할 수 있었다.

원래는 인버란난(Inverarnan)까지 가려고 했으나 호텔 예약이 안 되어 약 4km 전인 아델리쉬에서 숙박을 하게 되었는데 결과적으로 아주 잘한 선택이었다.

우리가 묵은 곳은 호텔이 아니라 호수가에 침대 2개가 준비된 방 3개와 넓은 거실·주방·목욕탕 2개가 포함된 콘도 형식의 목조 건물로 정말 쾌적하고 모든 시설이 잘 완비되어 있었다. 특히 세탁기와 드라이어가 있어 그 동안 밀린 빨래를 하고 뽀송뽀송 말려서 갈 수 있어 좋았다. 무엇보다도 훌륭한 시설을 구비한 주방이 있어 각자 가지고 온 모든 음식을 꺼내서 만찬을 즐

이끼 낀 바위가 많고 다소 길이 험한 로우초이쉬 보티 구간 길

졌다. 다만 아쉬운 점은 근처에 슈퍼마켓이 없어 스테이크를 구워 먹을 수 없었다는 것이었다.

우리 일행은 저녁 식사 후 넓은 거실에서 벽난로를 피워 놓고 나뭇가지를 꺾어 즉석 윷놀이를 하였다. 비는 더욱 거세져 새벽까지 계속 내렸지만 모두들 편한 밤을 보낼 수 있었다.

인버스나이드 호텔 앞 피크닉 테이블에서 망중한을 즐기는 여행자들

인버스나이드 호텔 앞의 호수 주변 풍광으로 로치 로몬드 호수가 계속 이어진다

아델리쉬 부근 폐허가 된 집 몇 채 주변을 지나는 여행자들

트레일 구간 중 풍광 좋은 호수 변을 거닐다가 잠시 포즈 취한 여행자

날이 활짝 개면서 길 옆 풀밭에 서서 자연의 향취에 취한 여행자

▲무성한 고사리 잎이 인상적이었던 트레일 한 구간 길에 선 여행자

아듈리 호텔 측에서 마중 나오는 ▲ 보트를 기다리는 여행자

깃대에 달린 빨간색 공을 끝까지 올리면 이것을 신호로 배가 태우러 온다 ▼

▼ 아쥴리 호텔·리조트 내부의 주방 시설

월드 트레킹 완벽가이드: 유럽 241

호텔로 가는 보트 안에서의 인증 샷

아둘리 호텔 앞의 선착장에서 포즈 취한 여행자들

라) 4일째: 아델리쉬 → 틴드럼(Tyndrum) 22km: 8시간(상세루트 4)

▲ 아델리쉬에서 틴드럼(Tyndrum)까지의 22km, 8시간 여정 상세 여정지도

인버란난 마을에 들어서 있는 상당한 규모의 캠핑장 전경

아침부터 비가 거세게 내리기 시작했다. 모두 우비를 입고 다시 호수를 건너 오전 9시부터 걷기 시작해 약 2시간을 걸었다.

그 길은 글렌 팔로츠(Gren Falloch) 지대로 들어가는데 완만한 내리막이었다. 인버란난에 도착하기 전 오른편에서 약 300m 높이의 거대한 베인그라스(Beinglas) 폭포를 볼 수 있었다. 비가 많이 와서 그런지 내려오는 물길이 역시 엄청났다.

이 폭포를 지나서 바로 인버란난 마을에 도착했는데 넓은 캠핑장에는 꽤 많은 텐트들이 있었는데 주로 오토캠핑으로 온 것 같았다.

조그만 펍과 슈퍼마켓도 캠핑장 옆에 있어 오랜만에 아이스케이크도 사 먹고 여유를 즐기다가 다시 길을 나섰다.

길은 팔로츠 강(Falloch River)을 따라 완만하게 나 있다. 이 길은 크레인라리치(Crianlarich) 마을에 이르기까지 4시간 정도 비슷하게 완만하게 이어진다. 산허리를 가로지르는 길을 걷다가 일순간 꽤 나무가 우거진 숲속 길로 들어서게 된다.

숲속 길의 풍광이 꽤 멋지다. 실제 길은 크레인라리치 마을을 통과하지는 않고 옆을 지나친다. 이 마을에는 B&B와 슈퍼마켓·바 등이 있다고 안내 책에 나와 있으나 다소 길을 벗어나서

캠핑장 옆의 조그만 마트 외관 및 내부

가야 하므로 굳이 그 마을을 들를 필요는 없을 것 같다.

 이 마을을 지나 3시간 정도는 다소 편안한 길을 걷게 된다. 철길 밑을 통과하기도 하고 필리안(Fillian) 강을 가로지르는 나무로 된 다리를 건너기도 한다. 왼편으로는 1,174m의 벤 모어(Ben More) 산의 멋진 풍경을 감상할 수 있다.

 계속 걷다 보면 농가 몇 채가 나오게 되는데 근방에 옛날 기독교 유적지(St. Fillan's Priory)를 지나게 된다. 길을 계속 직진하면 A82 도로를 다시 만나게 되고 큰 캠핑장(Auchtertyre Farm)을 지나게 된다.

틴트럼 호텔 앞에서 기념 촬영

 여기서 약 40분 정도를 더 걸어 목적지인 틴드럼에 도착하였다. 이 마을은 원래 납 광산으로 개발이 되었다고 하는데 지금은 다수의 B&B와 레스토랑, 펍(pub) 및 슈퍼마켓 그리고 관광 안내소까지 있는 관광 중심 마을로, 열차나 버스를 타면 글래스고우 및 포트 윌리암까지도 갈 수 있다. 이곳에서는 'Real Food Cafe'라는 레스토랑이 유명하다. 우리는 그날 투숙한 틴드럼 인(Tyndrum Inn)에 딸린 레스토랑에서 저녁과 다음날 아침을 먹었다.

틴드럼에서부터 50km 구간의 먹거리를 사러 들른 한 슈퍼마켓

크레인라리치(Crianlarich) 마을로 이어지는 편안한 루트 트레킹을 즐기는 수많은 여행자들

옛날 기독교 유적지(St.Fillan's priory) 부근의 언덕길

틴드럼 마을 근처에 위치한 큰 규모의 오토 캠핑장 입구

틴드럼 마을에 도착하기 전의 편안한 숲길을 여유 있게 걷는 일행들

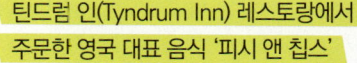

틴드럼 인(Tyndrum Inn) 레스토랑에서 주문한 영국 대표 음식 '피시 앤 칩스'

오랜만에 조우하게 된 전나무가 빼곡하게 들어서 있는 숲속 길을 걷는 여행자

온고지신의 분위기를 물씬 풍기는 돌다리 밑을 지나는 여행자들

## 마) 5일째: 틴드럼 → 브리지 오브 오치(Bridge of Orchy) 13km: 4시간

▲ 틴드럼에서 브리지 오브 오치(Bridge of Orchy)까지의 13km, 4시간 상세 여정도

이날은 원래 킹스 하우스 호텔까지 31km나 긴 구간을 걷기로 했으나 보행 분량이 부담스럽다 싶어 반나절 정도만 걷는 것으로 일정을 조정했다. 그랬더니 하루 휴식을 겸해서 정말 편한 하루를 보냈다.

아침 8시 반에 출발했다. 출발지점에서부터 거의 50km 떨어진 킨로치레벤(Kinlochleven)까지는 슈퍼마켓이 없기 때문에 출발에 앞서 2~3일 동안 먹을 과일과 음식을 구입해 출발하였다. 이곳부터는 정말 'Middle of Nowhere'로 말하자면 주변을 아무리 둘러봐도 자연뿐이고 마을은 전혀 없다.

길도 외길로 하나여서인지 안내판 표시도 인색하기 그지없다. 어떤 때는 안내판이 전혀 나타나지 않아 길을 잘못 들지 않았는지 걱정이 들 때도 있었지만 워낙 하나의 길로 이어지기 때문에 길을 잃을 일은 거의 없을 것 같았다.

이 길은 옛날 군사도로로 조성된 구간으로 철도길 옆으로 나 있다. 완만하게 오르면 바인 도라인(Bein Dorainn) 산기슭 옆으로 하여 글렌 오치(Gren Orchy) 지역으로 들어선다.

넓게 펼쳐진 주변 풍광을 즐기며 걷다 보면 어느새 브리지 오브 오치 철도역에 다다르게 된다.

이 역은 무인역으로 우리가 묵었던 브리지 오브 오치 호텔 이외에는 별다른 건물이 없다. 브리지 오브 오치 호텔은 4성

스코틀랜드 열차가 지나는 브리지 오브 오치 철도역 간판

급 호텔로 바 및 레스토랑도 운영한다. 우리 일행은 12시 반경 너무 일찍 도착하다 보니 바에서 영국식 에일(Ale) 맥주와 커피를 마시면서 오랜만에 와이파이로 카톡을 이용해 사진을 보내기도 하며 체크인을 기다렸다. 2시에 체크인을 한 뒤 일행 중 일부는 샤워를 한 후 마을을 구경하러 가고, 일부는 낮잠도 즐기면서 하루를 편하게 보냈다.

브리지 오브 오치에 이르는 한적한 길 주변 풍경

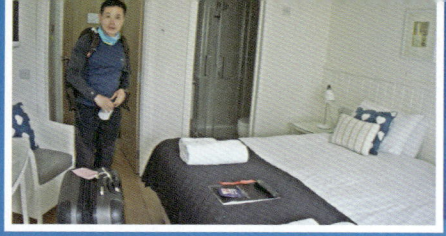

브리지 오브 오치 호텔 객실 내부

스코틀랜드 국기를 걸어 놓은 브리지
오브 오치 호텔 주변 전경

브리지 오브 오치 호텔에서의
저녁 식사를 즐기는 여행자들

영국식 에일 맥주를 마시면서 스포츠 중계를
보는 사람들로 북적이는 호텔 바 내부

월드 트레킹 완벽가이드: 유럽

브리지 오브 오치로 가는 길에서 포즈를 취해 본다.

브리지 오브 오치에 이르는 한적한 루트를 다정하게 걷고 있는 한 노부부 여행자들

호텔 레스토랑에서의 전형적인 콘티넨탈 스타일의 아침 식사를 즐기는 여행자들

스코틀랜드기 및 유럽연합기가 나란히 걸려 있던 호텔 앞에 영국 국기 게양대

### 바) 6일째: 브리지 오브 오치 → 킹스 하우스 호텔(Kings house Hotel)

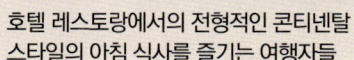

▲ 브리지 오브 오치에서부터 킹스 하우스 호텔(Kings house Hotel)까지의 18km, 8시간의 상세 여정지도

아침 9시에 출발해 브리지 오브 오치에서 다시 기념사진을 찍고 다시 길을 떠났다.

맘 캐리아(Mam Carriagh) 산기슭으로 올라가니 전망이 탁 트이면서 란노츠 무어(Rannoch Moor) 지역의 산과 강이 한 눈에 들어왔다. 사진 몇 장을 찍고 다시 길을 따라 내려가면 인버로란 호텔(Inveroran Hotel)이 나온다.

이 호텔이나 킹스 하우스 호텔로 가는 중간 지점이라고나 할까. 비가 많이 오지 않는 날에는 호텔 가까이에서 캠핑도 가능하다고 한다.(편의 시설은 없다). 이 호텔 역시 예약이 안 되어 브리지 오브 오치 호텔로 정했는데 품격이나 시설 등이 더 좋아 결과적으로 잘했다 싶었다.

인버로난 호텔을 지나면 잠시 도로를 따라 가다가 옛날 마차들이 다녔던 조그만 길로 들어선다. 새로운 도로가 나면서 지금은 사용하지 않는 길이지만 과거에 마차들이 많이 다녔던지 길 양쪽에 마차 바퀴에 파인 자국이 지금도 선명하게 나 있어 세월의 무상함이 느껴진다. 그 길은 완만한 오르막길로 주파하기가 그다지 힘들지 않다.

주변 전망이 좋아 앞으로 가야 할 길이 저 멀리 펼쳐진다. 웨스트 하이랜드 트레일 길 전체 중에서 가장 인적이 거의 없는 곳으로 도중에 아주 조그만 돌다리 바 브리지(Ba Bridge)를 건너게 된다. 이 다리를 건너 서서히 오르면 정상에 다다른다. 그 앞으로는 스키 리조트로도 유명하다는 글렌코(Grencoe) 리조트가 왼편에 자리잡고 있고 앞쪽으로는 A82 도로가 나 있어서 차가 다니는 게 멀리 보인다. 글렌코 리조트에는 카페 등이 있

킹스 하우스 호텔의
소박하고 깔끔한 객실

킹스 하우스 호텔 밖
피크닉 벤치 주변

킹스 하우스 호텔 외관

　는데 트레일 도로와 약 500m쯤 떨어져 있어 들어가 보지는 않았다.

　멀리서 이 날의 목적지인 킹스 하우스 호텔의 하얀색 건물이 보여 발걸음을 재촉하였지만 의외로 멀어 1시간 반 이상을 걸어 도착한 것 같다. 킹스 하우스 호텔은 17세기 조지 3세의 군대가 주둔하던 막사자리에 세워진 것이라고 하는데 가장 가까운 글렌코 마을까지는 약 18km 정도 떨어져 있다.

　따라서 이 호텔 예약이 전체 일정을 잡는데 매우 중요하다고 볼 수 있다. 만약 이 호텔 예약이 어려우면 바로 옆의 공터에서 캠핑을 하거나 글렌코 마을에 있는 호텔이나 B&B에 묶어야 한다.

　이곳에서는 킹스 하우스 호텔까지 픽업하는 서비스를 제공하는 곳도 있다고 한다. 자세한 사항은 'West Highland Way Pocket Companion' 책자의 호텔 · B&B 정보를 참조하면 된다. 그런데 글렌코 산장(Grencoe Mountain resort)에 묵는 방법도 있다는 사실을 나중에 알았다.

1750년경에 만들어졌다는
브리지 오브 오치 전경

　킹스 하우스 호텔은 다소 오래되었다고 느껴지긴 해도 잘 관리되어 있고 매우 편안한 느낌의 호텔이었다. 레스토랑과 바도 훌륭했고 음식 맛과 가격도 괜찮았다.

　아침에 밖으로 나오니 어디선가 노루 몇 마리가 다가왔다. 노루들에게 과자를 주니 주저 없이 잘 받아먹고 또 달란 듯이 쳐다보고 있었다.

킹스 하우스 호텔 내부 라운지

높지 않지만 란노츠 무어(Rannoch Moor) 지역의 산과 강이 한 눈에 들어오는 맘 캐리아산 정상 부근에 오른 여행자들

호텔을 포함해 몇 가구 안 되는 자그마한 브리지 오치 마을 전경

거의 사람이 살지 않은 지역으로 들어서 인버로난 호텔 옆을 지나는 여행자들

맘 캐리아(Mam Carriagh) 산기슭을 향해 발걸음을 내딛는 여행자들

킹스 하우스 호텔 옆에 마련된 캠핑 사이트 주변 풍경

17~18세기에 스코틀랜드의 여러 길과 다리를 건설한 토목 엔지니어 텔포드 관련 안내판

글렌코 리조트 입구의 자전거 조형물

킹스 하우스 호텔 부근의 캠핑장

마차가 다녔던 흔적이 보여 세월의 무상함을 절감한, 하이랜드 트레일 코스 중 가장 한적한 길 위의 여행자들

월드 트레킹 완벽가이드: 유럽

평탄한 길이지만 의외로 멀게 느껴지는 킹스 하우스 호텔로 향하는 여행자들

사) 7일째: 킹스 하우스 호텔 → 킨로치레벤(Kinlochleven) 14km: 5시간 반(상세루트 7)

▲ 킹스 하우스 호텔에서부터 킨로치레벤(Kinlochleven)까지의 14km, 5시간 반 여정의 상세루트

이날도 역시 9시 출발에 출발했다. 처음에는 A82도로를 따라 멋진 풍광을 보면서 걷게 된다. 이 날은 특히 날이 화창하게 개어 더욱 좋은 풍광을 즐길 수 있었다.

약 40분 정도 걸어가다 보면 주차장이 나오고 여기서 오른쪽으로 틀어 산을 지그재그로 오르게 된다. 이곳이 악마의 계단(Devil's Staircase)이라는 구간이다.

이름만 들어서는 매우 험하고 급경사의 구간이라 생각하기 쉽지만 실제로는 그렇지 않다. 국내의 삼각산 등반보다 쉬운 정도였다. 다만 이런 무시무시한 이름이 붙은 것은 1900년 초 블랙 워터(Black Water) 저수지 공사장에서 일하던 인부들이 킹스 하우스 호텔에서 술을 마신 후 돌아오다가 취한 채 거센 눈보라에 갇혀서 객사라는 일이 많았기 때문이라고 한다.

약 1시간 정도 오르면 548m 정상에 오르게 된다. 정상 바로 밑 도로를 통과하면 나오는 돌을 쌓아 놓은 곳에서 휴식을 취하며 과일과 커피를 즐기

18세기 지어진 킹스 하우스 호텔의 유래와 그 당시 관리의 어려움을 설명해주는 안내판

이른 아침에 트레커들이 서둘러 하이랜드 트레일 여정을 재촉하고 있다

주방 식당 시설이 잘 구비돼 있는 블랙 워터 호스텔을 나서는 일행들

킹스하우스 호텔 앞으로 찾아 온 노루는 과자를 주니 잘도 받아먹는다

다가 기념 촬영을 한 후 다시 완만한 산길로 들어섰다.

저 멀리 영국 최고 고도의 산인 벤 네비스산이 시야에 들어오기 시작한다. 완만한 산길을 내려오면 앞에 블랙 워터 저수지가 보이고 수력 발전소로 향하는 큰 수로 파이프가 보인다. 이곳은 1900년대 초에는 알루미늄 광산이 있던 곳이라고 하는데 전기 제련에 사용할 목적으로 수력 발전소가 지어졌다고 한다.

정말 물색이 검게 느껴졌다. 이날 숙소로 예약했던 블랙 워터 호스텔(Black Water Hostel)은 바로 옆에 캠핑장도 같이 운영하고 있는데 손님이 많지 않아 아주 편하게 이용할 수 있었다.

걷는 거리기 적어 오후 3시 경 일찍 도착하여 샤워하고 바로 옆의 마을로 산책을 나갔다. 약 40가구가 모여 있는 조그만 마을이지만 특이하게 세계에서 가장 높은 인공 빙벽과 암장 시설이 구비된 아이스 팩터 센터(Ice Factor Center)라는 곳이 있다. 그 안에는 바와 스포츠 용품 숍도 들어서 있다.

일찍 도착하여 여유를 가지고 인공 빙벽도 돌아보고 바에 들러 그 지역 특산 에일 맥주도 마셔 보곤 했다. 그곳에서 길을 걷다 몇 번 만난 젊은 독일 연인 커플과 중국계 캐나다인 브레트 손(Brett Son) 등과 어울려 오손 도손 이야기꽃을 피우다가 숙소로 돌아오니 다른 분들이 이미 마을 슈퍼마켓에서 먹음직스러운 스테이크 고기와 양송이, 각종 과일과 채소를 사서 저녁 식사 준비에 한창이었다. 오랜만에 와인으로 건배를 하면서 거의 마무리 국면에 접어든 웨스트 하이랜드 트레일의 여정을 아쉬워하며 저녁 만찬을 즐겼다.

블랙 워터 호스텔에서의 저녁 식사 준비

킹스 하우스 호텔 외관

하이랜드 이정표가 들어서 있는, 글렌코를 왼쪽으로 보면서 끼고 돌아 가는 길

악마의 계단 끝에 서면 만나게 되는 돌무더기를 쌓아 놓은 곳으로 대부분의 트레커들이 이곳에서 휴식 시간을 갖는다

아) 8일째: 킨로치레벤 → 포트 윌리암(24km)

▲ 킨로치레벤에서부터 포트 윌리암까지의 24km 여정 상세 루트

조그만 호텔과 레스토랑은 물론 슈퍼마켓 등이 들어서 있는 조용한 블랙워터 마을 풍경

무너질 수 있으니 들어가지 말라는 경고판이 세워져 있는, 돌로 된 옛날 농가 폐허

벌채를 한 후 나무를 말리는 듯 특이한 풍경을 만들어 내는 산 사이 오솔길 풍경

월드 트레킹 완벽가이드: 유럽

벤 네비스산을 올라가면서 잠시 포즈 취한 한 여행자

철기 시대의 보루로 쓰였던 던 드레데일(Dun Deardail)에 대한 안내판

우리나라의 애기 똥풀과 많이 닮았다는 생각이 든 노란색 야생화가 만발해 기분 좋게 걸은 길

영국 최대 산인 벤 네비스산 인근의 하이랜드 트레일 표지판

조그만 공원 분위기의 글렌 네비스(Gren Nevis) 안내 센터

카우 힐(Cow hil) 정상에 올라 내려다 본 포트 윌리암 시내 전경

글래스고우로 가는 열차가 대기 중인 포트 윌리암 철도역 승강장

벤 네비스산 옆의 조그만 농가 앞의 목초지 풍경

벤 네비스산 등산로 정비를 위한 모금함으로 돌을 사용해 만들었다는 게 특이하다

왕복 7시간가량 소요되는 벤 네비스산 등산로

하이랜드 트레킹 내내 익숙하게 봐 오던 한가로이 풀을 뜯어 먹고 있는 양 무리

다시 도로를 따라 걸어가면 영화 브레이브 하트(Brave heart) 촬영 시 사용했다는 브레이브 하트 주차장(Brave heart Parking Lot)이 나온다.

이 주차장을 따라 올라가면 카우 힐(Cow hill)을 통과하여 포트 윌리암으로 들어가는 지름길로 들어서게 된다. 도로를 따라가는 것보다 더 나은 루트라 생각하여 이 길로 들어섰다. 경사가 높지는 않지만 어느 정도 올라가니 포트 윌리암 마을이 한눈에 들어왔다. 아직 관광용 증기 기관차가 운행하고 있어 기적 소리와 함께 기관차가 검은 연기를 내뿜으며 달리는 흔치 않은 풍경을 볼 수 있었다.

포트 윌리암 마을로 들어서니 오후 3시 반 즈음이었다. 2시간 정도의 여유 시간이 있어 천천히 마을 구경을 하고 웨스트 하이랜드 트레일의 최종 공식 마무리 지점을 찾았다.

역 앞 동상에서 기념 촬영도 하고 거리 구경도 하고 완주 기념으로 펍에 들어가 맥주 한 잔도 하면서 열차 시간을 기다렸다. 그러다가 마지막으로 짐 운반 서비스로 전달받은 짐을 찾아 역으로 가서 글래스고우로 돌아가는 열차를 탔다. 열차로는 4시간 정도 걸려

웨스트 하이랜드 트레일의 종착지인 포트 윌리암 시내 이모저모

글래스고우 퀸스 스트리트 역에 도착했다.
　중간 중간에 우리가 걸어 왔던 곳의 역을 지나게 되어 추억을 되새길 수 있어 좋았다. 역시 차창 밖에는 낭만을 만끽할 수 있는 비가 주룩주룩 내리고 있었다.

웨스트 하이랜드 트레일의 공식 종착지점인 고든 광장

웨스트 하이랜드 트레일의 종착지인
포트 윌리암 시내 이모저모

무료 입장이 가능한 스코틀랜드 국립 미술관 외관 및 내부

화창한 날씨 때문에 많은 사람들로 북적이는 에든버러 공원 풍경

### 6) 스코틀랜드 관광

스코틀랜드의 최대 도시는 글래스고우이지만 관광명소가 밀집돼 있는 도시는 단연 에든버러다.

18세기를 중심으로 올드 타운과 뉴 타운이 있는데 관광 명소는 올드 타운 쪽에 많다. 이 두 곳은 모두 유네스코 세계문화유산에 등재 되어 있다.

에든버러의 3대 관광명소는 에든버러 성, 홀리루드 궁전 (Holyrood Palace), 칼튼 힐(Calton Hill)이라고 할 수 있다. 이들은 모두 20분 정도 걸으면 닿을 곳에 위치하고 있고 이들 사이에는 로얄 마일(Royal Mile)이라는 상점가가 있다. 이틀 정도만 투자하면 유명한 곳은 충분히 관광이 가능하다.

글래스고우 중앙역

글레스고우에서 2시간 정도 소요되는 에든버러 행 열차 안 풍경

에든버러 웨이버리 역

### 가) 에든버러 성

스코틀랜드에서 가장 유명한 관광 명소로 항상 사람으로 북적인다.

올드 타운의 언덕 위에 위치하고 있어 시내와 저 멀리 대서양 바다까지 조망할 수 있다. 내부에는 박물관이 많은데 주로 영국이 참전한 19세기 후반의 전투와 관련한 전시가 많았다. 적어도 2시간 정도는 할애하는 것이 바람직한데 영국 역사와 전쟁사에 대한 관심이 많다면 4시간 정도는 필요하다.

에든버러 성에서 스코틀랜드의 명물 백파이프를 부는 사람

에든버러 성 앞 공원 모습

에든버러 성 내부 이모저모

에딘버러 성에서 내려다 본 에딘버러 시가지 광경

성 수비 용 주철 대포 주변의 시가지 전경

### 나) 홀리루드 궁전

스코틀랜드 왕가의 공식 거주지로, 엘리자베스 영국여왕이 스코틀랜드를 방문할 때는 이곳에 머문다.

1501년 제임스 4세의 명으로 건축된, 에든버러 성과는 다른 우아한 분위기를 자아내는 궁전이다. 원래는 게스트 하우스로 사용되었는데 1520년 궁전으로 리모델링했다. 왕실에서 사용하지 않을 때는 가이드 투어로 궁전 견학이 가능하다. 우리가 방문 했을 때는 사용 중이어서 들어가 보지 못했다.

그리스의 파르테논 신전을 연상케 하는 칼튼 힐의 고대 건축물

### 다) 칼튼 힐

프린스 스트리트(Prince Street)의 동쪽으로 향하다가 워털루 플레이스(Waterloo Place)로 나오면 칼튼 힐로 이어지는 언덕길이 나온다. 이 언덕길을 오르면서 특이한 천문대 모양의 건물들이 있다. 이곳에는 넬슨(Nelson) 기념탑, 미완의 상태로 방치된 나폴레옹 전사자 기념

탑, 그리스풍의 건축물들이 들어서 있다. 언덕이기 때문에 시가지 전체 조망이 가능하다. 입장료는 없다. 약 30분 정도면 둘러볼 수 있다.

각종 선물가게와 레스토랑이 밀집한 로열마일 상점가

### 라) 스코틀랜드 국립미술관(National Gallery of Scotland)

르네상스에서 포스트 인상주의, 현재에 이르는 미술과 조각, 그래픽 아트 등의 다양한 예술품을 전시하고 있는데 스코틀랜드 출신의 화가 작품 이외에도 램브란트·모네·고흐·고갱 등의 작품도 전시되어 있다.

프린스 스트리트 중간 부분의 공원 내에 위치한다. 입장료가 무료이니 꼭 방문해 보도록 하자. 미술관 부속 레스토랑도 여러모로 훌륭하다.

이곳 미술관 외에도 기념품점이 많은 로얄 마일과 프린스 스트리트를 따라 걸어가면 다양한 상점 등이 포진해 있어서 쇼핑 삼매경에 빠질 수 있다.

글래스고우는 스코틀랜드 제1의 도시이지만 관광명소는 그리 많지 않다. 시내 중심가인 죠지(Gorge) 광장과 퀸스 스트리트 역, 그리고 중앙역 사이의 중심가를 천천히 걸어 보면 복작거리는 관광지와는 다른 스코틀랜드 현지인들의 생활 모습을 만끽할 수 있다.

우리들은 토요일 저녁 4시간 정도 동안 중심가를 걸으면서 사진을 찍고 쇼핑을 하곤 했는데 에든버러와는 달리 차분하지만 더 강력한 스코틀랜드의 정서를 느낄 수 있다. 특히 주말 저녁 데이트를 하는 젊은이들의 신선하면서도 때로는 대담한 광경들이 아직도 기억이 남는다. 다만 이곳 대부분의 상점들은 저녁 6시면 문을 닫는다는 점을 유념하자. 단 식품점이나 편의점은 밤늦게까지도 영업을 한다.

1. 걸어서 호텔로 돌아가면서 한 컷
2. 교회 안에서 열린 다운 증후군 아이들을 위한 자선 사진전
3. 글래스고우 시내 관광 나섰다가 들어 간 인도 음식 전문 레스토랑 외관
4. 에든버러에서 글래스고우로 다시 돌아오는 열차 안
5. 칼튼 힐을 오르면서 바라 본 에든버러 시가지 전경

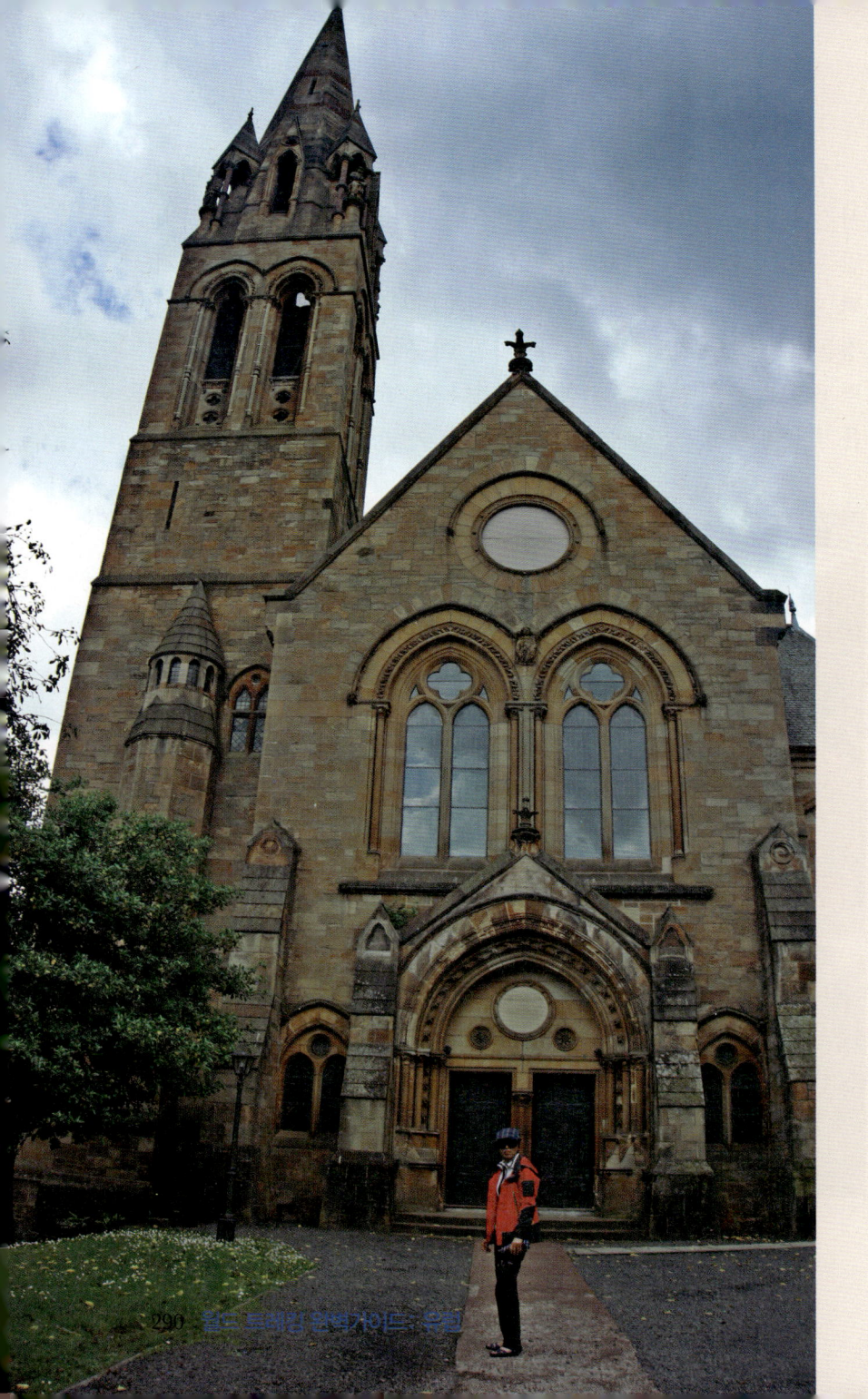

걸어서 돌아 본 글래스고우 시내
관광 이모저모

### 7) 기타 유의사항

스코틀랜드에는 독자적인 화폐를 발행해 사용하는데, 영국 연방에서의 사용은 문제가 없지만 귀국 후 국내에서 환전하는 경우 제약요인이 따른다. 따라서 현지 여행 중 거스름돈을 받을 때는 잉글랜드 화폐로 달라고 요구하던지, 혹은 현지에서 모두 사용하고 나와야 한다.

그리고 트레킹 중 미젯(midget) 벌레에 대비하자!

이 벌레는 흐린 날과 비오는 날에 호숫가에 많이 출몰한다고 들었지만 실제로는 걷는 구간 내내 나타났다. 어떤 사람은 이 벌레가 아주 잘 무는가 하면 어떤 사람은 잘 안 무는 등 사람에 따라 많이 달랐다. 우리는 얼굴 망사가 달린 모자 등을 따로 준비해 갔지만 걸을 때는 그다지 큰 문제가 없어 정작 별로 쓸 일은 없었다. 우리나라의 산 모기와 달리 걷는 속도를 따라오지 않아 걸을 때는 문제가 없다. 다만 식사를 하거나 쉬느라 멈춰 있을 때 나타나는데 식사 때는 이 벌레를 피하기 위해 바람이 잘 부는 장소를 골라서 식사 장소로 택했다.

이 벌레는 몸체가 작기 때문인지 바람만 불면 나타나지 않았다. 평소 모기가 잘 문다고 생각하는 경우 항 알레르기 제제 같은 약을 준비해 가는 것도 좋다. 모기향 등을 구비해 가는 것도 좋다.

우리는 현지 트레킹 여정 중 천연 허브로 된 모기 퇴치 스프레이를 준비해 갔으나 큰 효과는 보지 못했다. 하여튼 벌레나 날씨 등의 이유로 반팔 상의나 반바지는 그다지 적합하지 않다.

또한 영국의 전압은 240V라는 점을 유념하자. 220V를 사용하는 우리나라 전기 · 전자 기기는 그대로 사용할 수 있지만, 콘센트 모양이 독특하기 때문에 휴대폰이나 카메라 배터리 충전을 위해서는 변환 어댑터가 필요하다.

Chapter 3

# 스웨덴 피엘라벤(Fjallraven)
# 클래식 트레킹

- 스웨덴 북부 라플란드 지방 440km 킹스 트레일 일부 110km 백 패킹 트레킹 -

스웨덴 북부 라플란드 지방 440km 킹스 트레일 일부 110km에 이르는 백 패킹 트레킹 구간을 지나다 보면 눈 덮인 산 사이로 난 트레일을 따라 트레킹 코스가 끝없이 펼쳐진다

## 1) 개요

스웨덴 피엘라벤(Fjallraven) 클래식 트레킹은 스웨덴의 아웃도어 메이커인 피엘라벤 사(社)가 개최하는 트레킹 대회이다.

스웨덴의 북부 라플란드(Lapland) 지방에는 '킹스 트레일(King's trail · 왕의 길)'이라고 하는 440km 상당의 쿵스레덴(Kungsleden) 트레일이 있다. 이 대회에서는 그 일부인 110km만을 백 패킹으로 트레킹 하도록 한다. 대회라고 하지만 경쟁을 펼치는 것은 아니고 참가자들은 선의의 경쟁을 통해 완주를 목표로 최선을 다한다. 보통 사전 예약으로 2,000여명 정도가 참가신청을 한다. 11회째였던 지난 2015년에는 인기가 치솟아 2,200여명 정도의 인원이 참가했다.

첫 출발지인 니카루옥키타에서 표지판을 보고 있는 어떤 여행자

보통 이 대회 참가자들의 국적은 스웨덴이 압도적으로 많고 다음으로 독일인, 3번째로는 수백여 명이 참가한 한국인이었다. 한 가지 더 재미있는 사실은 참가자들을 성씨로 분류할 때 가장 많았던 성이 'Kim(김)'이었다고 한다.

피엘라벤 클래식 트레킹 안내판

참가자들은 하루에 3시간마다 세 조씩 출발한다. 오전 9시와 오후 1시 그리고 오후 4시에 각각 3조씩 출발하니 3일 동안 총 9조가 출발하는 셈

▲ 피헬라벤 트레킹 대회 구간 위치 개념도

이다.
  이 대회의 트레킹 규정은 백 패킹(back packing)을 하는 것으로 트레킹 중 잠은 텐트에서 해결해야 한다. 식량과 가스는 출발점에서 한 번, 그리고 중간에 2번째로 보급 받을 수 있다. 대회 참여자는 하이킹 패스(hiking pass)를 받게 되는데 출발점에서부터 시작해 트레킹 중 6군데의 체크 포인트에서 스탬프를 받아야 한다. 완주 후에는 금메달과 페넌트를 수여해준다.

이 트레킹은 '4050그린산악회' 해외원정 대장으로 참가해, 회원 6명과 함께 지난 2015년 8월 9일 아침 9시에 출발하는 7조로 참가하여 4일 반 만에 완주 하였다.

7조는 날씨 덕을 아주 많이 보았다. 2014년에는 기온이 높아 산에 잔설이 거의 없었고 3일 정도가 계속 비가 왔다고 하는데 우리가 걷는 동안에는 거의 비가 오지 않았고 밤중에 2번 정도 비가 왔을 뿐이었다. 한번은 세찬 바람과 함께 비가 와서 출발이 다소 지체되었지만 전반적으로 맑은 날이 많았다. 더구나 그해는 기온이 정상 기온으로 되돌아가 산에 잔설도 쌓여 있어 더욱 훌륭한 풍광을 볼 수 있었다.

## 2) 기후 및 최적 여행 시기

피엘라벤 클래식은 매년 8월 초에서 중반 사이에 개최된다.

이 시기는 트레킹하기에 가장 적합한 때이기도 하지만 여름휴가를 이용해 참가하기에도 좋다는 장점도 있다.

쿵스레덴 트레일이 있는 라플란드 지역은 북위 68도로 원주민인 사미(sami)족이 순록 떼를 키우며 사는 지역이다. 북부 유럽은 대체로 철광 광산 이외에는 천혜의 자연이 원래 모습 그대로 남아 있는 편이지만 그 지역은 상대적으로 자연 본래의 모습이 더욱 아름답게 잘 보존된 지역이기도 하다.

트레킹이 가능한 시기는 7~8월인데 7월보다는 8월이 모기 등의 곤충이 좀 적어서 트레킹하기가 조금 더 용이하다. 8월의 기온은 대략 섭씨 12~20도 사이로 밤에는 영상 4~5도까지 내려가기도 한다. 또 비가 자주 내린다. 비가 오면 기온이 많이 떨어져 하루에 4계절이 나타나는 것 같다.

봄에는 크로스컨트리 스키(cross country ski)로 이 쿵스레덴을 건너기도 한다. 크로스컨트리 스키를 즐기기에는 너무 춥지 않고 해가 좀 길어지는 4월 초가 가장 적당하다. 이 시기의 온도는 영하 12도에서 영상 2~3도 사이를 오간다.

좀 더 일찍 이곳을 찾으면 추위가 문제이지만 오로라(aurora)를 볼 확률도 그만큼 높아진다. 북극권 안에 있는 이 지역은 대략 5월 중순에서 7월 중순까지는 해가 지지 않는 백야 현상이 나타난다. 피엘라벤 클래식이 열리는 8월 중순 경에는 밤 10시에서 새벽 4시 정도까지는 해가 져도 여명이 많이 남아 있어 그리 어둡지 않다.

또한 피엘라벤 클래식이 개최되는 8월 중순에는 수도인 스톡홀름(Stockholm)에서 뮤직을 테마로 한 스톡홀름 문화축제가 열린다.

개최 일자는 매년 달라지지만 미리 날짜를 확인하여 피엘라벤 클래식 전후로 이 축제에 참가하는 것도 좋다. 축제 기간에 트레킹에 도전한다면 오페라 아리아를 중심으로 한 클래식 공연뿐만 아니라 재즈·락 공연은 물론 연극·판토마임 등의 다채로운 프로그램이 시내 곳곳에서 열린다.

### 3) 가이드 책자 및 지도

스웨덴 관광협회 STF의 인터넷 사이트(www.svenskaturistforeningen.se/en/)에서 쿵스레덴에 관한 각

▲ 피헬라벤 트레킹 대회 110km 총 구간도

구간의 루트 및 산장 등에 관한 정보와 지도를 얻을 수 있다. 그리고 이 사이트를 통해 산장 숙박예약도 가능하다. 또한 PDF 파일로도 쿵스레덴에 관한 안내 책자를 제공한다.

휴대용 소책자로는 'Kungsleden: The Royal Trail Through Arctic Sweden'이라는 타이틀의 192쪽짜리 책이 가장 권할 만하다.

이 책은 2009년 영국에서 나온 책으로 13.49 파운드에 www.amazon.com에서 구입 가능하다. 또한 스웨덴어로 된, 쿵스레덴 구간 구간의 10만 분지 1의 상세 지도도 역시 아마존에서 구입 가능하다.

피엘라벤 클래식에 관한 자료와 정보는 피엘라벤 본사 사이트(http://www.fjallraven.com/fjallraven-classic)와 네이버 카페 '피엘라벤 클래식 카페'(http://cafe.naver.com/fjallravenkorea)에서도 얻을 수 있다.

스웨덴 여행에 관한 일반적인 가이드 책자로는 영국의 론리플래닛(Lonely Planet) 사에서 나온 스웨덴 편이 있다. 인터넷을 통해 온라인으로 필요한 부분만 발췌하여 구입할 수 있다. PDF 파일은 스마트폰에 저장하여 필요할 때마다 확인할 수 있어 편하다.

## 나) 주요 준비물

준비물은 각자 개인적으로 다르겠지만 공통적으로는 필요한 것을 가져가면서도 짐 무게를 줄이는 방법을 고민하게 된다.

### ■ 등산용 스틱

다행인 것은 이곳의 트레일 구간이 전체적으로 아주 완만하다는 점이다. 3일째 구간을 제외하고는 거의 평지나 다름없다. 높낮이가 있다고 해도 경사 각도를 천천히 하여 보다 여유를 가지고 오르내리도록 조성되어 있다. 단, 3일 째 케브네카이제(Kebnekaise) 산 정상을 지나는 지점에서 4km 구간 정도에 경사가 심한 너덜길이 있기는 하다. 이 구간에서는 등산 스틱이 필수다. 등산 스틱은 몸무게와 배낭 무게의 30%를 분담해 주기 때문에 무릎 건강뿐만 아니라 몸의 균형을 잡기 위해서도 꼭 필요하다.

### ■ 해충 방지 망사모

알래스카 등 북극에 가까운 지역은 습지가 많기도 하지만 여름이 짧기 때문에 종족 보존에 혈안이 돼 있는 여름 모기가 매우 극성스러울 정도로 달려든다. 모기는 움직일 때도 쫓아다니지만 쉴 때나 텐트 칠 때 걸음을 멈추기만 하면 바로 무리지어 떼로 나타난다. 그래서 해충 방지 망사모가 꼭 필요하다.

달려드는 모기떼의 공격을 피하고자 해충 방지 망사모를 쓰고 있는 여행자들

우리는 인터넷으로 개당 3000원의 싼 가격에 중국산 제품을 구입해 가져갔다. 매우 요긴하게 쓴 물품이다. 한국 사이트에는 이와 관련된 글이 거의 없는데 외국 인터넷 사이트에 이것을 적극 추천하는 게시 글을 보고 가져가 잘 사용하였다.

### ■ 오버 트라우저(over trouser) 바지 또는 긴 스패츠

비가 많이 쏟아지면 신발로 빗물이 들어가는 게 가장 걱정이 된다. 무릎 아래까지 오는 긴 판초 우의나 비옷을 입고, 무릎까지 올라오는 긴 스패츠를 가져가도록 하자.

스패츠는 비가 오지 않을 때도 차는 게 좋은데, 이는 각 구간마다 늪지와 질퍽거리는 진흙탕이 많기 때문이다. 스패츠는 오버 트라우저를 입는 것보다 훨씬 시원하다는 게 강점이다.

반대로 오버 트라우저는 보온성이 좋아 침낭이 얇은 경우 이를 입고 자면 보온에 많은 도움이 된다. 또 비가 많이 와서 날이

추운 경우에도 안성맞춤이다. 어느 쪽을 택하든 자기 상황에 맞게 선택하면 된다.

### ▌ 등산화

등산화는 발목을 감쌀 수 있는 목이 긴 등산화로, 특히 탁월한 방수 기능이 있어야 한다. 하루에도 몇 번씩 나타나는 개울을 건너다보면 순간적이나마 3분의2 이상이 물에 잠기는 경우가 많다. 그런 의미에서 가죽으로 된 중 등산화가 좋다. 실제 이 대회 참가자들 중에는 이태리제 잠발란(Zamberlan) 같은 브랜드를 신고 있는 사람들이 많이 눈에 띄었다.

### ▌ 텐트

해외 트레킹을 준비하면서 가장 많은 고민을 하게 되는 용품이다.

텐트는 1인용은 거의 없고 보통 2인용부터 있는데 대부분 가벼운 것을 고르게 된다. 역시 가벼운 것은 가격이 비싸다.

미국 아웃 도어 잡지 백패커(Backpacker)가 1년에 한 번 다루는 장비 특집에서는 경량 텐트인 '빅 아그네스(Big Agnes)'가 1위에 랭크됐는데, 이 브랜드는 국내에서는 구하기 어렵다. 다만 미국에서 직구 한 것을 가지고 온 팀원이 사용하는 것을 지켜보았는데 설치와 철수가 간편하고 방수 및 통풍도 괜찮다는 생각이 들었다.

국내에서는 MSR 및 블랙 다이아몬드(Black Diamond)사 제품이 경량급 텐트로 인기가 있고, 구입도 훨씬 쉽다. 가격은 40

만 원대.

내가 구입한 것은 블랙 다이아몬드 사의 퍼스트라이트(Firstlight) 제품으로 1~2인용 제품인데 무게가 1.4kg 정도에 크기도 작다. 일체형으로 설치가 다소 힘들지만 익숙해지니 5분 안에 설치·철수가 가능하였다.

트레킹 3일 째 밤 강풍을 동반한 비가 온 적이 있었는데 미세한 빗물이 텐트 안으로 스며드는 것 같은 느낌이 들었지만 그런대로 잘 견뎌주었다. 숲 속에 텐트를 쳐서 비만 올 때는 방수 등에 전혀 문제가 없었다. 이 제품은 혼자 쓰기에는 딱 좋은 사이즈로 배낭과 등산화를 들여 놓을 수 있는 공간도 충분하다. 둘이 쓰기에는 다소 좁을 듯하다.

사실 처음에는 무게 등을 고려하여 블랙 다이아몬드사의 트와이라이트 비비색(Twighlight Bivy Sack)을 구입했다. 그러나 이 제품은 한번 사용해 본 결과 비가 많이 오는 피엘라벤에 가져가는 것은 무리라는 생각이 들어 앞서 언급한 텐트로 다시 구입했다.

### ▰ 침낭

역시 가장 고민되는 물품 중의 하나. 피엘라벤 클래식 기간 동안의 날씨는 밤이 되면 영상 4~5도까지도 떨어지는 날이 있기 때문에 추동(秋冬)용 침낭이 필요하나 역시 무게와 부피 때문에 고민했다. 고려했던 제품 중 하나는 인조 합성모를 사용한 도이터(Deuter) 사의 'Orbit 0°'라는 모델의 추동용 침낭이다. 강원도 비수구미에서 열린 피엘라벤 클래식 코리아 백 패킹 대회 등 몇 차례 사용해보니 그런대로 만족할 수 있었다.

그러나 막상 출발에 앞서서는 무게와 부피 때문에 여름용 침낭을 가져갔다. 결과적으로 추위에 고생했으나 우모 복 등등을 모두 껴입고 자고 물을 끓여 알루미늄 수통에 넣고 껴안고 자는 등의 보완책을 마련해 사용해 보니 그런대로 추위를 견디며 잘 수 있었다. 무게에 자신이 있는 사람은 추동용 침낭을 고르고, 그렇지 못한 경우에는 여름용 침낭을 고르되, 옷을 있는 대로 껴입고 자는 방법을 강구하도록 하자.

### ▌ 양말

트레킹에 있어 발이나 무릎에 이상이 오면 심각한 문제로 비화된다. 특히 발에 물집이 생기지 않도록 해야 되는데 가장 좋은 방법으로는 발가락 양말과 양모로 된 양말을 충분히 가져가면 좋다. 물집은 마찰열과 땀이 배여 있을 때 생기기 때문에 이를 원천적으로 방지 할 수 있는 발가락 양말이 좋다.

양말은 3켤레의 두터운 발가락 양말과 양모 양말 2켤레를 가져가서 쉴 때마다 상태를 보아 바꾸어 신었다. 그리고 쉬는 동안에는 반드시 양말을 벗고 발 풍욕(風浴)을 시켜주며 마사지를 해주었다. 양말이 젖어 있으면 다른 양말로 갈아 신는 등의 조치 등도 했는데 이 덕분인지 6명의 일행 모두 대회 참가동안 물집은 생기지 않았다.

### ▌ 식량

기본적으로 가방 무게를 최소화시키는 게 좋다. 그런 면에서 한국에서 짐을 싸면서 출발 후부터 처음 건조식 배급을 받을 때까지 먹을 양만 가져가고, 그 후 중간에 보충되는 기간부터는 현지에서 배급되는 건조식을 받아 식사를 해결하는 것을 추천한다.

약 10가지 다른 맛에 빵도 함께 제공되는, 현지에서 지급하는 건조식

나는 무게를 줄이기 위해 주류는 일체 가져가지 않았고, 누룽지와 A4 사이즈의 큰 봉지 김, 그리고 라면 2개만 가져갔다. 나머지 식사는 현지에서 배급된 건조식으로 먹었다. 맛도 괜찮았고 열량도 많으며 먹고 나서 쓰레기 부피도 적어 가장 이상적인 식량으로 생각되었다. 하지만 사람에 따라 입맛은 다르기 때문에 현지 배급 건조식이 입에 맞지 않아 고생하는 사람도 꽤 있었다.

### ▶ 버너

일반적으로 많이 사용하는 부탄가스(butane gas) 버너가 좋다. 주최 측에서 지급하는 가스 캔은 우리나라에서 파는 것과 동일하기 때문에 사용하는 데 문제없다. 다만 바람이 많이 부는 현지 환경을 고려하여 리액터(reactor) 형태 제품 사용을 추천한다.

### ▶ 무릎 보호 테이프(kinesiology tape)

무릎 보호대를 하면 무겁고 갑갑한데다 무게가 나간다. 대신 무릎 보호 테이프, 일명 키네시 테이프를 붙이는 것이 좀 더 효과가 확실하다. 미리 5일분을 잘라가서 아침마다 갈아 붙이면 좋다.

### ■ 매트리스

텐트 안에서 밑바닥의 한기를 차단하는데 큰 역할을 하는 동시에 안락감을 제공하는 필수품이다.

실제 사용해 보니 제품에 따라 성능 차이가 많이 나는 것을 알았다. 부피 면에서는 에어 매트리스가, 가격 및 취급 용이성 면에서는 접이식 폴리우레탄 매트리스가 좋다.

큰 트렁크를 가져 갈 경우 접이식 매트리스를 넣어가서 트레킹 기간에만 사용한 후 다시 트렁크에 넣어 가져 오는 방법을 구사하는 게 좋다. 매트리스는 보통 'Therm-a-rest'사 제품을 많이 사용하는 것 같다.

### ■ 물주머니·찜질 팩

끓는 물을 넣어 품고 잘 수 있는 플라스틱 주머니. 침낭이 얇을 경우 적극 추천한다. 침낭에 넣어 놓으면 5~6시간 정도 보온 기능을 한다. 국내에서는 독일 휴고 프로쉬(Hugo Frosch)사 제품이 좋다. PVC 재질로 1.8리터의 물을 넣을 수 있다. 물이 필요할 때에는 물을 떠올 물병으로도 활용할 수 있으므로 일석이조다.

### ■ 기타: 유용하게 사용 가능한 물건

서서히 타 들어가는 모기 살충제인 에프 킬러. 식사할 때에 유용하게 사용했다. 2~3개를 한꺼번에 켜 놓으면 확실히 효과가 있었다.

### 5) 계획 짜기·준비하기

대부분의 사람들이 쿵스레덴 전 구간을 걷기 보다는 피엘라벤 클래식에 참가하여 110km만을 걷는다. 보통 5일 정도로 나누어 걷는데 대회 일정에 따라 좀 더 길게 하여 6~7일 정도로 나누어 걷는 사람도 있었다. 6일 이상 나누어 걸으려면 피엘라벤 클래식의 출발 조를 첫날 또는 둘째 날 출발하는 조로 잡는 게 좋다. 아침 9시에 출발하는 1조나 4조 또는 7조로 참가하는 게 무난하다.

피엘라벤 클래식에 참가하려면 우선 신청 등록을 해야 한다. 대략 10월 달에 피엘라벤 본사 홈 페이지(http://www.fjallraven.com/fjallraven-classic)를 통해서 온라인으로 신청을 받는데 바로 마감되기 일쑤이니 조심해야 한다. 한국에서는 2015년에는 별도로 200명의 쿼터를 받아 따로 신청을 받았다.

그뿐만 아니라, 신청은 했으

시골역과 같이 아주 자그마한 키루나 공항

키루나 공항에서 무료 버스를 운행 한다

### Fjällräven Classic

Start dates for Fjällräven Classic 2016 will be between August 5–7, 2016.

**A celebration of hiking in the Swedish mountain world**

The Fjällräven Classic is a 110 km long hike in one of the world's most beautiful settings. The route takes you along the classic Kungsleden hiking trail in Swedish Lapland, from Nikkaluokta in the south to Abisko in the north. You will pass many well-known spots on your journey: the majestic Kebnekaise massif, the barren Tjäktja Pass, undulating mountain moors at Alesjaure and lush vegetation in Abisko National Park. There will be checkpoints staffed by officials at regular intervals; medical treatment will also be available if needed, as well as the chance to top up your energy reserves.

The hike may be long and tough in places, but as long as you prepare properly, absolutely anyone can complete it successfully. Just over 2,000 people from around 30 countries take their place at the start line every year. Some of them have never even been on a mountain hike before, while others are habitual hikers and trekkers. Whatever their background, after completing the 110 km they can usually testify to the magnificent mountain experiences, camaraderie and fantastic atmosphere. That's why we sometimes describe the Fjällräven Classic as being a celebration of hiking.

피엘라벤 본사 홈 페이지 행사 관련 안내문

나 참가가 어렵게 된 사람의 티켓을 본사 홈페이지를 통해 팔거나 살 수 있다. 개최일이 다가오면 팔고자 하는 사람이 많아지기 때문에 싼 값에 구할 수 있다. 출발 조를 앞당겨 가는 것은 허용되지 않지만 뒤로 미루어 출발하는 것은 허용되기 때문에 되도록 앞 조로 등록하거나 구입하는 게 좋다. 참가비는 2015년의 경우 대략 한화로 34만원 정도였다.

참가를 확정지었으면 항공권 구입을 해야 한다. 항공권 가격 비교 사이트인 카약(www.kayak.com)등을 통해서 가고자 하는 날의 항공권을 검색한다.

일정은 출발 일보다 이틀 전쯤 스웨덴 스톡홀름에 도착하도록 해야 한다. 이때 스톡홀름에서 북부 도시인 키루나(Kiruna)로 이동하는 시간을 감안하여야 한다. 트레킹 후 다른 곳으로 관광 하는 일정을 추가하는 경우 그만큼의 일정을 더해서 항공권을 검색한다.

아에로플로트항공 비행기와 기내 내부

피엘라벤 클래식 참가자를 위한 버스가 대기하고 있는 키루나 공항 앞 승강장

항공사 중에서는 러시아 항공인 아에로플로트사(www.aeroflot.ru/cms/ko)나 터키항공(www.turkishairlines.com/en-kr)이 가격적으로 유리한 편이다.

그러나 이들 항공은 가격이 싼 대신 항공 서비스가 불안정한 편이다.

2015년 피엘라벤 클래식 때에도 터키항공을 이용한 사람들 일부가 중 비행기 짐이 나중에 도착하는 바람에 장비 미비로 대회에 참가하지 못하고 스웨덴 관광만 하고 돌아간 경우도 있었다.

러시아항공은 과거에 짐 분실 및 지연 도착으로 악명이 높았지만 2013년 이후에는 현저히 개선되었다는 게 이용자들의 중론이다. 그런 측면에서 항공 서비스의 신뢰성을 고려한다면 핀란드 항공사인 핀에어(www.finnair.com/kr/ko/)가 가장 무난한 것 같다.

요금 확인 후 실제 항공권 예매는 해당 항공사의 인터넷 사이트에서 직접 하는 것이 편하다. 항공권은 대체로 탑승 2달 전부터는 판매 가격이 오르기 때문에 미리 구매해 두는 것이 좋다.

단 유류 할증료는 국제유가에 따라 달라지기 때문에 일찍 예매했다고 반드시 저렴한 것은 아니다.

스톡홀름에서 피엘라벤 클래식의 출발지인 니카루옥키타(Nikkaluokta)에 가기 위해서는 일단 스웨덴 북부의 키루나까지 가야 한다. 이곳으로 운항하는 항공편으로는 스칸디나비아 항공 SAS(https://www.flysas.com/)에서 여름철의 경우 1일 2회 연결한다. 비행시간은 약 1시간 20분 정도로, 국내선이지만 가격이 꽤 비싼 편이다. 피엘라벤 클래식 전후로는 수요가 많아 좌석 확보가 안 될 가능성이 있는 만큼 이 국내선은 가급적 일찍 예매하는 것이 좋다.

다른 방법으로는 야간열차를 이용하는 방법이 있다.

야간열차는 스톡홀름의 알란다(Arlanda) 공항 근처, 알란다역에서 밤 11시에 출발하며 이동 시간은 16시간이나 걸린다. 중간에 보덴 시(Boden C) 역에서 환승을 해야 한다. 열차의 경우 침대 객차와 일반 객차가 있는데 비싼 침대 객차를 예약한 경우는 아침 조식이 제공된다.

그리고 피엘라벤 클래식 주최 측에서도 키루나 공항과 철도역에서 키루나의 등록 센터까지 오가는 무료 버스를 운행한다. 이 버스는 대부분 도착 시간에 맞추어 운행하므로 (오후 1시에 참가하는 팀의 경우 아예 출발지로 바

피엘라벤 등록 절차를 마무리 하고 여러 가지 준비물을 받는 참가자들

로 이동하는 버스도 있다.) 필요에 따라 꼭 이용하면 좋다.

　등록 센터에서는 대회 등록 후 건조식과 부탄가스 등을 보급 받거나, 필요 물품을 구입할 수도 있다. 등록 센터에서 출발지인 니카루옥키타까지는 하루에 2번 무료 셔틀 버스를 운행하는데, 이동 시간은 약 1시간 반 정도 걸린다. 최종 목적지인 아비스코(Abisko)에 도착해서는 다시 키루나 역 또는 공항까지 가야 하는데, 이때는 버스를 각자의 부담으로 예매해야 한다. 버스 요금은 1인당 200 크로나(Krona) 정도로 역시 1시간 반 정도가 소요된다.

스톡홀름 공항 근처의 조그만 호텔 외관으로 늦게 도착하여 잠만 자고 다시 공항으로 이동 시 이용한 택시

### 6) 피엘라벤 클래식 주요 규칙 및 유의점

　우선 이 대회는 백 패킹으로 트레킹 하는 게 기본 룰이므로, 텐트 또는 비비쌕을 반드시 가져가야 한다. 루트 중간에 산장이 있기는 하지만 대회 참가자가 여기서 숙박을 하거나 취사를 하는 것은 금지되어 있다. 물론 피엘라벤 클래식에 참가하지 않고

쿵스레덴 코스를 개인적으로 걷는다면 산장에서 자도 되고 캠핑을 해도 된다.

캠핑 장소는 아비스코 국립공원 안이 아니라면 어느 곳에서도 해도 된다. 또 캠프파이어도 허용된다. 실제로 트레일 곳곳에 캠프파이어를 할 수 있는 잔 나뭇가지가 많이 있었다.

대회 규칙 중에는 필수 장비 리스트도 있어서 이를 체크한다고 되어있지만 실제로 체크하지는 않았다. 같은 팀원끼리 장비를 공동으로 사용하는 것은 허용된다.

화장실은 산장에는 있지만 필요시 알아서 트레일에서 벗어나 적당한 곳에서 해결할 수 있다. 사용하고 난 화장지는 소각해달라고 쓰여 있다. 식수는 트레일 주변 시내의 시냇물을 떠 마시면 된다. 고여 있는 물은 안 되며 가급적 빠르게 흘러가는 부분의 물을 뜨면 된다. 혹시 마음에 걸리면 간단한 정수 필터를 가지고 가면 좋을 것 같다. 시냇물이 졸졸 흐르는 개천이 자주 나오기 때문에 750ml 정도의 물통이면 충분하다.

샤워할 곳은 따로 없다. 개천에서 해도 되지만 매우 차갑기 때문에 개천에 들어가 몸을 씻는다는 것은 거의 불가능한 수준이다. 다만 중간에 3곳 정도의 무료 및 유료 사우나가 있는데 여기서 몸을 충분히 덥힌 후 개천에 들어가 잠깐 씻는 정도로 만족해야 할 것이다.

쓰레기는 반드시 모두 수거해서 도착점까지 가져가야 한다.

주최 측에서 출발점에서부터 도착점까지 트레킹에 사용하지 않을 짐 하나는 운반해 준다. 이를 잘 활용하여 트레킹 후 입을 옷이나 한국음식 또는 주류 등을 가져가는 것도 좋다. 참고로 스웨덴은 오전 11시까지는 주류 판매가 일절 금지 되어 있고 주류 가격도 꽤 비싸다. 구입 가능한 주류 종류도 맥주 또는 와인 정도다.

트레킹 중간의 산장에서는 간단한 매점이나 레스토랑이 있는데 이곳을 이용할 수 있다. 이곳에서는 알코올 3.5도의 저 알코올 맥주만 판매한다.

### 7) 구간별 트레킹

▌ 출발 전

러시아 항공을 타고 모스크바를 경유해서 스톡홀름에 도착했다. 공항 근처 호텔에서 자고 아침 8시 반에 SAS 항공을 타고 키루나로 갔다. 공항에 도착하니 주최 측에서 안내 요원이 나와 버스로 안내한 후, 버스를 20분 정도 타고 대회 준비 장소로 이동하였다.

스톡홀름 공항 내부

등록 후 트레킹 패스를 받고 건조식 및 빵 두 가지를 받았다. 시간적 여유가 있어 조그만 매장을 둘러보고 미처 준비하지 못한 양털 내의 바지 하나도 샀다. 여기서 주최 측이 도착점까지 운반해 줄 트렁크를 맡길 수 있다. 우리는 완주 후 서로를 축하하면서 마실 1리터 짜리 스카치 위스

미처 준비 못한 트레킹 의류 등을 살 수 있는 한 숍 내부

트레킹 본격 시작 하루 전날 여유 있는 시간을 즐기는 참가자들

저녁이 되자 영상 10도 이하로 기온은 급격히 떨어진다

텐트는 가급적 경량의 것으로 2인용 정도가 적당하다

    키를 트렁크 안에 넣고 이 위스키 마실 시간을 기대하며 출발 장소인 니카루옥키타로 이동하였다.

    이동 후 텐트를 치자 여유로운 오후를 즐길수 있었다. 텐트비는 텐트 수와 상관없이 1인당 90크로네를 받았는데 인원을 일일이 체크하는 것 같지는 않았다. 주변 방문자 안내센터 옆에 조그만 바가 있고 여기서는 와인 및 맥주도 파는데 정해진 구역에서만 마셔야 한다. 우리들은 여기서 와인 3병을 마셨는데, 다소 과하게 마신 편이었다.

10여 가지 정도의 맛을 지닌 건조식 배급처    지급 받은 건조식으로 저녁 식사를 즐기는 참가자들

니카루옥키타에 임시로 만들어진 야외 카페    니카루옥키타에 위치한 산장 겸 카페 외관

참가자 1인당 트렁크 1개를 출발점에서 도착점으로 운송해 주는데 컨테이너에 담는 광경

출발점인 니카루옥키타까지 다시 버스로 이동한다

## 가) 1일차 (니카루옥키타 → 케브네카이제 제1체크포인트 이후 2km 지점 (21km)

오전 8시 반 경부터 출발 준비와 함께 축하 행사가 시작되었다.

행사 진행은 스웨덴어, 독일어, 그리고 영어로 번갈아 하는데 마지막으로 이 지역 대표인 사미족 원주민 여성이 민속 복장을 입고 나와 장황하게 축하인사를 건넸다. 아쉽게도 스웨덴 어만으로 이야기하기에 전혀 알아듣지 못하였다.

출발에 앞서 민속 복장 차림으로 나와 인사말을 건네는 사미족 원주민 여성

9시에 출발한 길 주변에는 자작나무가 우거진 숲이 포진해 있다. 길은 고저차가 거의 없는 평탄한 길이어서 속도를 낼 수 있다. 6km 지점의, 순록 버거를 파는 호숫가에 도착하기까지 약 2시간 정도가 걸린다.

피엘라벤 클래식 참가자들 식별을 위한 빨간 스카프로 배낭 뒤에 걸어 놓아야 한다

순록 버거는 맛이 어떨지 몰라 6명이

트레킹 시작 하는 날 아침 출발 포인트 주변 광경

지역 원주민인 사미족이 운영하는 순록 버거 숍 주변 풍경

일단 버거 큰 것 3개를 시켜서 나누어 먹었다. 큰 사이즈 버거는 콜라 한 캔과 함께 130 크로네였다. 반씩 나누어 먹어 보니 괜찮아서 다시 3개를 더 시켜 점심용으로 마저 먹고 다시 출발했다.

시작 시간이 도래하기를 기다리며 풀밭에서 여기 저기 모여 휴식을 취하는 참가자들

슬슬 배낭 무게에 신경이 쓰이고 어느 정도 하중을 느끼다 보니 속도가 다소 느려진다. 그래도 많은 개울을 건너고 평탄한 길을 계속 걷는다.

그리하여 제1체크포인트인 케브네카이제에는 대략 오후 4시 반에 도착했다. 스탬프를 받고 옆의 천막에서 제공하는 맛있는 쿠키와 머핀 그리고 커피를 먹고 다시 출발한다.

트레킹 초반에 주파하게 되는 나무 트랙의 편안한 길

캠핑 사이트로 최적이라는 2km 정도 지점을 가니, 왼쪽 밑으로 푹신푹신한 이끼류와 풀이 있고 바로 옆에 세차게 흐르는 개울이 있었다. 누가 봐도 확실히 캠핑하

기 좋은 장소여서 그 자리에 텐트를 쳤다.

저녁은 처음으로 건조식으로 해결했는데 끓는 물에 약 5분 정도 익히면 먹을 수 있었다. 약 10가지 정도의 다른 종류가 있으며 1팩당 칼로리는 500kcal 전후였다. 이것만으로는 식사가 약간 모자라서 빵을 곁들여 먹었다.

제1체크포인트인 케브네카이제 산장에 도착 하면서 찍은 인증 사진

환경 보호를 위해 나무 데크를 깔아 놓은 구간이 많다

여름이 되어도 녹지 않는 북극권의 산들을 배경으로 쿵스라덴 트레킹 루트가 아스라하게 펼쳐진다

쿠키·머핀·커피가 제공되는 사미족 고유의
텐트 내부 모습 ▼

첫 번째 야영지에서 떠내려 온 마른
가지를 모아 즐기는 캠프파이어 ▶

배낭과 침낭 등의 비박 장비를 모두 메고 가면 배낭 무게가 만만치 않지만 여성 트레커들이
행복에 겨워하는 광경

월드 트레킹 완벽가이드: 유럽

시간상으로는 밤인데 북극권 백야현상이 나타나 좀 어두운 오후 같은 느낌의 저녁 무렵 야영장 주변 풍광

첫날 밤 야영지 주변에서 찬 공기와 함께 즐기는 커피 한 모금의 감흥은 오랜 동안 남는다

시간 기록 및 스탬프를 찍고 기록 노트에 도착 시간과 서명을 하는 체크 포인트 주변 풍경

### 나) 2일차: 케브네카이제 제1체크포인트 2km 지점 → 셀카(Sälka)산장 (25.5km)

피엘라벤 클래식이 열리는 스웨덴 북부지역은 5월 중순부터 7월 중순까지는 해가 지지 않는 백야현상이 나타난다.

8월 초에는 밤 10시경부터 새벽 4시경까지 해가 없지만 랜턴 없이도 충분히 걸을 수 있을 만큼의 여명이 남아 있다. 이런 기후조건이다 보니 저녁 식사 후 9시 경부터 취침하여 4시 반 경 일어나 아침을 먹고 준비하여 6시부터 걷기 시작하면 하루에 꽤 많은 거리를 충분히 쉬어가며 걸을 수 있다.

2일차는 아침 4시경에 기상하여 건조 식으로 식사를 하고 6시부터 걸었다. 다행히 날씨도 쾌청하여 완만히 고도를 높여 가며 기분 좋게 길을 걸을 수 있었다. 중간 중간에 개울이 많이 나와 식수 걱정도 없었다. 약 1시간 내지 1시간 반 정도 걷고 10분 정도 쉬는 정도로 해서 걸었다. 쉴 때는 반드시 양말을 벗어 새 양말로 갈아 신고 발을 바람에 말리고 마사지를 하는 등 물집이 생기지 않도록 신경을 썼다.

중간의 싱기(Singi) 체크 포인트까지는 총 13km인데 3km가 남았다는 표지판이 보이고

겨울에 눈이 많이 쌓였을 때 스노우모빌 차량을 위한 표지판

목제 다리를 지나는 한국인 참가자들

나서는 다소 경사가 있는 내리막으로 들어선다. 이 때부터 새끼발가락이 아파오기 시작하였다. 길이 돌이 많이 나와 있는 길이라 다소 걷기가 불편한데 발톱을 완전히 짧게 자르고 오지 않은 게 화근이 된 것 같았다. 새끼발톱이 누적된 걸음에 의해 압력을 받았는지 자꾸 살 쪽으로 파고들어 통증이 생기기 시작했다.

싱기 체크 포인트에 도착하여 간호원에게 가위를 빌려 발톱을 임시방편으로 조금 잘랐으나 손톱깎이가 없어 깔끔하게 짧게 자르지 못했더니 이 발톱이 트래킹 내내 발을 계속 괴롭혔다.

피엘라벤 출발 전에 손톱과 발톱을 아주 짧게 확실히 자르고 떠나지 못한 것을 후회했다. 싱기 포인트에 도착했을 때는 12시 반경이었다. 체크 포인트에서 나누어 주는 케이크와 건조식을 먹고 1시 반경에 다음 체크 포인트 겸 그날 숙박지인 셀카 산장으로 출발했다.

싱기 체크 포인트부터는 다시 길이 완만해져 걷기 쉬웠다. 서

셀카 산장에 거의 이를 무렵에 다시 나타나는 걷기 쉬운 흙길

서히 고도를 높여가지만 거의 평지에서 오르락내리락 한다는 느낌 정도밖에는 들지 않는다. 왼쪽으로 강을 끼고 가기 때문에 풍광도 좋고 개울도 많이 나와 식수도 쉽게 구할 수 있었다.

셀카 산장에는 6시 정도에 도착했다. 그때까지 점심을 먹고 쉬는 것을 포함하여 12시간 정도를 걸었던 것 같다.

이 셀카 산장은 건조식과 부탄가스를 다시 보급 받을 수 있는 장소였는데 우리가 갔을 때에는 부탄가스의 재고가 없다고 하여 보급 받지 못했다. "정 필요하면 매점에서 사라"는 말을 들었다.

그래도 긴 시간 동안 걸은 여파 때문인지 3.5도짜리의 저 알코올 맥주도 아주 맛있게 마셨다. 여기 맥주는 알코올 도수에 따라 가격이 달라지는 듯하다. 완주 후 아비스코에서 마신 일반 도수의 5도짜리 맥주는 같은 양인데도 70크로네를 받았다.

텐트를 치고는 그동안 못한 샤워를 할 생각으로 사우나에 들어갔다. 남녀 공용에 수영복을 입은 사람, 안 입은 사람이 혼재되어 있었다. 몸이 뜨거워져야 할 텐데 들어오고 나가는 사람이 많아 그리 뜨거워지지는 않았다.

어느 정도 몸이 데워진 것 같아 옆의 강물로 몸을 씻으러 갔는데 2~3분도 안 되어 다시 나왔다. 강물이 너무 얼음장같이 차가웠기 때문이다. 할 수 없이 다시 사우나로 들어와 몸을 덥히고 다시 강물로 들어가기를 반복하여 겨우 몸을 씻을 수 있었다. 이날 저녁은 가져 온 라면으로 해결하였다. 옆 텐트에서 마시는 소주를 부러워하면서 말이다.

저녁 식사 준비로 분주한 캠프촌

길 주변으로 흐드러지게 피어 있는 이름 모를 북극권의 야생화

시냇물이 있는 곳에는 목재 다리를 만들어 놓아 발을 적시지 않고 건널 수 있어 좋다

피엘라벤 트레킹의 특징을 잘 대변해주는 가장 전형적인 모습으로 나무 데크가 깔린 한 없이 긴 길을 걷는다

작은 관목 사이로 난 트레일 주변 풍경으로 시냇물이 곳곳에 졸졸 흐르고 있어 식수로 바로 사용할 수 있어 좋다

싱기 체크 포인트를 지나 행사 2일차의 목적지인 셀카 산장으로 이어지는 끝없이 펼쳐지는 길

가장 걷기 힘든 너덜 바위 구간으로 몸의 균형을 잡기 힘들어 긴장이 연속인데다가 무거운 배낭 때문에 더욱 힘에 부친다

가장 걷기 힘든 너덜 바위 구간으로 몸의 균형을 잡기 힘들어 긴장이 연속인데다가 무거운 배낭 때문에 더욱 힘에 부친다

눈 덮인 산 사이로 아스라이 펼쳐지는 트레일 주변 풍광

북극권이지만 해가 강렬하여 한낮에 반팔 티셔츠 차림으로 길을 재촉하는 트레커들

이른 아침 서둘러 길을 나서는 두 명의 스웨덴 여성 참가자들

광활한 평야 곳곳에 들어선 텐트들이 아주 작게 보인다

빙하 녹은 물이라 식수로 사용해도 무방한 시냇물을 곳곳에서 볼 수 있다

지난겨울 내린 눈이 아직도 트레킹 루트 곳곳에 남아 있다

체크 포인트 셀카 산장 인근의 개울과 평지가 어우러져 더 없이 좋은 캠핑 사이트 풍경

### 다) 3 일차: 셀카 산장 → 알레스하루에(Alesjaure) 산장 (총 26km)

피엘라벤 트레킹 중 가장 힘든 날이다.

거리도 거리지만 세크티아(Tjäktja) 산을 넘어가야 하기 때문이다. 이 배낭을 메고 그 오르막을 본격적으로 오를 생각에 다소 긴장을 하면서 출발하였다.

지난해 참가자들의 정보에 의하면 세크티아 산에 오르기 전에는 식수 보충을 꼭 해야 한다고 해서 점심 무렵 건조식에 사용할 물까지 생각하여 출발 6km 정도부터 물을 가득 넣고 걸었으나 이는 헛수고였다.

점심 먹을 무렵 중간의 세크티아 산장 1.5km 후의 체크 포인트 바로 앞에 매우 넓은 시냇물이 있었다. 그곳에서 식수를 보충하면 되니 그 전에는 걸을 때 마실 물 정도만 갖고 가면 된다.

세크티아 산을 오르는 것은 실제로는 쉬웠다. 천천히 고도를 높여가기 때문에 급경사 구간은 아주 짧고 길 또한 흙길이라 걷기 편했다.

정상 쪽으로 올라가니 잔설 구간이 꽤 넓게 퍼져 있었고 바람도 세게 불었다. 정작 문제는 하산 길이었다.

하산 길은 가도 가도 끝이 없는 너덜 길 구간이다. 일부는 나무 데크를 설치한 곳도 있었지만 대부분은 몸의 균형과 유연성을 잘 살려 조심스럽게 걸어야 하는 구간이었다. 트레킹 총 구간 중 가장 힘든 구간이었다.

체크 포인트는 세크티아 산장에 있는 것이 아니라 그보다 1.5km 정도 앞에 있다. 바람이 세게 불었지만 언덕을 끼고 자리 잡아 건조식으로 점심을 해결하고 최종 목적지인 알레스하루에 산장을 향해 전진한다.

이 체크 포인트를 지나고 나서는 길이 또 편해졌다. 완만한 하산 길에 옆에 야생화도 많이 피어 있어 눈도 즐겁다. 처음에는 너무 거리가 멀고 험한 구간을 걷는 것 같아 알레스하루레 산장 5km 전의 강변에서 캠핑을 하려고 했다.

가장 힘들었던 세크티아산 넘어 너덜 길 구간으로 약 2~3km 계속 된다

그러나 멀리 알레스하루에 산장이 보이는 것에 힘을 얻고 강행군하여 산장에는 저녁 7시 경에 도착했다. 알레스하루레 산장 3km 정도를 남기고는 비가 간간이 뿌리기 시작해서 우비를 입고 걸었다.

산장 바로 앞에는 정말 큼직한 케밥과 콜라를 150크로네에 팔고 있어 그것으로 저녁을 대신했고, 비가 본격적으로 올 것에 대비해 텐트를 쳤다.

옆에 사우나가 있었지만 피곤하기도 하고 귀찮아서 생략하고 일찍 잠에 들었는데 새벽 2시 경부터 강풍을 동반한 비가 계속 내리기 시작하였다. 마치 텐트가 날아갈 것 같은 강풍에 텐트는 계속 흔들리곤 하여 잠을 자는 둥 마는 둥 잤다. 거기다 비바람이 워낙 텐트를 사정없이 흔들어 대는 바람에 비가 약간씩 새는 것 같아 텐트 안에서 비옷까지 입고 앉아 있다가 겨우 잠이 들었다. 다행히 비는 많이 새지는 않았지만 텐트 안은 다소 축축해 졌다. 아침이 되자 비는 잦아들었는데 바람은 역시 거세었다. 그래도 중간에 약간 해가 나는 것 같아 텐트 문을 열고 밖을 보니 선명한 무지개가 보였다. 그날 아침은 빵과 건조식에 미지근해진 보온병 물을 넣어 해결하였다.

쿵스라덴 트레일의 특징을 상징적으로 대변해주는 장면으로 나무 테크 길이 끝없이 펼쳐진다

알레스하루레 산장 5km 전방의 다리를 건널 무렵 인근 풍경으로 훌륭한 캠핑 장소다

작년에 온 눈이 아직도 많이 쌓여 있는 강 주변 풍경

밤새 폭풍우가 휘몰아친 이후 잠잠해지자 나타난 아름다운 무지개

세크티아 산장 체크 포인트 이후의 평안한 트레킹 루트 주변 풍경

## 라) 4일차: 알레스하루에 산장 → 아비스코 국립공원 캠프 사이트 (20km)

4일째는 키에른(Kieron) 체크 포인트까지 18km만 걸으면 되어 비교적 마음이 가벼웠다. 비가 그쳤지만 다소 바람이 세게 부는 가운데, 9시 경에 출발했다. 알레주르(Alesjaure) 호수를 끼고 걷는 길은 아주 편했다.

다만 전날의 비로 길이 진창이 된 곳이 많았다. 또 한곳의 시냇물은 물이 불어버려서 신발을 벗고 건너야 했다. 냇물 건너는 동안이 몇 분밖에 안 되었는데도 발이 얼음장에 담군 듯 너무 시렸다.

키에른 체크 포인트 직전의 철제 다리

1시간가량 걸으면서 옆에 끼고 도는 호수는 물빛이 에메랄드빛의 영롱한 초록과 청색을 띠어 아름다웠다. 아마 빙하 녹은 물이라 그런 것 같았다. 이런 빛깔을 내는 것은 빙하속의 광물질 성분 때문이라는 것을 어느 책에서 읽은 기억이 있다.

알레스하루에 산장을 떠나고 나서 약 6km 구간 이후부터는 식수 구하기가 어려웠다. 키에른 체크 포인트에 거의 다다르기 전까지 마실 물과 점심 먹을 때 끓일 물을 충분히 받아 놓아야 한다.

호수 변을 떠난 이후에는 길이 다소 거칠었다. 길에 돌이 많이 박혀 있었다.

하지만 거의 평지나 다름없다. 나무는 거의 없고 이끼류와 습지 지대가 펼쳐진다. 적당한 곳에서 건조식으로 점심을 먹고 다시 길을 나섰다. 서서히 내리막으로 변하는데 길에 바위와 돌이 많아 발 디디기가 쉽지 않았다.

저 멀리 내려다보이는 강의 밑면까지 내려가야 체크 포인트가 있는데, 아주 서서히 산을 끼고 돌면서 내려가기 때문에 꽤 오랫동안 걸어야 했다. 이곳이 아마 모든 트레킹 구간 중 두 번째로 힘든 구간이 아닐까 싶었다. 정말 가도 가도 끝이 없이 내리막길이었다.

어느 정도 내려 왔다 생각하니 앞의 조망이 확 트이고 옆의 계곡에 흐르는 세찬 물소리가 반긴다. 날도 화창하게 맑고 건조하여 마치 우리나라 추석 때처럼 기분 좋은 오후의 느낌을 선사해주었다.

왼쪽 계곡의 전망을 바라보고 사진 몇 장을 찍은 다음, 아주 짧은 경사가 심한 구간을 내려가니 철제 다리가 앞에 있고 많은 사람들이 물을 받고 있었다. 'Refill the water(물을 보충하라)'라는 팻말이 있기 때문이다. 그러나 우리들은 물이 없는 키에른 체크 포인트에서 캠핑을 할 계획이 아니었기 때문에 그냥 지나쳤다.

얼마 지나지 않아 키에른 포인트에 도착했다. 체크 후 옆 텐트로부터 팬케이크에 크림과 레드베리 잼 같은 것들을 듬뿍 얻어서 간식으로 맛있게 먹었다. 이곳에서 캠핑을 하는 사람들도 좀 있었지만 1km만 더 가면 아비스코 국립공원 내로 들

'여기서 식수를 마련하라'는 팻말이 있는 '키에른 체크 포인트' 바로 직전의 휴식 장소

체크를 마치고 나면 팬 케이프에 잼을 듬뿍 얻어서 주는 키에른 체크 포인트

어가고 또 2km만 더 가면 훌륭한 캠핑장이 있다는 정보를 들어서 서둘러 일어나 길을 재촉했다.

이 구간은 서서히 내려가는 구간이어서 길도 편하다. 아비스코 국립공원을 알리는 안내판을 보고 조금 더 가니 길이 두 군데로 갈라졌다. 직진 방향으로는 목적지로 가는 길, 그리고 왼쪽의 철제 다리로 가는 길은 캠핑장으로 가는 길이다. 철제 다리를 지나 얼마 되지 않아 캠핑장에 도착했다.

아비스코야유레(Abiskojaurestugor) 캠핑장은 아주 아늑하고 시설이 잘 되어 있다. 캠핑장에 유료 사우나(50 크로네)와 매점이 있고 공동 캠프파이어 시설도 갖추고 있다.

캠핑장이 유료라는 정보를 읽은 것 같은데 정작 텐트 치는 데 돈을 받는 것 같지는 않았다. 무엇보다도 이 캠핑장은 자작나무 숲속에 있어 아주 아늑했다. 그 날 밤비가 왔지만 자작나무 숲이 바람을 막아주어서인지 조용해서, 텐트 위로 시나브로 떨어지는 빗소리를 자장가로 들으며 아주 편안한 잠을 잘 수 있었다.

시설이 아주 좋은 아비스코야우레 캠핑장 전경

바람이 많아 버너 불 피기가 어려운 너른 바위위에서 점심 식사를 하는 길손들

식수 받는 곳이 멀다 보니 실제로 캠핑 하는 사람은 많지 않았던 '키에른 체크 포인트' 앞의 넓은 캠핑 사이트

돌이 많이 박힌 길인데다 주변 풍광도 단조로워 다소 지겨웠고 힘들었던 길

### 마) 5일차: 아비스코야우레 캠프 사이트 → 아비스코 관광 안내소 결승점(15km)

마지막 날은 거리도 짧은데다가 출발 길도 편안했다.

아침 8시 경에 출발해 약간의 습지 지역을 벗어나니 편한 흙길이 나오고 길도 꽤 넓어졌다. 길 옆쪽에는 자작나무 숲이 늘어서 있었다. 우리나라에서는 강원도 원대리 인근에 가야만 겨우 있는 자작나무가 이곳 지방에서는 가장 흔한 수종으로 서식하고 있었다. 어느 정도 내려와서인지 자작나무의 크기도 제법 컸다.

아비스코야우레 캠핑장 쪽으로 가는 표지판과 철제 다리

점심을 생략하고 걸으면 1시 좀 지나서는 결승점에 도착할 수 있을 것 같다는 생각이 들었지만 걷다 보니 이제 얼마 안 남은 트레킹 코스의 마지막 순간을 최대로 즐기고 싶은 생각도 들었다. 그래서 걸음걸이를 조금 더 천천히 늦추면서 아쉬움의 순간을 최대한 늦춰 보았다. 자작나무 숲길을 조금 더 오래 눈에 담으면서 말이다.

얼마 지나지 않아 결승점 6.5km라는 표지판을 보고 나서 1km 지점 정도 더 갔을 때 왼쪽 편에서 꽤 우렁찬 물소리가 났다. 옆에 난 샛길로 들어가 보니 엄청난 수량의 물이 폭포를 이루며 내려오고 있다. 내려온 물이 큰 강이 되어 흐르는 가운데 곳곳에 시원한 물줄기를 자랑하는 소규모 폭포들이 있었다. 그곳이 점심 먹기에 최고의 명당자리라는 생각이 불현듯 들어 시원한 물줄기를 보면서 마지막 남은 건조식을 즐겼다.

자작 나무 숲 사이로
편하게 이어진 길

결승점 10.5km라는
표지판이 보인다

도착 직전의 조그만
쉼터에서 인증 샷

결승점 도착을 지척에 두고 조우한 수려한 경관을 자랑하는 구간의 풍광으로 수량이 엄청나다

배낭도 출발 할 때 보다 많이 줄어들은 데다가 마지막 구간이라 더욱 힘차게 길을 재촉하는 여행자들

호텔과 캠핑 사이트·사우나 등이 있는, 결승점으로 사용 되었던 아비스코 관광 안내소

점심 후 다시 길을 나선다. 길은 더욱 넓어지고 편해진다. 결승점 1km 정도 남기고 다시 왼쪽 편의 강변으로 절경이 펼쳐진다. 그 곳에서 여러 장의 사진을 찍으며 여유를 부린 다음 철도를 통과하는 다리 밑을 지나 결승점을 알리는 표지를 따라갔다.

결승점 앞에서는 일행을 다시 정렬하고 결승점으로 들어선다. 옆 카페에서 이미 도착한 트레커들이 박수를 쳐주고 휘파람도 불어 준다. 순간 머쓱한 기분을 느끼며 우리도 그들에게 손을 흔들어 주었다.

마지막 체크 포인트에 도착한 시간은 오후 2시 25분. 여기 저기 반가운 얼굴이 보인다. 금배지와 마지막 스탬프가 찍힌 하이킹 패스를 받아 들고 우리도 서로 서로 축하의 인사를 나눈다.

안내 데스크에 들러 캠핑장을 등록하고(1인당 130 크로네: 사우나 비용 포함) 다음 날 아침 키루네 공항으로 갈 버스표를 예매한 다음 캠핑 사이트로 갔다. 좀 일찍 도착해서 인지 캠핑 자리도 좋은 곳이 많이 남아 있었다. 텐트를 친 후에는 모두 사우나로 가서 오랜만에 제대로 된 샤워를 하니 그동안 힘들었던 기억도 더불어 씻겨 나가는 것 같았다.

완주 축하 파티에서의 4 인조 밴드 공연과 함께 하며 광란의 밤을 보냈다

 사우나 후에 텐트 앞에 다시 모여 맡겼던 짐을 찾아 그동안 절실했던 알코올, 스카치위스키 1리터를 6명이 나누어 마시니 기분이 최고조로 올랐다. 취한 분위기에 다시 카페로 가서 맥주를 시키고 이런 저런 이야기를 나누다가 보니 9시부터 라이브 밴드 축하 공연이 있단다.

 이 공연은 조금만 참관하고 자야지 생각했는데 정작 라이브 공연이 시작되니 이것은 광란의 밤 수준이었다. 모두 나와 춤추고 마시며 나도 기분이 수직으로 상승되어 자연스레 어울리다 보니 12시가 지났다. 하루에 다양한 경험을 한 마지막 날의 밤은 그렇게 지나갔다.

아비스코 관광 안내소로 가는 길 옆으로 철도가 함께 이어진다

피엘라벤 클래식 트레킹의 개인 결과 공고도 시간마다 홀에 게시된다

기암절벽과 어우러져 더욱 멋지게 다가온,
엄청난 수량을 보여 주었던 아루레 강 주변 풍광

## 8) 스톡홀름 관광 및 트리에스타(Tyresta) 국립공원 트레킹

피엘라벤 클래식 트레킹 행사 후 일정으로 많은 사람들이 관광을 즐기고자 한다.

시간상 여유가 있을 경우 노르웨이로 가서 오슬로(oslo)에서 베르겐(Bergen)까지 이어지는 산악열차를 타거나, 피요르드(fjord) 선상 크루즈를 계획해보는 것도 좋다. 다른 인접 국가인 핀란드로 가서 헬싱키(Helsingki) 시가지를 두루 관광하는 방법도 있다.

헬싱키에서 1시간 반 정도의 고속페리를 타면 에스토니아의 수도 탈린(Talin)을 관광할 수도 있는데, 이곳은 유네스코 세계 유산으로 등록된 곳으로 중세 도시의 모습이 잘 보존되어 있다.

현지인들의 체구가 큰 탓인지 1인분 크기도 엄청난 소 갈비 바비큐

그러나 트레킹 대회를 막상 참여해보면 시간상으로 그리 여유가 없는 경우도 많아서 하루 이틀 스톡홀름에서 머무르다 귀국하는 사람들 역시 많다.

스톡홀름은 '북구의 베네치아'라는 별명에서 알 수 있듯이 바다 안에 조성된 것 같은 분위기를 물씬 풍기는 도시다. 주변에 여러 섬들이 많이 있어 'Hop on Hop off 정기 관광버스(정해진 기간 안에 무제한으로 어디서든지 타고 내릴 수 있는 버스)'를 이용하면 선박편도 이용할 수 있어서 편리하다.

시내 여러 곳에서 다양하게 열리는 스톡홀름 문화 축제

    스톡홀름 시내 관광은 구시가지와 신시가지 관광으로 나뉘는데 주로 많이 가는 곳이 구시가지의 감라스탄(Gamla Stan)으로 13세기부터 조성된 거리다. 이 곳에는 기념품 판매점·레스토랑·카페·바 등이 대거 포진해 있으며, 여름에는 관광객들로 거리가 북적인다. 이 곳 주위에는 스웨덴의 스톡홀름 국립 대성당과 노벨 박물관 등이 위치한다.

    그 밖에도 특이한 볼거리로는 바사 박물관(Vasa Museum)이 있다. 구스타프(Gustav) 2세 시대인 1625년에 건조되어 1628년 8월 10일 처녀항해 당시 스톡홀름항구에서 침몰한 스웨덴 왕실의 전함 바사(Vasa)호가 전시된 곳이다. 침몰된 이후 오랜 세월이 지나서 1956년에야 해양 고고학자인 안데스 프

스톡홀름 축제 기간 중의 여러 행사로 팬터마임과 록 그룹 공연 등이 시내 곳곳에서 벌어지는데 축제 프로그램도 인터넷과 시내 곳곳 안내판에서 확인 할 수 있다

란첸(Anders Franzen)에 의해 발견되었다. 침몰 후 333년만인 1961년에 비로소 인양되었는데 몇 번의 임시 전시를 거쳐 1990년 바사 박물관이 개관되었다. 박물관은 총 7층으로 구성되어있는데, 바사 호를 여러 각도에서 바라볼 수 있다.

피엘라벤 클래식이 열리는 기간과 거의 비슷하게 스톡홀름에서는 여름 음악 축제도 개최된다.

2015년에는 8월 11일부터 16일까지 열렸다. 'STHLM Culture Festival'이라고도 하는데 재즈·락·클래식·오페라·팬터마임·연극 등 다양한 문화 장르가 시내 곳곳에서 무료로 공연된다. 공연 장소는 주로 신시가지 쪽인데 특히 오페라 하우스 앞에서 하는 클래식·오페라 아리아 공연이 압권이었다. 스톡홀름은 다른 유럽 도시에 비해 관광명소 및 자원이 적은 북유럽 도시이지만 이 축제가 열리는 시기만큼은 풍부한 볼거리와 들을 거리를 제공해 준다.

이런 각종 공연은 저녁 시간부터 본격적으로 열리기 때문에 낮 시간 동안에는 스톡홀름에서 버스로 40분 정도 걸리는 스웨덴 트리에스타 국립공원으로 발걸음을 향해 보는 것도 좋다. 며

트리에스타 국립공원 안내판에서 어느 길을 갈지 생각에 잠긴 여행자들

트리에스타 국립공원의 부엉이 마크

칠 동안의 트레킹을 하고 와서 "또 국립공원에 가느냐?"라고 반문할 수도 있겠지만 트리에스타는 쿵스레덴 트레킹 지역과는 수백km 떨어져 있고 바다와 접해 있는 완전히 다른 지역이기 때문에 수종도 완전히 틀려서 전혀 새로운 모습의 스웨덴 숲을 만날 수 있는 곳이다. 주로 전나무 등의 침엽수림으로 이루어져 있는데 600년 정도의 수령을 가진 나무도 많다고 한다. 나무가 우거져 그늘이 진데다 길이 넓고 걷기 편하며 피톤치드가 풍부하게 나오는 곳이다.

이 국립공원까지는 지하철과 버스를 타면 되는데, 구시가지의 조그만 공영 버스 정류장인 감마스프란(Gullmarsplan)까지는 지하철 여러 노선이 다닌다. 지하철에서 나와 지상으로 올라가면 여러 버스 노선이 있는데 이 중 807번 버스를 타면 트리에스타 공원 입구까지 약 45분 에 주파할 수 있다.

트리에스타 국립공원 안에는 여러 트레일이 조성되어 있다

다만 주의할 점은 스톡홀름의 교통카드인 SE 카드의 잔액을 왕복 분까지 미리 충전시켜야 한다는 점이다. 이 카드 충전은 충전 전용 벤딩 머신(Vending Machine)이나 역내 안내

▲ 트리에스타 국립공원 위치 개념도

소 그리고 잡화점 등에서 할 수 있다. 왕복 요금은 대략 90크로나 정도 된다. 한 장으로 여러 명이 사용할 수 있는데 이를 위해서는 역내 안내소에서 카드를 구입하면서 사용할 사람의 수를 미리 이야기해 주어야 한다. 돌아올 때는 트리에스타 공원 앞의 버스 정류장에서 834번 버스를 타고 중간에 브란드버겐스(Brandbergens)에서 내려 807번으로 환승하여 다시 감마스프란으로 돌아온다.

트리에스타 국립공원에 도착하면 바로 안내소가 나온다. 안내소에서는 여러 전시물과 함께 스웨덴의 모든 국립공원에 관한 20분짜리 영상물을 넓은 극장에서 상영한다. 이 영상 상영은 수시로 요청하면 되며 꼭 관람을 권한다. 아주 쉬운 영어로 넓은 시네마스코프 화면에 뿌려지는 스웨덴 각지에 흩어져 있는 국립공원의 모습을 편하게 감상할 수 있어서이다.

트레킹 코스는 2시간 정도의 비르손(Bylsjon) 코스를 추천한다. 길도 편하고 다양한 수종과 호수를 감상하며 걸을 수 있다. 흰색과 녹색으로 된 마크가 나무에 표시되어 있어 이 마크를 따라 걸으면 된다.

또 하나의 추천 코스는 안내소 뒤편에서 시작하여 트리에스타 마을 옆으로 나오는 20분 정도의 짧은 걷기 코스이다. 코스는 짧으나 나무가 매우 우거진 숲속 길로서 곳곳에 버섯과 고사리가 자라고 있다. 길은 다소 좁고 나무뿌리가 많으나 길 표시가 잘 되어 있다. 시간이 없다면 이곳 한 곳만이라도 가보기를 권한다.

트리에스타 안내소에서 300미터 아래에는 조그만 마을이 있으며 여기에는 커피숍이 있다. 조그만 선물과 샌드위치 정도의 간단한 점심을 판다.

2번 비르손(Bylsjon) 코스로 표시를 따라 가면 된다

트리에스타 안내소 옆 마을의 커피숍 외관

비르손(Bylsjon) 표시인 흰색과 초록색 마크를 따라 가면 되는데 울창한 산림 속으로 나 있는 길을 걷는 기분이 참 상쾌하다

잘 만들어진 스톡홀름은 해변 도로

공영 버스 터미널인 감마스프란으로 가는
807 번 버스 안

비르손(Bylsjon) 트레일 시작점

트리에스타 공원 부근은 기후가 비교적
온화해서인지 양떼들도 자주 보인다

가장 번화한 감라스탄 거리의 기념품 가게로
스웨덴 왕가의 사진이 들어간 기념품이 많다

스웨덴 국회 의사당 건물로 이어지는 아름다운 석축교

공원 내의 호수에서 할머니와 손녀가 오리에게 먹이를 주고 있다

바다 쪽 거리와 광장에 관광객들이 자주 찾는 곳에서 유람선도 출발한다

스톡홀름 항구의 여러 모습들

거대한 크루즈선과 소형 유람선이 함께 하는 스톡홀름 해안 풍경으로 '북구의 베네치아'라는 별명이 연상된다

항구 한쪽에는 스웨덴 해군 함정과 범선도 함께 정박해 있다

여름날의 한가로운 스톡홀름 시내 모습

# Chapter 4
# 산티아고 카미노 트레킹
## : 프랑스 루트

- 명퇴 이후 혼자 걸은 '카미노 드 산티아고-프랑스 루트' 33일 -

▲ '산티아고 순례자의 길-프랑스 루트' 개념도

## 1) 개요

오랫동안 한 직장을 다니다 명예퇴직이나 정년퇴직을 앞두게 되면 참으로 많은 생각을 하게 된다. 나 또한 마찬가지였다.

28년 7개월의 오랜 공직 생활이 끝나갈 무렵에는 여러 가지 생각 때문에 마음이 복잡하고 다난했다. 아침이 되어도 이제 나갈 곳이 없다는 생각이 드는 것은 참 심란한 일이었다.

한때는 일이 너무 힘들어서 하루만 제대로 쉬어도 원이 없겠다 싶었던 적도 많았는데, 이제는 남은 것이 시간밖에 없다는 생각도 들었다. 그래서 2010년 7월 10일에 2급 이사관으로 공무원 생활을 마치고 명퇴했을 때 나는 여러 생각을 뒤로 하고 이틀 뒤 바로 스페인으로 여행을 떠났다. 목표지는 스페인의 산티아고 순례길(Camino de Santiago)이었다.

요즘에는 이 순례 길도 너무나 잘 알려져 다녀온 사람도 많지만, 2010년 당시는 이제 막 카미노(camino)에 대한 관심이 고조되던 시기였다. 어차피 명예퇴직자라면 남는 게 넉넉한 시간인데 시간에 구애받지 않고 실컷 걸어 보자는 심정으로 명퇴 한 달 전부터 항공권 예매 등을 시작했었다.

이 여행의 총 일정은 35일로 그 중 순수하게 순례 길만 걷는 시간은 31일이었다. 이때 대서양의 조그만 스페인의 항구 마을인 무시아(Muxia)에서 스페인 서북부에 있는 스페인 서쪽 맨 끝의 갑(곶) 피니스테레(Finisterre: 현지 갈라시아어로는 피스테라Fisterra)까지의 구간을 포함해 총 820km를 걸었다.

'카미노(camino)'란 스페인어로 길이란 뜻이다. 산티아고는 순례자의 길 목적지인 스페인 서북부의 도시로서, 예수 그리스도의 제자 야고보(James)가 복음을 전하러 가던 길목에 있는 도시이다. 9세기 스페인 산티아고 데 콤포스텔라(Santiago de Compostela)에서 야고보의 유해가 발견된 후 성 야고보를 스페인의 수호성인으로 모시게 되면서 오늘날의 이 순례길이 생겼다.

이 길은 한동안 거의 관심에서 벗어난 적도 있었으나 1980년대 이후부터 다시 사람들의 이목을 끌기 시작했는데, 특히 세계적인 소설가인 파올로 코엘료가 이 길을 걸으며 [연금술사]라는 세계적인 베스트셀러를 구상했다는 사실이 알려지면서 더더욱 유명해졌다.

우리나라에서는 자신의 고향인 제주도에 올레 길을 만든 서명숙씨가 이 카미노 순례 길을 걸으면서 올레 길을 만들자는 동기를 부여받았다고 밝힌 곳이기도 하다.

　이 산티아고 순례길은 프랑스의 남부 지역에서 가장 널리 알려진 국경도시인 생장피드포르(St.-Jean-Pied-de-Port)에서 시작해 피레네(Pyrenees)산맥을 넘어 스페인으로 들어간 뒤 스페인 북부 지역을 횡단하여 산티아고까지 걷는 '프랑스 루트'가 가장 일반적이다. 산티아고 순례 길을 걷는 사람들의 70%가 바로 이 프랑스 길을 걷는다고 한다.

　나 역시 제반 숙박 및 편의시설도 잘 되어 있다고 해서 우선적으로 이 루트를 따라 걸었다.

　영어만 어느 정도 되면 혼자서도 이 순례 길을 떠나는 데 아무런 문제가 없다고 생각된다. 여행 중 써 먹었던 스페인어는 '올레(¡Hola)'·'브에노스 디아스(Buenos dias)'·'브엔 카미노(Buen Camino)' 등 생활회화 몇 마디와 음식 이름 몇 개 예컨대 빵(Pane)·포도주(Vino)·물(Agua)·커피(café) 정도였다. 스페인어 단어는 그 정도만 알아도 의사소통 문제는 크게 신경을 쓰지 않아도 될 정도였다.

　또 체력 역시 크게 걱정할 필요가 없다. 순례 길은 높낮이가 심하지 않은 시골길을 걷는 것과 비슷한 정도라서 그렇다. 서너 번 정도 산을 넘는 구간이 있기는 하지만 길이 잘 정리되어 있다. 조개 그림으로 그려진 안내 표시도 길 안내가 필요한 곳마다 어김없이 잘 세워져 있어서 좋았다. 내 경우에도 기나긴 이 루트의 도보여행 중 길을 헤맨 적은 두세 번 정도밖에 되지 않았던 것 같다. 설사 길을 잃었다고 생각되더라도 마지막으로 표시를 본 곳까지 되돌아가서 다시 잘 찾아보면 제대로 된 안내 표지가 나오곤 했다.

　그날그날 걸을 길의 상황에 따라 달라지긴 했지만 내 경우에는 대략 하루에 26km 상당을 걸었다. 7월 여름날은 낮이 뜨거우니 가급적 오후 시간에 걷는 것을 피하기 위해 새벽 5시 정도부터 오후 2~3시까지 걷곤 했다.

　프랑스 루트에는 거의 마을마다 순례자 숙소인 알베르게(Albergue)가 하나 이상은 있어서 자신의 걷는 속도에 맞추어 숙소를 구할 수 있다. 개개인 체력에 따라 다르지만 순례 길은 빨리 걸으면 28일 정도에서부터 천천히 걸으면 35일 정도까지 완주가 가능하다. 보통 31~33일 정도를 걷는 경우가 가장 많다. 산티아고에 도착하고 나서 피스테라나 묵시아까지 더 걸을 경우에는 3일 이상이 더 필요하지만 대부분의 사람들이 이곳을 버스로 다녀간다.

　내가 방문한 2010년은 이른바 성년(Holy Year)이라고 해서 순례 길을 떠나는 사람이 다른 해보다 훨씬 많았다. 하지만 그럼에도 목적지 도착 전 일주일 정도만 제외하면 숙소를 구하지 못해 애태우는 일은 없었다. 알베르게는 대략 5~9유로 정도로 투숙이 가능하다. 어느 곳은 기부제로 운영하는 곳도 있다. 그런 곳은 물론 시설이 많이 부족하지만, 길동무끼리 정말 간소한 저녁 식사라도 함께 하면서 기도도 드리고 서로 대화도 나눌 수 있어서 좋았다.

　사설 알베르게를 이용하면 비용은 약간 비싸지만 그만큼 시설도 좋고 편한 휴식을 취할 수 있다. 어느 알베르게나 샤워룸과 화장실은 공용으로 사용하고, 4인에서 8인 정도가 한 방을 같이 쓰는 기숙사 형태를 이루고 있다. 남녀 구분 없이 오는 대로 침대를 배정하는데, 처음에는 어색하지만 곧 익숙해지게 된다. 또 샤워 룸도 남녀 구별 없는 것이 일반적이니 이 점을 유념해 당황하지 말도록 하자. 그래도 각 샤워 부스 안에 조그만 탈의실이 있어서 사용하는 데는 그다지 문제가 없다.

저녁은 알베르게 인근의 식당에서 해결하는 경우가 많았는데, '순례자 메뉴'라고 하여 빵·샐러드·닭고기 또는 돼지고기로 메인 요리에다가 과일이나 요구르트 등의 후식을 포함하는 3가지 코스 요리가 일반적으로 나온다. 재미있는 것은 이런 식당에서는 포도주 반 병 정도는 물처럼 기본으로 제공된다는 사실이다.

아침과 점심은 슈퍼마켓에서 사서 알베르게에서 먹거나, 혹은 순례 길을 걷다가 적당한 곳에서 먹었다. 메뉴는 주로 바게트 빵에다 살라미(salami) 소시지와 치즈, 그리고 토마토로 해결했다. 그리고 걷다가 카페가 나오면 하루에 한 번쯤은 카페라떼나 진한 에스프레소를 즐기며 쉬곤 했다. 또 더운 오후에는 생맥주도 가끔씩 마셨다.

카미노 길에서 접하는 전형적인 순례자 저녁 식사 메뉴

'아이 러브 산티아고 순례자의 길'을 나타내는 노란 화살표

## 2) 기후 및 최적 여행 시기

산티아고 순례길 중 프랑스 길은 스페인의 북부를 걷는 길로서 남부 유럽의 전형적인 기후를 나타낸다. 스페인은 국토 전역에 걸쳐 전형적인 지중해성 기후 특성을 나타낸다. 지중해 연안 국가와 마찬가지로 연간 강수량이 300~700mm 정도다. 하지만 북부 중앙 부근에 있는 메세타(Meseta)고원지대는 강수량이 500mm 정도에 불과하다.

대체로 4월초부터 10월 말까지가 순례 여정에 나서기 좋은 때이다. 특히 여름철에는 비 오는 날도 적고 휴가에 방학 시즌이 겹치기 때문에 많은 사람들이 몰린다. 실제로 내가 걸은 33일 동안은 비 오는 날은 딱 하루 정도였고 그나마도 가랑비 수준이었다. 여름시즌에는 기온이 35도 이상 올라가지만 건조하여 그늘에만 들어가면 덥지 않다. 그래서 여름에는 많은 사람들이 해 뜨기 전부터 걷다가 오후 2~3시 정도에 하루 걷기를 마치는 경우가 많다. 혹은 걷는 낮 시간 동안에 양산을 들고 가는 사람을 딱 한 명 보았는데, 주변 시선을 꽤 받는 분위기였지만 내심 탁월한 선택이라고 생각했다.

  순례를 떠나는 시기로 더운 여름을 피하고 우리나라 늦봄 정도의 따뜻한 기분을 느낄 수 있는 5월이나, 가을 풍경을 느끼며 걸을 수 있는 10월을 개인적으로 추천하고 싶다. 겨울은 추천하고 싶지 않다. 겨울에는 피레네 산맥을 넘는 구간이 여러 가지 이유로 위험할 수 있고 비가 많이 와서 땅이 질척거린다. 그리고 숙소인 알베르게도 문을 닫는 곳이 많기 때문이다.

산티아고 순례자의 길 프랑스 루트를 거니는 순례자들

### 3) 가이드 책자 및 지도

이제 산티아고 순례길 중 프랑스 길은 많은 분들이 다녀와서 인터넷에도 한글로 된 여러 정보와 체험기들이 많이 올라와 있다. 특히 네이버 카페(Naver Cafe)의 '카미노(http://cafe.naver.com/camino)'와 '대한민국 카미노 순례자협회(http://caminocorea.org)'에서 다양한 정보를 얻을 수 있다.

특히 이 사이트는 순례길 각 구간 구간에 대한 상세한 설명과 사진, 그리고 구간에 있는 거의 모든 알베르게에 대한 정보를 한글로 제공하는 아주 유용한 사이트이다. 순례 길 중에서도 인터넷 접속이 된다면 이 사이트에서 앞으로 걸을 구간에 대한 정보를 수시로 확인하면 좋다. 영문으로 된 안내 책자로는 다음 책을 추천한다.

- A Pilgrim's Guide to the Camino de Santiago: St. Jean Roncesvalles Santiago(Camino Guides), 2014, 저자 John Brierley
- A Village to Village Guide to Hiking the Camino de Santiago, Camino Francés: St. Jean Santiago, Finisterre Paperback, 2013, 저자 Anna Dintaman · David Landis
- The Way of Saint James Vol2: Pyrenees Santiago Finisterre(Cicerone International Walking S), 2003, 저자 Alison Raju

특히 존 브릴리(John Brieley) 씨가 쓴 책을 우선적으로 추천한다. 이 책은 하루에 걸을 적당한 길을 끊어서 구간 구간의 자세한 지도를 첨부한데다, 알베르게 · 호텔 · 성당 · 유적지 등을 표시해 놓았다. 길의 고저 차는 물론 해당 구간의 오르는 거리, 내리막 거리 등도 함께 표시되어 있다. 또 다른 우회로가 있을 경우 이 또한 자세히 표시해 놓았다. 또한 이 책은 휴대하기 간편한 사이즈로 발간돼 있어서 이 책 하나면 다른 가이드 책이나 상세 지도가 필요 없다. www.amazon.com에서 구입 할 수 있다.

스마트폰 앱으로는 무료인 micamino를 추천할 만하다. 이 앱은 숙박 장소도 알려 주고 구글 지도와 연동하여 현재 자신의 위치 추적도 가능하다.

카미노 길에서 다소 떨어진 위치에 있는 숙박 장소나 도시에서 원하는 목적지를 찾을 때에는 보행 내비게이션용으로도 쓸 수 있기 때문에 여러 모로 유용하게 사용 할 수 있다. 와이파이(wifi)가 되는 곳에서 다음 행선지의 구글 지도 데이터 등을 미리 내려 받고 위치 등을 확인 하는데 사용하면 좋다.

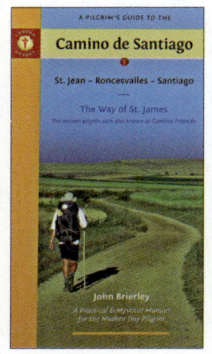

[A Pilgrim's Guide to the Camino de Santiago] 표지

[Hiking the Camino de Santiago] 표지

## 4) 계획 짜기·준비하기

산티아고 순례 길의 가장 편리한 점은 걷는 구간에서 숙소 예약이 필요 없다는 점이다. 조그만 마을마다 거의 하나씩 있는 알베르게에서는 예약 없이 도착하는 순서대로 침대를 배정해준다. 그리고 그 외에도 사설 알베르게·호스텔·호텔 등 다양한 숙박시설이 있다. 나는 공설 알베르게를 주로 이용했는데, 각자 예산의 여유와 몸 상태에 따라 적절한 곳을 고르면 된다.

단, 여름철 성수기, 특히 산티아고를 약 150km 남겨놓은 시점부터는 알베르게를 구하기가 어려워진다. 이때는 일찍 출발하여 걷고 알베르게에 일찍 도착하여야 한다. 보통 오후 2시부터 알베르게에 들어 갈 수 있는데 사람이 몰리면 1시간 이전부터 줄을 서는 경우도 많다. 순례 길 전후에 들를 도시의 호텔은 사전 예약이 필요하다.

대체로 항공권은 2개월 전에 예약하면 저렴하게 살 수 있다.

대부분의 사람들이 프랑스 파리로 들어가 TGV 등 열차 편을 이용하여 생장피드포르로 간다. 순례 길을 마치고 나서는 각자 원하는 도시에 들려 며칠간 관광을 한 후 귀국하는 경우가 많은데, 돌아올 때에는 마드리드나 바르셀로나를 경유하여 오는 경우가 일반적인 것 같다. 이런 경우 인터넷으로 항공 예약을 할 때 왕복이 아니라 다 구간 도시(multi cities)로 선택하여야 한다.

나는 인천 → 파리, 마드리드 → 인천의 다 구간 도시로 선택하여 핀란드 항공을 이용했다. 핀란드 항공 이외에도 여러 항공사들이 이 구간 노선을 취항하므로 저가 항공권 검색 사이트(www.kayak.com, www.skyscanner.co.kr, www.072airline.com 등)을 이용하여 가격을 알아보는 것이 좋다. 산티아고에서 마드리드나 바르셀로나 또는 다른 대 도시로 나오는 항공권도 미리 예약해야 한다. 브엘링 항공(www.vueling.com), 라이언에어(www.ryanair.com)와 같은 저가 항공사 들이 매력적인 가격을 제시한다.

대체로 항공편이 열차편이나 고속버스보다 요금이 더 저렴하기 때문에, 굳이 대중교통을 이용해 느긋하게 스페인을 둘러보고 올 필요가 없다면 시간적으로나 경비 면으로나 저가 항공편을 이용하는 것이 좋다. 항공편의 경우 수화물 무게에 따라 할증료가 더 붙는데 보통 15kg 이하까지는 할증료가 적정수준이라서 부담이 되지 않는다.

파리에서 생장피드포르까지 가는 열차표도 미리 인터넷으로 예약을 해야 한다. 프랑스 철도청 영문사이트(www.tgv-europe.com)를 이용하는 것이 저렴하다. 1~2 달 전에 예매 하면 가장 저렴한 표를 구할 수 있다.

파리에서 생장피드포르로 갈 때는 보통 프랑스 고속 열차인 TGV를 타고 가는데, 낮에 출발하는 열차와 밤에 출발하는 침대 열차가 있다. 단 이 열차들은 각각 출발역이 다르니 주의해야 한다. 낮에 출발하는 열차는 몽빠르나스역(Gare Monparnasse)에서, 밤에 출발하는 열차는 오스테리츠역(Gare D'Austerits)에서 출발하는데 모두 바욘(Bayonne)까지 간 후 거기서 다시 생장피드포르역으로 가는 열차를 갈아타야 한다.

준비물은 당연한 것이지만 여권·항공권·유로화·호텔 바우처 및 신용카드가 필요하다. 특히 신용카드는 본인 명의로 된 것으로, 항공권이나 TGV 열차를 예약할 때 결제한 것을 가져가야 한다.

그 외에는 약 50~60리터 전후의 배낭·등산 스틱·판초 우의(雨衣) 등이 필수적이다. 옷은 빨리 마르는 등산복이 좋다. 마을 구간과 도시 관광을 하게 되는 점을 감안하여 눈에 튀지 않는 색상과 디자인이면 무난하다. 신발은 중등산화나 트레킹화 어느 것이라도 좋다.

가벼운 슬리퍼도 필요하다. 양말은 일반적인 등산용 양말이면 된다. 무좀 방지용 발가락 양말은 특히 물집 방지에 효과가 크니 두세 켤레 정도를 준비해 가는 게 좋다.

허리에 차는 색(sack)도 요긴하게 사용된다. 앞에 차서 여권·지갑·볼펜·휴대폰 등 중요하고 자주 사용하는 것을 넣고 다니면 편리하다.

보통 양말이 잘 마르지 않으므로 배낭 뒤에 양말을 달고 걸으면서 말리는 방법을 많이 사용하는데 이 때 쓸 큰 옷 핀도 필요하다. 세탁 후 옷을 말릴 때 사용할 플라스틱 집게도 몇 개씩 챙겨 넣도록 한다. 샤워 후 사용할 수건은 속건성 스포츠 타월이 좋다.

모자는 가급적 챙이 널찍한 것으로 가져가는 것이 좋으며 여성이라면 우산 겸 양산을 가져가는 것을 권한다. 특히 더운 여름날 양산의 효과는 크다. 눈치 볼 것 없이 꼭 사용하라고 권하고 싶다. 더운 여름날 스페인에서는 그늘과 그늘 아닌 곳과의

차이는 정말 하늘과 땅 차이이다.

비가 많이 오는 봄에는 길이 질퍽거리므로 스패츠(spats)도 유용하게 사용할 수 있다. 비가 많이 오는 경우 스패츠를 신어야 신발로 물이 들어가는 것을 막을 수 있다. 순례 길에서 신발이 젖으면 상당히 난처해진다.

그리고 알베르게에서는 거의 모포를 제공하지 않기 때문에 침낭 역시 필요하다. 여행하는 계절에 따라 맞게 가져가야 한다. 기온이 낮아지더라도 알베르게에서는 난방을 해 주는 경우가 거의 없으므로 충분한 대비를 해야 한다. 또 베드 버그(bed bug)와 같은 벌레에 대한 대비책으로 살충제와, 휴대용 바닥 깔개를 추가로 가져가기를 권한다.

이외에 고려할 만한 것은 휴대용 베개, 안대 및 귀마개, 스위스 나이프, 휴대폰 및 충전기와 카메라와 부속 충전기들이다. 스페인의 전압은 우리나라와 비슷한 220~230v이고 콘센트 모양도 같으므로 우리나라에서 사용하던 것을 그대로 사용해도 된다. 이는 영국을 제외한 대부분의 유럽 국가들이 비슷하다.

또 여권과 지갑 등의 귀중품이 분실되는 것을 예방하기 위해 알베르게에서 샤워할 때도 이 귀중품들을 두터운 방수 비닐에 넣어서 가져갈 것을 권한다. 이런 용도 등으로 사용할 비닐 지퍼 백을 충분히 가져가면 다른 곳에도 요긴하게 쓸 수 있다.

비상약으로는 감기약, 소화제, 아스피린 및 입술 보호 립스틱, 자외선 차단제 크림, 물파스, 반창고 정도를 가져갔는데 중간 중간 필요한 약은 현지에서 구입할 수 있다. 의외로 이중 가장 유용하게 사용한 것은 벌레 물렸을 때 바른 물파스였다.

식품은 비상식으로 준비한 초콜릿 류 이외에는 거의 가져가지 않았다. 타지에서 한국 음식을 먹지 못하는 게 아쉬워 이것저것 챙겨 와도 막상 현지에 가서는 무게 때문에 버리기 일쑤다. 실제로 많은 사람들이 라면이나 햇반 등을 가져왔다가 결국 첫날 묵는 알베르게에 기증하고 나오는 것을 많이 보았다. 굳이 한국 음식 맛이 나는 것을 가져가야겠다면 라면 수프만 따로 모아 가져가면 좋다. 알베르게에는 대부분 주방시설이 있으므로 슈퍼마켓에서 파스타 국수를 사서 끓인 뒤에 라면 수프에 풀어 먹으면 아쉬운 대로 라면 비슷한 맛을 느낄 수 있다.

알베르게에 일찍 도착하면 시간이 남는다. 이 때 여러 가지 책을 전자 파일 형태로 스마트폰 또는 태블릿PC에 넣어 가는 것이 좋을 것 같다. 걷고 난 후의 휴식시간을 독서로 소일하면 짜투리 시간을 유용하게 보낼 수 있다.

### 🔖 준비물 일람표

- 여권, 항공권 및 신용카드 · 유로화 · 호텔 예약서
- 배낭(약 50 리터~60 리터) · 모자(챙 널찍한 것) · 우비 · 의류 및 속옷 3벌 · 양말 3컬레
- 접이식 우산 양산 · 등산 스틱 · 우비 · 트레킹화 · 스패츠 · 슬리퍼 · 방수비닐 · 침낭 · 휴대용 베게 · 안대 · 귀마개 · 바닥 깔개 · 옷핀 · 플라스틱 집개 · 세면도구 · 스포츠 수건 · 손수건 · 허리 색(sack)
- 휴대폰 및 충전기 · 카메라 및 충전기 · 스위스 나이프
- 감기약 · 소화제 · 아스피린 및 입술 보호 립스틱 · 자외선 차단 크림 · 물파스 · 반창고

산티아고 순례자의 길 프랑스 루트 중 스페인 나바라(Navarra)와 리오하(Rioja) 구간을 자전거로 순례하는 한 순례자

인천을 출발해 헬싱키를 경유하여 파리로 가는 데 이용한 핀란드 국적 '핀에어'

산티아고 순례 길을 상징하는 조개 장식

월드 트레킹 완벽가이드: 유럽

### 5) 순례 길 걷기
#### 가) 출국에서 생장피드포르까지

한창 더위가 시작될 무렵, 2010년 7월 13일에 핀란드항공을 이용해 출국했다. 헬싱키(Helsingki)에서 비행기를 갈아타고 파리에는 오후 3시 경에 도착했다.

아마 산티아고 순례길 여정 중 가장 처음에 해야 하는 일이자, 가장 힘든 과정이 바로 파리 드골 공항에서 순례길의 스타트지점인 생장피드포르까지 무사히 찾아가는 과정이 아닐까 싶다.

항공편에 따라 터미널1 또는 2에 내리게 되는데 파리 시내로 가는 전철역은 터미널2에 있다. 터미널1으로 도착했으면 무료 셔틀 버스를 타고 터미널2로 가야 한다. 터미널2 안으로 들어가면 'Paris par train' 표지판이 보인다. 이를 따라 걸어가면 불어와 영어로 지하철 표시가 되어 있고 지하로 들어가는 보도로 이어진다. 몽빠르나스 역이든 오스테리츠 역이든 파리 교외선 전철 RER B를 타야 한다. 순례 길을 떠나기 전 파리 시내투어를 하는 경우에도 시내로 들어가야 하기에 교외선 전철을 타게 된다. 이 노선은 시내 중심부를 대부분 연결해 준다.

파리의 지하철은 제법 복잡하지만 환승하는 방식 등은 우리나라의 지하

산티아고 순례 길의 출발점인 생장 피드포르 마을의 전경

철과 별반 다를 게 없다. 환승역이나 갈아타야 하는 노선, 그리고 양 방향 중 어느 방향의 것을 타야 하는지만 정확히 확인하면 지하철을 타는 데 큰 어려움은 없다. 전철 안에서는 역 이름 안내

생장 피드포르에는 뜻밖에도 일반 관광객들도 붐빈다

방송을 하지만 불어에 능하지 않다면 잘 알기 힘들 수도 있다. 그러므로 사전에 지하철 노선도를 챙기거나 스마트폰 웹으로 노선도를 띄워 놓고 차내의 전광판과 대조해 가면서 확인해 이용하는 게 좋다.

몽빠르나스 역으로 가는 경우 당페르 로셰로(Denfert Rochereau)역에서 메트로 6호선 에뚜알(Etoile) 방향의 지하철을 타야하고, 오스테리츠역으로 가는 경우 생 미셸 노트르담(Saint Michel Notre-Dame)역까지 이동한 후, 메시-팔레조(Massy-Palaiseau)행 RER C로 갈아타야 한다. 이 두 곳은 공항에서 대략 1시간 정도 걸린다. 요금은 10유로가 조금 넘는다.

해당 기차역에 도착해서는 무인 발매기나 창구에 가서 TGV 예약 번호를 입력하고 실제 열차표를 출력하여야 한다. 이 때 본인임을 확인하기 위해 예약 때 사용한 신용카드를 제시하거나 슬롯에 넣어야 한다. 기차를 탈 때 조심해야 하는데 운행 중간에 열차가 분리 되어 다른 방향으로 가는 경우가 있다는 점이다. 그래서 반드시 정해진 좌석에 앉아야 한다.

파리에서 비욘까지는 TGV로 대략 5시간 정도가 소요된다. 비욘에서 다시 생장피드포르로 가는 열차를 갈아탄다. 비욘역은 조그만 역으로 밤 열차를 타는 경우 새벽에 도착하게 된다. 비욘역에서 생장피드포르까지는 약 1시간 정도 걸린다.

생장피드포르 역 역시 조그만 역으로 카미노 순례자들과 관광객들이 주로 이용한다고 보면 된다. 생장피드포르는 프랑스 남부의 피레네 산맥에 밑에 있는 조그만 마을로, 산티아고 순례자들이 주로 찾지만 관광지로도 유명한 듯 유럽 단체 관광객들도 많이 눈에 띈다.

생장피드포르에 도착하여 가장 먼저 할 일은 '크레덴셜(Credential)'이라는 순례자 증명서를 발급받는 일이다. 이 크레덴셜이 있어야 '알베르게'라 하는 순례자 숙소에서 묵을 수 있다. 알베르게에서 묵고 나면 스탬프를 찍어 주는데, 나중에 산티아고에 도착하면 스탬프로 가득 찬 이 크레덴셜을 제출하여야 100km 이상 걸었음을 증명하는, 라틴어로 적혀진 완주증명서를 발급받을 수 있다.

역에서 순례자 사무실까지는 도보로 약 10여분 걸린다. 사실 순례자 대부분이 가장 먼저 이 사무실부터 찾아가기 때문에 다른 사람들을 눈치껏 따라 가는 것도 괜찮다.

당시에 나는 순례자 사무소에 찾아가 크레덴셜을 발급받고 각 구간에 대한 정보를 담은 안내 유인물을 얻었다. 여기서 기부금 얼마를 내고 순례자 표시인 조개껍질로 만든 액세서리를 구입했다. 그 뒤 마을 슈퍼마켓에 들러서 식사대용으로 먹을 식품들을 샀다. 바게트 빵, 살라미 소시지, 치즈와 약간의 과일 등이었다. 음식들을 배낭에 넣은 뒤에는 본격적인 순례 길을 걷기 시작했다.

　기차 종착역에서 내리고 보니 우리나라에서 온 사람이 나 말고 3명이나 더 있었다. 한 사람은 직장생활에 회의감이 들어 사표를 던지고 왔다는 20대 후반의 부산 아가씨였고, 나머지 두 사람은 등산이나 트레킹은 전혀 해보지 않았지만 정열 하나만으로 중학생 1학년짜리 딸과 함께 온 수원 출신의 용감한 모녀였다. 이들과 함께 카미노를 시작했다. 그래도 지리산 종주 4번의 경험이 있는 나는 걷는 데는 자신이 있었다. 하지만 처음 이틀 동안은 같이 동행한 여자 3 명과 보조를 맞추면서 걸었다. 걷는 동안 통역도 해 주고 상황 설명도 해 주었다. 또한 그들과 같이 걸으면서 바르게 걷는 법, 특히 등산 스틱을 올바르게 사용하는 법 등도 알려주었다.

### 나) 생장피드포르 → 로그로노 구간
### 1일째: 7월 13일, 생장피드포르 → 오리슨(Orisson)산장 8km

　첫날은 생장피드포르 마을을 천천히 구경한 다음 들어선 곳이 피레네 산맥을 넘는 험한 길이라 산 중턱에 있는 오리슨(Orisson) 알베르게까지만 걸었다.

　이곳은 피레네 산맥의 중간쯤에 위치해 피레네 산맥을 나누어 걷기 적당한 장소로 항상 사람이 북적이는 곳이다. 가급적이면 이 알베르게에서 묵고 가면 좋다. 카미노 프랑스 길 중 가장 힘든 구간이 하필이면 바로 첫날 피레네 산맥을 넘는 구간이기 때문이다. 그렇다고 겁먹을 필요는 없다. 길 자체는 아주 넓게

▲ 프랑스길 상세 지도 1(생장피드포르-로그로노 구간)

잘 나 있어 자전거로도 넘는 사람이 많을 정도다. 오리슨 알베르게는 수요가 몰리는 편이어서 예약이 필요하다고 하는데 나는 순례자 사무실에 부탁을 해서 예약을 할 수 있었다.

이 오리슨 알베르게에서는 저녁이 제공되는데 이때 세계 각지에서 온 순례자들이 함께 모여 식사하면서 얘기를 나눌 기회가 생긴다. 저마다 어디에서 왔고, 왜 걷게 되었는지 등을 함께 이야기하고 서로를 격려하는 시간도 가지게 된다. 다른 순례자들의 이야기를 들어보니 나처럼 명퇴나 정년퇴직 또는 여러 가

카미노의 첫날 일정은 가장 힘든 피레네 산맥을 오르는 일이다

지 이유로 직장을 그만 두고 온 사람들도 있었고, 종교적 또는 건강상의 이유로 온 사람, 이혼 등 가정적인 문제를 떨쳐 버리고자 온 사람 등 카미노 길을 떠나게 된 동기와 사연들이 실로 다양했다.

국적별로는 역시 스페인, 프랑스, 그리고 독일 등 인근 유럽 국가에서 온 사람들이 상당수였다. 그 다음은 미국이 많았고, 동양에서는 우리나라 사람들이 가장 많았다. 이외에 일본과

피레네 산맥을 오르면서 찍은 인증 사진

홍콩, 그리고 말레이시아에서 온 사람들을 카미노를 걷는 동안 만났다. 혼자서 갔지만 걷다 보면 자연스럽게 동행자들이 생겼고, 같은 숙소에 묵게 되면 여행객끼리 서로 인사를 나누고 자연스레 이야기도 나눌 수 있어서 혼자서도 외롭다는 생각은 그다지 들지 않았다.

오리슨 알베르게 산장 외관과 숙소 문 앞에 새겨진 문양

## 2일째: 7월 14일, 오리슨 산장 → 에스피날(Espinal) 24.5km

다음날 아침에 오리슨 산장을 출발하여 피레네 산맥을 넘었다. 예상 외로 길도 넓은데다 거의 정상 부근까지 아스팔트도 깔려 있었다.

걷다 보니 저 멀리 아래에 생장피드포르 마을이 보이고 눈 앞의 풍경이 널찍한 초지로 변하면서 방목하고 있는 양들이 보였다. 그러다 발아래서 안개가 몰려오기 시작하는데 나중에는 내가 뻗은 손이 보이지 않

아스팔트 포장이 돼 있는 피레네 산맥을 오르는 길 주변 풍광

을 만큼 짙게 끼기도 했다. 그러다가 다시 햇볕이 쨍쨍 내리쬐기도 하는 등 날씨가 변덕스럽게 자주 바뀌었다.

그 날 반바지를 입고 출발했는데 잠시라도 서 있기만 하면 모기와 유사한 벌레들이 다리를 공격했다. 그때마다 아주 가렵고 힘들었다. 이날 이후 항상 걸을 때는 긴팔과 긴 바지만 입고 다녔다. 피레네 산맥 정상 부근에 이르면 프랑스와 스페인의 접경지대가 나타난다. 그러나 검문소나 철책 같은 것은 없고 단지 표지판만이 들어서 있을 뿐이

넓은 초지를 이용해 방목하는 양떼들

월드 트레킹 완벽가이드: 유럽　397

다. 하산 길은 약한 경사로의 흙길이었다.

생장피드포르에서 론세스발레스(Roncesvalles)까지는 25km다. 전날 산 중턱까지 걸어서 이른 시간에 도착했기 때문에 시간적 여유가 있어 약 6.4km를 더 걸어 에스피날(Espinal)이란 작은 마을까지 간 뒤 그곳의 민박집에서 묵었다. 민박집 표시는 앞에 카사 루랄(Casa Rural)이라고 적혀 있었다. 직역하면 '시골집'이라는 의미다.

아스팔트가 끝나고 흙길로 변하면서 스페인 국경이 보인다

피레네 산맥이 높아서인지 산 밑에서 안개가 올라온다

 피레네 산맥을 걷다가 만난 아일랜드에서 온 독일어 교사와 같이 방을 쓰기로 했다. 저녁 식사는 몇 명이 어울려 마을 레스토랑에서 같이 했다. 첫날 힘든 구간을 무사히 잘 넘긴 것을 축하하면서 포도주도 곁들인 식사를 했다.

정상 부근으로 오면 넓은 평지가 나타나는데 여기서 휴식 시간을 갖는 사람이 많다

피레네 산맥 위에 있는 프랑스와 스페인 국경지대로 표지판만 보인다

스페인으로 넘어 와서 첫 번째로 만난 론세스발레스 마을

스페인으로 넘어와서 첫 표지판 앞에서의 인증사진

점심 식사로 순례자 메뉴를 처음 주문한 소고기 스테이크와 감자튀김

론세스발레스를 지나면 나타나는 에스피날이라는 작은 마을

알베르게가 문을 여는 시간을 기다리는 동안 풀밭에서 휴식을 취하는 순례자들

다른 지역보다 주민들의 소득수준이 높아 보이는 스페인 카탈루니아 지방의 전형적인 마을 모습

아일랜드에서 온 독일어 교사와 부산에서 온 분과 함께 한 저녁 식사

알베르게 보다 비싸지만 훨씬 쾌적한 '카사 루랄 민박집'

바게트 빵과 소시지 등을 주로 구입한, 순례 길에서 자주 만나게 되는 조그만 슈퍼마켓

중세 시대의 순례자 복장으로 걷는 순례자

순례 길에 나섰다가 명운을 달리한 사람을 위한 조그만 추모비

일조량이 많아서인지 당도가 높고 가격도 매우 저렴한 스페인의 과일

라라소아나 마을에서 프랑스 순례자와 함께 포즈 취한 부산에서 온 한 순례자

다음 날 아침. 민박집 거실에는 따뜻한 빵과 잼, 우유 등이 준비되어 있었다. 일찍 먹고 출발을 했다. 그 이후는 거의 평지가 펼쳐졌다. 길은 비포장도로로 자갈과 흙이 적당히 섞인 길이라 걷기에는 더 없이 좋았다. 길가에는 순례 길에 나섰다가 저 세상으로 간 분들을 추모하는 조그만 표시석도 보인다. 한번은 중세시대의 순례자 복장을 하고 순례에 나선 사람도 만났다. 스페인 동북부 카탈루냐(Catalunya) 일대는 얼핏 보기에도 다른 스페인 지역보다 좀 더 잘 사는 지방처럼 보였다. 농촌 지역의 가옥인데도 상당히 윤택해 보였다.

둘째 날은 라라소아나(Larrasoana)까지 약 21km를 걷고 오후 2시 정도에 공립 알베르게에 들어갔다. 알베르게에 들어가면 일단 샤워를 하고, 입고 온 옷들을 세탁한 후 건조대에 말린다. 여름날의 스페인은 덥고 건조해서 2~3시간이면 옷이 바짝 말랐다.

그 이후는 낮잠을 자거나 그늘에서 독서 또는 담소하면서 시간을 보낸다. 좀 규모가 큰 마을이나 도시의 경우는 주변 관광에 나서기도 한다. 알베르게에는 스페인어로 된 읽을거리는 있었지만 영어로 된 책들

조그만 라라소아나 마을 전경

영국에서 온 순례자들과 함께 한, 가성비 좋은 순례자 저녁 메뉴

은 거의 없어 많이 아쉬웠다. 이제는 스마트 폰이 일반적이기 때문에 여러 가지 읽을거리를 스마트 폰에 충분히 넣어서 이런 여유시간에 천천히 읽는 것도 좋으리라 생각된다.

### 3일째: 7월 15일, 라라소아나 → 팜플로나(Pamplona) 16km

3일째 도착한 팜플로나는 스페인 중북부의 대도시로 소몰이 축제(San Fermin Festival)로 유명한 곳이다. 매년 7월 6일부터 14일까지 9일 동안 축제가 열린다. 우리가 도착한 날은 7월 15일이라서 하루 차이로 세계적으로 유명한 축제를 참관하지 못해 무척 아쉬웠다. 그래도 아직 거리에는 하얀색 옷에 빨간 머플러를 두른 축제 복장을 한 사람들이 많이 보였다. 아직 축제 분위기가 가시지 않아 거리의 분위기 역시 다소 달아올라 있었다.

아침 일찍 순례 길을 재촉하는데 그 일대에는 포도밭이 많다

실제 축제 장소였던 거리 벽면에는 소 그림 표시가 되어 있었다. 처음으로 만나는 스페인의 대도시이어서 알베르게에 짐을 풀고 천천히 일대를 돌아보았다. 느긋한 걸음으로 성곽과 소몰이 축제

팜플로나 시내로 들어가는 옛 성곽을 배경으로 포즈 취한 순례자들과 성과 주변 풍경

농가 앞마당에 들어선 전원 카페

형상의 동상이 서 있는 광장 등을 이곳저곳 구경하니 오후와 저녁시간이 금방 가 버렸다. 시내 중심부에 있는 팜플로나의 알베르게는 성당을 개조한 것이라고 하는데 규모도 크고 시설도 훌륭했다.

 카미노 순례 길을 걷기 시작한지 3일째부터는 그때까지 동행하던 우리나라 여성분들이 어느 정도 이 여로에 익숙해졌다고 느껴져 다음에 보자고 기약하고 헤어졌다. 그 후로는 혼자 내 속도로 보다 편안한 마음으로 걷기 시작했다.

오래 전부터 스페인으로 부터 분리·독립을 갈망하는 지역이라 그런지 카탈루니야 지역 도시 곳곳에는 관련 현수막이 걸려 있다

얇게 썰어 맥주 안주나 샌드위치에 넣어 먹는 스페인의 명물 하몽

소몰이 축제(San Fermin Festival) 기념 티셔츠

소몰이 축제가 열리는 거리를 나타내는 표시

팜플로나 시내 곳곳에서 소몰이 축제 모습을 그린 벽화와 안내판, 조형물

팜플라나의 뷔페 스타일 레스토랑

스페인 중북부 지역 중 제법 규모가 큰 팜플로나 시가지 풍경

팜플로나의 소몰이 축제의 열기가 아직 남아 있던 중심가

점심시간이 끝나자 시에스타(낮잠)에 들어갔는지 시내 전체가 한적하다

지난 2016년에 열린 팜플로나 문화 박람회 포스터

동 트기 전에 일찍 순례 길에 나서는데 돌로 만든 거리의 가로등 불빛이 아름답다

## 4일째: 7월 16일, 팜플로나 → 푸엔타 나 레이나(Puenta La Leina) 23.5km

나흘째의 순례자 여로는 아직 어둠이 채 가시지 않은 시간에 다들 출발하기에 나도 아침 6시 반경부터 걷기 시작했다. 팜플로나를 지나니 지금까지의 숲길과는 사뭇 다른 풍경이 나타났다. 전반적으로 구릉지대에 널찍한 농토가 펼쳐진다. 추수를 앞두었거나 막 끝난 밀밭이나 널찍한 해바라기 밭도 보인다. 특히 끝없이 펼쳐진 해바라기 밭을 보니 60년대 이탈리아 영화인 소피아 로렌 주연의 '해바라기'가 생각났다.

저 멀리 보이는 언덕에는 수많은 풍력 발전기들도 보였다. 신재생 에너지에 대한 인프라도 꽤 갖추어진 듯 보였다. 한 언덕을 오르니 정상 부근에 철로 만들어진 카미노 순례자들을 모티브로 한 철제 조형물이 나타난다. 카미노에 관련된 사진을 볼 때면 꼭 보였던 조형물이었다.

팜플로나를 뒤로 하고 펼쳐지는 넓은 평야 풍경

그날 점심은 레스토랑에서 파스타로 먹고 다시 걸었다. 저 멀리 중간 중간 순례자들이 몇 명씩, 또는 혼자서 걷는 모습이 시야에 들어왔다. 나중에 알베르게에서 다른 순례자들에게 들어보니 그 해 2010년이 성년(聖年)이라서 가톨릭의 주요 축일 중 하나인 성모승천대축일(聖母昇天大祝日)에 산티아고에 입성하려고 맞추어 걷는 사람들이 다른 해에 비해 유난히 많다고 했다.

덥고 마른 벌판을 걸어오느라 모녀 순례자들이 길 옆 벤치에 앉아 휴식을 취하소 있다

점점 단조로워지는 메세타 지역 일대 주변 풍경

널찍한 해바라기 밭 풍경

순례길 저편 멀리 펼쳐지는 산위의 풍력 발전기 풍경

해바라기 밭과 조화를 이루는 풍력 발전기 주변 풍경

그리 높지 않은 언덕에 올라서 바라본 주변 평야 지대

카미노 순례자들을 모티브로 한 철제 조형물

가장 일반적인 순례길 안내 표지

철제 조형물이 있는 언덕은 유명한 기념사진 촬영 포인트로 이 곳에서 기념 촬영을 하거나 쉬는 사람도 많다

점심식사 하러 들른 레스토랑 야외에서의 이태리 파스타 메뉴

순례길 주변에 들어서 있는 사설 알베르게와 레스토랑 풍경

팜플로나를 떠나 조금 걷다 만난 어느 한 집에 붙은 목판. 아마도 도로 지번을 표시 하는 것 같다.

점심 식사 후 나무 그늘에 앉아 낮잠으로 나른한 몸을 달래는 순례자들

스페인에서는 어느 마을에 들르든지 나타나는 성당 풍경

산티아고 순례자의 길 초반 사흘 동안 함께 걸었던 수원 출신 모녀와 부산 출신 한 순례자

푸엔타 라 레이나 마을 전경

## 5일째: 7월 16일, 푸엔타 라 레이나 → 에스텔랴(Estella) 22km

5일째 구간은 적당한 높낮이의 편안한 들길이다. 주변으로는 밀밭이 계속 펼쳐지고 가끔 가다가는 포도밭도 보인다. 이 지역에서 생산되는 포도주는 값이 저렴하면서도 품질 좋기로 유명하다. 가끔씩 나타나는 카미노 방향을 가리키는 조개 표시와 노란색 화살표를 계속 확인하면서 걸어간다.

순례길 표지판과 함께 포도밭을 배경으로 한 컷

점심에는 그늘을 찾아 양말을 벗고 발에 신선한 바람을 쏘이면서 배낭에 넣어 가지고 다니던 바게트 빵과 살라미 소시지, 치즈와 요구르트로 허기를 달랬다. 아마 카미노 프랑스 길을 걸으면서 평생 먹을 바게트 빵의 절반 이상을 먹은 것 같다. 다행히 프랑스 길에는 식수를 쉽게 구할 수 있어 물을 많이 가지고 다니지 않아도 된다. 식수는 'aqua porta'라고 쓰여 있는데 중간 중간에 샘물 또는 수돗물이 나오는 식수대가 마련되어 있다.

카미노 길에서 오랜만에 무궁화 꽃을 보게 된다. 무궁화는 우리나라 주변 국가에만 있는 것이 아니라 유럽 전역에서도 심심치 않게 볼 수 있다.

나중에 인터넷으로 찾아보니 원산지가 중동, 인도 및 시리아 지역이라고 한다. 황금빛으로 물든 밀밭 사이로 난 길가에는 큰 키의 미루나무가 서 있다. 70년대 포크 싱어인 박인희 씨의 '끝이 없는 길'이라는 노래가 나도 모르게 흥얼거려 진다. 그 모습이 인상적이어서 잠시 멈추고 카메라에 몇 컷을 담아본다.

거의 평지의 흙길이 이어지는, 전형적인 '산티아고 그 카미노-프랑스 루트'의 순례길 주변 풍경

　에스텔라는 고풍스러운 조그만 도시로, 도시 가운데 강이 흐르고 시내 중심부에는 널찍한 광장이 있다. 이 도시에서 찾아낸 알베르게는 헌금(獻金)으로만 운영되는 알베르게였다. 자원봉사자들에 의해 운영되는 알베르게인데 헌금으로만 운영해서 그런지 시설은 무척 단순했다. 20개의 침대가 한 방에 몰려 있었다.

　저녁도 제공되는데 그 옛날 경제적 형편이 무척 어려웠을 때 걸었던 순례자들을 생각하라는 뜻인지 소박한 플라스틱 그릇에 파스타와 양파 수프만을 주었다. 바깥의 레스토랑이나 바에 가서 맥주나 포도주를 한 잔 마시고 싶었으나 한번쯤은 옛날 순례자들의 고행을 체험해 보고 싶어서 그냥 알베르게에서 주는 대로 먹고 잠자리에 들었다.

필자의 마음을 사로잡아 필자의 PC 윈도우 배경 화면으로 한동안 사용한, 추수가 거의 끝난 밀밭 풍광

와인 생산 대국답게 곳곳에 포도밭이 펼쳐지는 카미노 순례자의 길 프랑스 루트 풍경

걷다가 만난 조그만 레스토랑 간판

현지인의 평범한 일상생활을 엿볼 수 있는 에스텔라 마을의 조그만 아파트 앞 풍경

식수로 사용할 수 있는 수도에는 'Aqua Porta' 라고 쓰여 있다

아이스크림을 사먹었던 조그만 구멍가게

넓은 벌판에 서 있는 키 큰 미루나무 한그루가 만들어내는 독특한 풍경

서부 영화에서 많이 보았던 풍력을 이용한 우물

빌라투에라 마을 지나 위치한 밀밭 옆 목재 길 안내판

알베르게에 딸린 소박한 레스토랑 내부

기부제 알베르게의 단순한 침실인데 도착순서대로 남녀 구분 없이 침대를 배정한다

저녁 식사 후 산책 삼아 둘러본 에스텔라 마을 골목과 고성 풍경

### 6일째: 7월 17일, 에스텔라 → 아코스(Arcos) 21.8km

여섯째 날은 걷기 시작한지 약 2.5km 정도 되었을 때 앞에 걷던 사람들이 길을 멈추고 모여 있기에 궁금해서 가 보았다. 그곳이 카미노 관련 글에서 단골로 등장하던 이라체 수도원(Monasterio de Irache)이었다.

이 수도원 앞에는 두 개의 수도꼭지가 있는데 왼쪽은 포도주가 나오고 오른쪽은 물이 나온다. 수도꼭지를 틀면 졸졸 나오는 정도로 나도 반잔쯤 따라서 마셔보았다. 품질은 그리 썩 좋지 않았다. 다른 이들도 재미삼아 조금씩 마셔보고 있었다.

이 코스에서 조그만 알베르게를 찾아 들어갔다. 그날 이곳에서 처음으로 일본인 순례자 3명을 만났다. 이들은 영어를 거의 하지 못해 내 서툰 일본어로 간단한 대화만 나눌 수 있었다.

2007년 이전까지만 해도 동양에서 온 순례자들 중에서 일본인이 가장 많았다고 한다. 그러나 2008년부터 한국인 순례자가 기하급수적으로 늘어난 추세로 돌아섰다고 한다. 내가 걸은 2010년

이라체 수도원의 명물, 포도주가 나오는 수도꼭지

만 해도 흔하게 듣던 질문이 "왜 한국 사람들이 이렇게 많이 걷느냐?"는 거였다.

아침에 에스텔라 마을을 떠나면서 살펴보니 마을 한편으로 강이 흐르고 있다

성년(聖年)을 맞아 수많은 순례자들이 무미건조한 풍경이 펼쳐지는 메세타 구간을 걷고 있다

마치 일본 홋카이도의 비에이 언덕이 연상되는 밀밭 위의 푸른 나무 한그루 주변 풍경

한 사설 알베르게 간판

의사소통 문제로 많은 대화를 나누지 못한 한 알베르게에서 만난 일본인 순례자들

초록의 포도밭과 함께 황금빛의 밀밭이 멋진 조화를 이룬다    비아나라 마을까지의 순례 길

### 7일째: 7월 18일, 아코스 → 로그로노(Logrono) 28km

7일째도 더위를 피해 해가 뜨기 전에 일찍 길을 나섰다. 멀리 여명이 밝아 오는데 맑은 하늘에 비행운(飛行雲)이 나타났다. 구름에 비친 햇빛이 아름답다. 어쨌든 기분 좋은 하루를 건강하게 시작한다.

이 지역은 다소 건조한 곳인지 올리브 농원과 포도밭이 많이 보인다. 길가 옆에는 누가 조약돌을 써서 카미노 방향으로 조개 표시를 해 놓은 장면도 곳곳에 보인다. 내 앞으로 어제 같은 알베르게에서 묵었던 코스타리카 출신의 여성이 성큼 성큼 빠른 속도로 걸어갔다. 긴 다리 때문에 걷는 속도가 무척 빨랐다. 동양인의 작은 키와 다리를 아쉬워하며 걷는다.

애완견을 데리고 걷는 사람도 보인다. 옛날에는 말을 타고도 순례 길을 많이 왔다고 하는데 내가 걷는 중 말을 타고 온 사람들은 딱 한 번 보았다. 4명이 한 그룹이 되어 말을 타는 사람들이었다. 산티아고 순례 길은 가장 기본이라 할 수 있는 걷는 것 이외에 승마와 자전거를 타고 주파하는 것도 공식적으로 모두 허용된다. 산티아고 순례 길 완주 증은 도보와 승마의 경우 100km 이상, 자전거의 경우에는 200km 이상 떨어진 곳에서 와야 주어진다.

대낮의 뜨거운 태양을 피해 동 트기 전 하루를 시작한다

맑은 하늘에 비행운(飛行雲)과 함께 구름에 비친 햇빛이 아름답다

애완견과 함께 순례에 나선 한 순례자

이글거리는 태양을 향해 걸어가는 카미노 길을 연상시키는, 비아나 마을의 조그만 공원에 그려져 있던 대형 그림

커페가 있어 잠시 쉼의 시간을 갖고 에스프레소 한 잔 마셨던 기억이 새로운 비아나 마을의 이모저모

어느 집 담장과 철창살 사이로 싱그럽게 익어가는 포도

로그로노는 스페인 북부의 큰 도시이다. 큰 도시로 들어갈 때는 카미노 방향 표시가 다른 표시판 등에 섞여 있어 찾기 쉽지 않기에 바짝 긴장을 하고 걸어야 한다. 다행히 많은 순례자들이 걷고 있어 그날은 그들을 따라 편하게 알베르게에 도착했다.

로그로노의 공립 알베르게는 규모도 크고 시설도 잘 갖추어져 있다. 정원에는 족탕을 할 수 있는 조그만 풀도 마련되어 있어 일찍 도착한 사람들이 편하게 발을 담그고 담소하거나 누워 있거나 했다.

마침 그 지방 TV 방송국에서 나와 산티아고 순례자들에 대한 촬영을 하고 있었다. 취재 아나운서가 지적으로 아름답게 생겨 쳐다보고 있었는데 동양인이 섞여 있는 것을 보고 나에게 몇 가지를 질문해도 되겠느냐고 물어왔다. 스페인어는 안 되고 영어는 가능하다고 했더니 1분 정도로 산티아고 순례 길에 나선 소감을 말해 달라고 한다. 여러 가지 좋은 점만을 이야기해 주었다. 나중에 잘리지 않고 방송 되었는지는 모르겠지만….

소박한 기념품 등을 파는 가게 안내판

그 후에는 로그로노 시내 구경을 나섰다. 오후 3시 경에 나갔는데 따가운 햇볕 때문인지 널찍한 광장에 사람이 별로 없었다. 광장 앞에는 커다란 성당이 있고 광장 중앙 부근에 소나무 몇 그루가 있는

로그리노로 들어가기 전에 만난 미국·스웨덴·슬로베니아 혼성팀

포도 넝쿨이 잘 어우러져 있어 투박하지만 정감이 넘쳐나는 소박한 시골집

데 정말 멋지다. 나중에 보니 산 위에서 소나무 군락지가 있는 것으로 보아서는 이 곳에도 소나무가 자생하는 것 같다. 이처럼 친숙한 나무와 식물이 먼 이국에서 자라고 있는 것을 보게 되면 묘한 감정을 느끼게 된다.

 광장을 지나 시내 중심가 쪽으로 걸으니 골목이 좁아지면서 여러 가지 상점이 나온다. 어느 식품점 앞에 진열된 엄청난 양의 마늘이 보인다. 우리나라 생선 가게가 울고 갈 정도로 다양한 생선과 문어, 조개류를 팔고 있던 어물전 등이 기억에 남는다. 스페인 서민들의 생활상의 한 단면을 보는 것 같아 흥미로웠다.

한 레스토랑 벽면 광고

저녁에는 시내 구경을 하다가 피자 가게에 들어가 주문을 해 보았으나 이곳의 피자는 이탈리아에서 먹던 맛과는 많이 달랐다. 오히려 서울에서 먹던 피자가 더 이탈리아 것과 비슷한 것 같다. 그 이후 레스토랑에서는 스페인 음식만 주문했다.

로그리노 성당 광장 앞에 있던 명품 소나무

보통 3가지 코스 요리에다가 물 또는 와인과 빵이 같이 제공되는 순례자 메뉴

뜨거운 햇빛 때문에 나다니는 사람이 별로 없는 여름날의 오후 풍경

점심 식사 후 돌아 본 로그리노 중심가

주신(酒神) 박카스가 그려진 와인 가게의 벽면

스페인 사람도 많이 먹는 듯 마늘 다발이 쌓인 식품점 진열대

오후 4시가 넘어가자 사람들이 다시 돌아다니기 시작한다

## 다) 로그로뇨 → 부르고스 구간

▲ 프랑스길 상세 지도 2(로그로뇨-부르고스 구간)

### 8일째: 7월 21일, 로그로뇨 → 나제라(Najera) 29km

이날은 약 8시간 정도 걸었다. 이 로그로뇨에서 레온 구간은 순례자들이 가장 적은 구간이다. 스페인 중북부 고원 지대인 메세타 지역으로 들어가기 시작하게 되는데 이 곳은 해발 600~700m 정도로 높고 평탄한 지역이다. 이 지역은 대부분 나무가 없고 주로 밀밭이 끝없이 이어진다. 프랑스 길 중에서 가장 힘들고 재미없는 구간이어서 일정에 여유가 없는 순례자들은 이 구간을 건너 뛰어 로그로뇨 또는 부르고스에서 버스로 레

언덕에 세워진 커다란 철제 황소 조형물

온(Leon)까지 간 후 그곳에서 다시 걷는 경우가 많다.

로그로노를 빠져 나오면서 한동안은 차 도로를 따라 걷는다. 눈앞에 펼쳐지는 언덕에 커다란 철제 황소 조형물이 세워져 있는 게 보였다. 이 또한 프랑스 길을 준비 할 때 인터넷에서 사진으로 많이 보았던 익숙한 장면이다.

길은 완만한 구릉지구로 나 있고 밀밭이 대부분이지만 가끔씩 포도밭도 많이 보인다. 포도나무 줄기의 굵기로 보아 꽤 수령이 된 듯하다. 줄지어 심겨져 있는 포도밭들은 누런 밀밭만 보다가 한 번씩 돌아보면 눈이 시원해진다. 역시 초록색이 눈에는 편한 것 같다.

약 3시간 반 정도 걸으니 나바렛테(Navarette)이라는 마을이

카미노 순례 길을 걷는 동안 곧잘 눈에 띄던 키 작은 해바라기 밭

나온다. 이곳에는 옛날 병든 순례자들을 치료해 주었다는 병원 유적이 남아있다. 12~13세기에 많은 순례자들이 이슬람 세력에 대항한다는 뜻으로 이 길을 즐겨 걸었다고 한다. 당시의 순례 길은 산티아고까지 걸어갔다 오는 왕복 여정으로서 순례자들이 병에 걸리거나 도중에 숨지는 일이 많았다. 그런데 당시 순례자들을 치료해 주었던 곳이 이 병원이었던 걸로 보인다.

스페인 전역에서 이슬람 세력이 물러난 이후에는 순례자들이 눈에 띄게 줄어들었고, 20세기 초에 들어서서 이 순례 길은 사람들의 기억 속에 거의 사라지다시피 했다. 그러다가 1982년에 교황 요한 바오로 2세가 교황으로서는 처음으르 산티아고를 방문하면서 대중적인 이목을 모으게 되면서 수많은 가톨릭 신자들이 다시 산티아고 순례에 나섰다고 한다. 그 후 1987년에는 유럽연합(EU)이 '카미노'를 유럽 문화유적으로 지정했고, 1993년에는 유네스코가 카미노를 세계문화유산에 추가하면서 순례자들이 오늘날까지 증가일로에 있다. 여기에 1997년 파울로 코엘료가 발표한 [연금술사]가 세계적인 밀리언셀러가 되면서 소설의 배경이 된 이 순례자의 길이 더욱 큰 인기를 얻게 되었다.

길 옆에 세워진 중세시대 탑 앞에서 사진을 찍는 한 순례자

스프링클러가 힘차게 돌아가며 물을 주고 있는 야채 밭 풍경

## 9일째: 7월 22일, 나제라 → 산토 도밍고 데 라 칼사다(Santo domingo de La Calzada) 21km

길은 계속 구릉(丘陵) 지대 사이로 펼쳐져 밀밭과 포도밭 그리고 가끔 해바라기 밭이 나타난다. 우리나라에서는 거의 보기 힘든 지평선을 계속 보면서 걸어가게 된다. 정말 비슷하고 지루한 길이 계속 된다. 단지 중간에 새로 개발되는 대규모 주택단지와 골프장을 지나쳤을 뿐이다. '산토 도밍고 데 라 칼사다'는 인구 7,000여명의 마을로 상당히 큰 성당이 들어서 있다.

이 곳 기념품 상점에는 닭을 그린 접시 등 유독 닭을 주제로 선보이는 기념품이 많은데 안내 책자에는 이에 대한 설명이 나와 있다. 그 이유는 다음과 같은 전설이 전해져 오기 때문이라고 한다.

산토 도밍고 데 라 칼사다 공립 알베르게

옛날 독일의 한 청년이 부모와 함께 순례 길을 떠나서 이곳까지 왔다가 한 처녀와 사랑에 빠진다. 그런데 순례 길을 계속하고자 하자 이 처녀는 화가 나서 청년의 짐에 은수저를 집어넣고 도둑으로 몰아세운다. 당시 절도는 교수형에 처해졌기에 청년은 도둑으로 교수형에 처해지고 만다. 청년의 부모는 죽은 자식을 두고 다시 순례 길을 떠났으나 너무 억울한 나머지 다시 돌아와 보니 아들이 아직 죽지 않은 채로 매달려 있었다고 한다. 이에 시장을

수박과 살구, 살라미 소시지, 바게트 빵과 올리브 절임 등으로 이뤄진 저녁 메뉴

산토 도밍고 데 라 칼사다 거리

우리나라의 마을 가게와 너무나 닮은 마을의 과일과 채소 가게

찾아가 사실을 이야기했더니 시장이 마침 식사하려고 나온 구운 통닭을 가리키면서 이 닭이 살아나면 아들도 살아난 것으로 알겠다고 말한다. 그러자 그 순간 통닭이 살아있는 닭으로 변해 날아가 버렸다고 한다. 그래서 아들은 다시 살아서 순례 길을 계속 지노행할 수 있었다.

이러한 믿기지 않은 이야기는 나중에 알았지만, 유사한 내용의 전설이 포르투갈 길의 다른 마을에서도 전해들을 수 있었다.

### 10일째: 7월 23일, 산토 도밍고 데 라 칼사다 → 벨로라도(Belorado) 23km

이 구간은 다행히 조그만 마을이 중간 중간에 많이 들어서 있어 걷던 중 카페에 들러 우유를 탄 커피 '카페 콘 라체'를 한 잔 마시거나 산 미구엘(San Miguel) 생맥주 한 조끼를 마시는 여유를 즐길 수 있었다.

풍경은 변함없이 밀밭의 연속이지만 다행히 중간 중간 커다란 해바라기 밭을 보며 지나칠 수 있었다. 지평선 중앙으로 걸어갈 길이 보이는데 순례자 수가 현저하게 줄어들었다. 출발할

레온에서 산티아고까지의 거리와 주요 지점을 알려 주는 안내판

때 그 많았던 순례자들이 다 어디로 간 것인지…. 이 구간을 버스로 넘지 않고 계속 걷는 사람들은 주로 우리 나라 사람들과, 독일계 순례자들인 것 같았다.

이 구간을 거닐며 순례 길에 나선 후 처음으로 비를 맞았다. 빗줄기가 거세지는 않았지만 비가 추적추적 내려서 우비를 꺼내 입었다. 그 동안 잘 말아서 베개 대용으로만 사용해 오던 우비를 처음으로 잘 사용하게 되었다.

추수가 끝난 황량한 밀밭 사이를 비를 맞으며 걸어가니 순례 길을 나선 것에 대해 후회하는 마음이 자꾸 더 들었던 여정이다. 비를 좀 맞고 걸은 이 날부터 몸 상태가 좀 안 좋더니 결국 며칠 후 심한 몸살감기를 앓게되었다.

## 11일 째: 7월 24일, 벨로라도 → 산 후안 데 오르테가(San Juan De Ortega) 24km

이 날은 카미노 프랑스 길 전체 루트 중에서 가장 힘들다고 느꼈던 구간이다.

가는 길 중간에 있는 오카 산(Montes de Oca)을 올라갔다가 내려와야 한다. 안내 책자를 보니 약 400m 정도 고도를 올라갔다가 내려온다고 되어 있는데 경사는 심하지 않았지만 은근히 힘들었다.

다시 나타난 해바라기 밭으로 지평선 너머까지 이어진다

이 구간은 동행할 순례자들도 거의 없었다. 산 위쪽으로 향하는 길을 올라가려고 하니 젊은 여성 순례자 한 명이 기다리고 있다. 프랑스에서 온 간호사라고 하는데 혼자 이 길을 걸어가려니 약간 겁이 나

한적한 오카산을 오를 때 같이 걸었던 프랑스에서 온 순례자

동행이 생길 때까지 기다렸다고 한다. 다행히 어느 정도 영어가 통하여 같이 앞서거니 뒤서거니 하면서 걸었다. 산 위로 올라가니 숲이 우거져 있었다. 무엇보다 반가운 것은 소나무가 많다는 사실이었다. 울창한 소나무 숲을 여기에서도 보게 되다니….

옛날 이곳은 순례자를 노리는 산적과 늑대 때문에 순례 길 중 가장 위험한 구간 중 하나였다고 한다. 실제로 산 정상 부근에 1936년에 순례 길을 나섰다가 변을 당한 사람을 위한 추모비가 하나 서 있었다. 이 구간은 중간에 식품을 살 수 있는 상점도 없고 중간에 식수를 구할 수도 없으므로 사전에 충분히 준비를 하고 떠나야 한다.

드문드문 나타나는 마을 집 한편에 순례길 표지가 있다

오카산으로 향하는 구간으로 카미노 순례자가 가장 적었던 구간이다

어쩐지 소박하고 고즈넉한 느낌이 든 순례길 옆 편으로 핀 노란색의 야생화

알록달록한 아이스케이크를 먹고 있는 모습이 귀엽다

월드 트레킹 완벽가이드: 유럽

조그만 오카 마을을 지나 본 마을 안내판과 석축 성당 등등

너무 덥고 힘들어 나무 그늘에 잠시 누워본다

오카 산으로 오르는 지루하고 힘들었던 구간

또 다시 만난 야생화 군락으로 보라색의 조그만 꽃들이 소담지다

오카 산 정상 부근에 세워진 부르고스 지역의 산티아고 순례길 안내판

산 후안 데 오르테가 성당의 이모저모

오카 산에는 다른 곳에서는 거의 보지 못했던 아름드리 소나무 군락을 만날 수 있다

옛날 성당 건물을 이용하여 만든 산 후안 데 오르테가의 알베르게

매일 새벽 순례 길에 나서기 전 몇 분간 서서 기도를 드렸던 모습이 인상적이었던 이태리 출신의 한 여성 순례자

산 후안 데 오르테가로 내려가는 지루했던 길

12일째: 7월 25일, 산 후안 데 오르테가 → 부르고스(Burgos) 27.6km

스페인 카스티야이 레온(Castilla Leon) 자치지방 부르고스주의 부르고스(Burgos) 시가지 전경

카미노 여정 12일째에 부르고스로 들어가는 길은 모두 3개로 나뉜다. 그중 두 곳은 고속도로를 따라 걷는 길이어서 나머지 한 길로 들어섰다. 중세시대부터 순례자들이 가장 많이 걸었다는 아헤스(Agés) → 아따뿌에르까(Atapuerca) → 비야프리아(Villafría) 마을을 지나는 길이었다.
　부르고스는 스페인 카스티야레온 지방 부르고스 주의 주도로서 인구 약 18만여 명의 대도시이다. 아침부터 날씨가 덥다고 느끼며 걸어가는데 중간에 마을이 자주 자주 나타났다. 아마 부르고스라는 대도시 주변에 들어서 있는 마을 같았다. 마을은 깨끗하고 사설 알베르게도 꽤 있었다.
　길 옆으로는 양 떼가 방목되어 사육되고 있었다. 길은 점차 언덕으로 향해 올라가고 정상 부근에는 나무로 된 큰 십자가가

메세타 지역의 전형적인 단조로운 길

아헤스 마을의 사설 알베르게와 조개 문양으로 된 인상적인 알베르게 간판

서 있었다. 십자가 밑에는 순례자들이 갖다 놓은 돌들이 쌓여 있었다. 저 멀리 부르고스 시가지 풍경이 펼쳐졌다.

부르고스에 입성한 시각은 대략 오후 3시 경이었다. 알베르게에 들어가니 규모도 크고 시설도 잘 구비되어 있었다. 안내 방송을 들으니 그날 저녁 순례자들을 위한 파티가 열린다고 한다. 무슨 말인가 해서 물어보니 그날 7월 25일은 '산티아고 성인(聖人)의 날'이라 그날 밤 '카미노의 친구들'이라는 관련 단체에서 성년에 걷는 순례자들을 위한 파티를 열어 준다는 내용이었다.

별 생각 없이 떠난 산티아고 순례 길이었는데 그 해가 성년에다가, 마침 성인의 날에 부르고스에 도착했다. 이날 유네스코 세계문화유산으로 지정된 부르고스 대성당에서 열리는 저녁 미사를 참석할 수 있게 된 건 분명 행운이었다.

일단 시내 구경을 한 뒤 부르고스 대성당을 찾았다. 외부 경관도 장엄하고 크지만 내부의 규모도

어느덧 '크레덴샬'에 찍힌 스탬프가 2페이지를 메우고 있다

스페인 중부의 큰 도시인 부르고스가 멀리 보인다

독일 형제와 이태리에서 온 순례자들과 함께

이 지역은 토지가 거친 탓인지 농작물 대신 양떼를 키우는 것 같다

나무로 된 큰 십자가 위에 순례자들이 돌을 하나씩 올려놓는다

부르고스로 들어오면 많은 순례자들을 만날 수 있다

현대적 모습의 대 도시인 부르고스 시가지에는 고층 빌딩이 많다

부르고스의 한 쇼핑 몰 안의 바닥에 앉아 더위를 식히는 순례자들

옛 모습을 고스란히 간직한 부르고스 성당으로 이어진 길

한동안 같이 걸었던 이태리에서 온 중년의 순례자들로 신앙심이 매우 돈독한 듯 했다

스페인에서도 몇 손가락 안에 드는 규모의 부르고스 대성당

독일에서 자주 볼 수 있는 철제 간판이 인상적인 부르고스 성당 옆 레스토랑

부르고스 알베르게에서 열린 파티 이모저모

월드 트레킹 완벽가이드: 유럽

무사히 순례 길을 이어가라는 의미의 제례 의식으로 도수 높은 술을 불태우는 등 흥미롭다

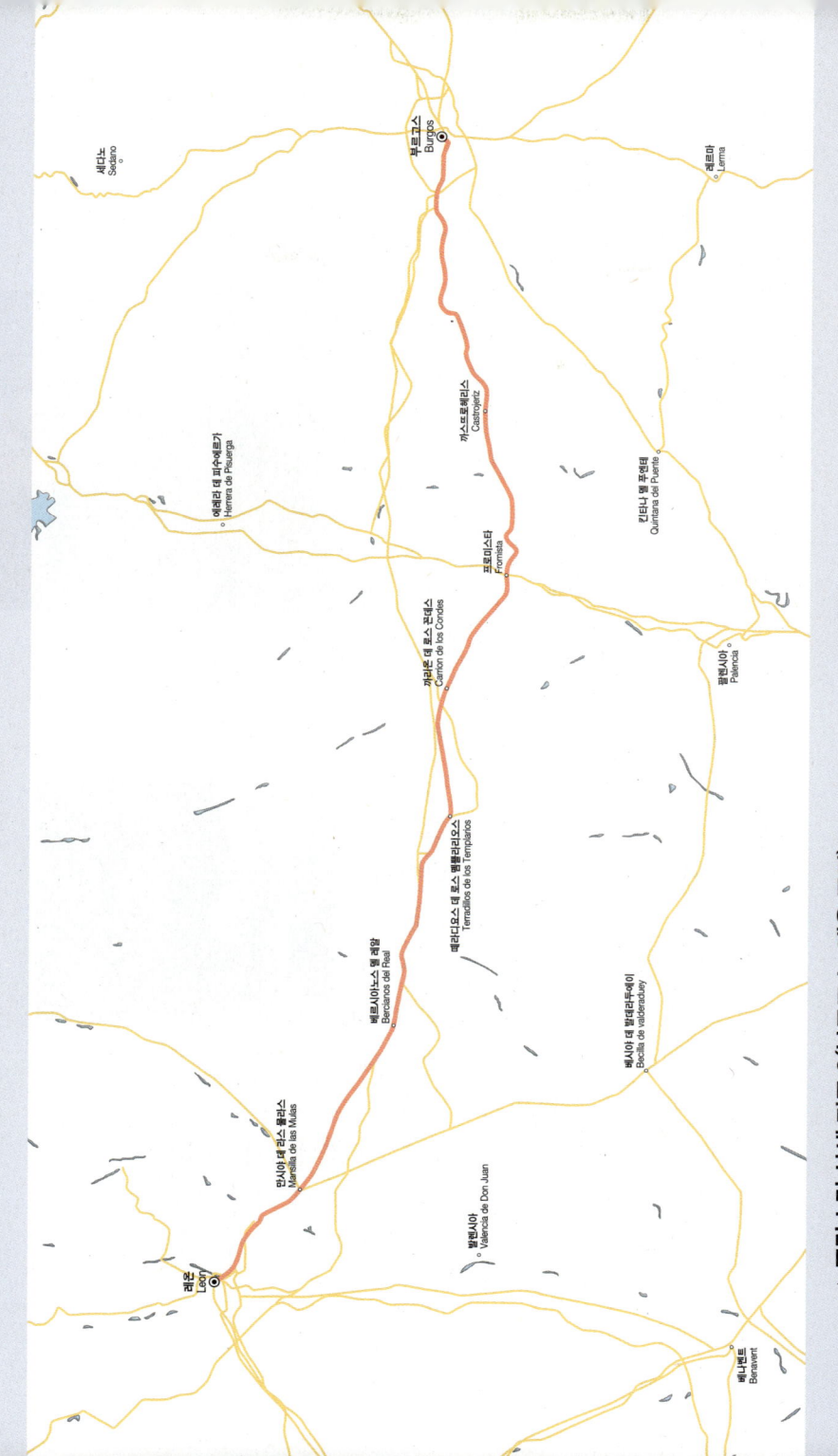

▲ 프랑스길 상세 지도 3(부르고스-레온 구간)

### 라) 부르고스에서 레온까지
### 13일째: 7월 26일, 부르고스 → 라베 데 라스 깔사다스(Rabe de las Cazada) 11.8km

카미노 여정 13일째는 몸 상태가 좋지 않아 짧은 거리만 걸었다. 며칠 전부터 몸살감기가 오려는 기미가 있었는데 전날에 술을 마셨던 게 원인인 듯싶었다. 아침에 일어나니 몸이 찌뿌둥하고 열도 꽤 있는 듯했다. 감기 기운이 엄습해왔다. 어젯밤의 술 때문인지 속이 약간의 매스꺼워 천천히 걷기 시작했다.

담쟁이 넝쿨로 뒤덮여 인상적인 부르고스의 한 건물

이곳부터 레온까지는 진정한 메세타 지역이다. 프랑스에서 온 간호사도 이 구간은 버스로 건너뛰고 레온으로 간다고 작별인사를 건네었다. 순례 길도 고속도로 옆으로 나 있다.

주위를 둘러보아도 널찍한 밀밭 평야이고 끝없는 지평선만 보인다. 고속도로와 함께 철도도 보이는데 멀리서 스페인 고속열차가 지나는

다시 대도시를 뒤로 하고 한적한 길로 이어지는 순례길

광경이 보인다. 어느 정도 걸으니 고가다리가 나오면서 고속도로를 건네게 된다. 고가다리 위에서 보니 대형 화물 트럭이 많이 오가고 있다. 유럽도 물류 유통을 철도보다는 거의 고속도로

를 이용한 대형 트럭이 담당하고 있음을 알 수 있었다.

약 10km 정도를 걸어가니 따르다호스(Tardajos)라는 작은 마을에 도착했다. 점심시간도 안 되었는데 지난밤의 과음으로 목이 몹시 말랐다. 조그만 상점에 들어가니 마침 수박을 4분의 1쪽으로 잘라놓

시원하게 뚫린 스페인의 고속도로 위로 난 육교를 지나며

은 것을 팔고 있었다. 목마름과 배고픔을 한꺼번에 해결할 수 있겠다 싶어 샌드위치와 함께 사서 상점 앞 의자에 앉아 먹는데, 그날의 한 신문이 눈에 들어왔다. 생각 없이 넘겨보는데 눈에 익숙한 사진이 나온다. 어젯밤 부르고스 알베르게에서 열린 파티 때 찍힌 것으로 보이는 사진인데, 사진 중앙에 내가 잘 나와 있는 게 아닌가. 그 머나먼 스페인의 한 지방신문에 내 모습이 나오다니…. 감개가 무량해 인증 샷을 찍어두었다.

부르고스를 떠나 10Km 정도 걸었을 때 나온 따르다호스 마을 입구의 순례길 상징 석조물

전날 부르고스 호텔에서 열린 파티 관련 소식이 실린 신문을 보면서 맛있게 먹었던 수박

점심 식사 후 다시 걷기 시작하는데 더욱 삭신이 쑤셔왔다. 그래서 남은 여행 일정을 다시 확인해 보니 하루쯤 일정을 좀 짧게 잡아도 8월 15일 성모승천대축일에 맞추어 산티아고를 입

월드 트레킹 완벽가이드: 유럽

감기몸살에 걸려 푹
쉴 필요가 있어 묵었던
데오브리구라 호텔

## 14일째: 7월 27일, 라베 데 라스 깔사다스 → 가스뜨로헤리스 (Castrojeriz) (29km)

아침에 일어나니 몸이 많이 회복된 것 같았다. 전날 못 걸은 구간까지 포함하여 원래 목적지로 계획했던 까스뜨로헤리스까지는 30km가 채 되지 않는다. 2시간 정도 걸으니 오르니요스 델 까미노(Hornillos del Csmino) 마을이 나타난다. 몸이 아프지 않았으면 전날 이곳까지 걸으려고 계획했던 곳이다.

문득 커피 한 잔이 생각나 카페를 찾았다. 카페 벽면에는 한 10개 나라의 국기와 그 나라의 시간을 알려주는 시계를 걸어 놓았다. 우리나라 순례자들도 많아서 그런지 개중에는 대한민국 국기도 걸려 있었다. 스페인에서는 아무리 시골에 있는 카페라도 꼭 증기로 커피를 내려주는 기계를 쓰기 때문에 커피 향이 잘

순례길 중간 중간에 나타나는 십자가에는 어김없이 많은 돌들이 쌓여있다

수확 끝난 밀밭이 지평선 까지 뻗어 있는데 파란 하늘과 멋진 채색대비를 이룬다

살아 있다. 커피를 내려주는 아가씨가 깜찍하고 귀여워서 사진 한 장 찍어도 되겠냐고 양해를 구하고 한 장 찍었다. 토끼 같은 커다란 눈을 가진 모습이 아직도 눈에 선하다.

다시 길을 나선다. 오후의 햇볕이 불같이 덥다. 주위를 둘러 보아도 끝없는 밀밭과 지평선뿐 햇볕을 가려 줄 수 있는 나무 하나를 찾기 힘들다. 이곳은 완만하게 오르는 구간으로 길은 자갈이 많이 섞여 있어 걷는 것도 다소 힘들어진다. 이런 구간을 약 10km 정도 걸어가면 온따나스(Hontans)라는 마을에 도착한다. 알베르게도 2개 있고 카페 및 바도 있다. 더울 때는 생맥주 한 잔이 최고이다. 순례자들이 여기 저기 파라솔 밑에서 차가운 맥주 한잔을 즐기고 있었다.

이곳에서 3~4km 정도 지나다 보니 14세기에 지어졌

동양적인 인상으로 기억에 남은 깜찍하고 귀여운 카페 아가씨

순례길 가는 방법도 가지가지로 자전거를 타면서 또 걸어가기도 한다

다는 오래된 수도원이 나왔다. 이 수도원은 아름다운 고딕 양식의 아치가 문 역할을 하면서 수도원 건물과 성당 건물을 좌우로 연결하고 있는 건축이 인상적이다. 아치의 일부가 허물어져 있어서 더욱 오래된 느낌을 준다. 옛날에는 병원도 겸한 곳이었다고 하는데 오늘날 수도원에서는 조그만 알베르게를 같이 운영하고 있다.

그곳을 지나 까스뜨로헤리스에 이르는 길은 자동차 도로를 따라가야 한다. 자동차 통행량은 그리 많지 않지만 도로에 바짝 붙어 걸어야 해서 다소 신경이 쓰이는 구간이다. 다행히 아름드리 가로수가 이어져 햇볕을 막아 준다. 어느 정도 걸으니 저 멀리 지평선 끝 언덕 위에 까스뜨로헤리스 성이 보인다.

실제 마을에 들어서고도 알베르게로 가기 위해서는 다소 가파른 언덕에 길쭉하게 자리 잡고 있는 마을의 거의 끝까지 이동해야 했다. 하지만 아직 몸이 완전히 회복되지 않아 하루 더 호텔에서 묵기로 하고, 라 카차바(La Cachava)라는 마을 호텔에 들어가 편하게 쉬었다.

황량한 벌판을 걷는 순례
길에서 마치 오아시스와도
같은 오르니요스 델 까미노
마을의 카페

온따나스 마을을 조금 지난 곳에 옛날 순례자를 치료하기 위해 만들어진 병원 유적지가 조그만 성당과 작은 알베르게와 같이 있다

몸 회복을 위해 알베르게 대신 하룻 더 묵은 라 카차바 마을 호텔

멀리 산위에 까스뜨로헤리스 성이 보이는, 까스뜨로헤리스 마을로 이어지는 도로 길

### 15일째: 7월 28일, 가스뜨로헤리스 → 프로미스타(Fromista) (25km)

    여정 15일째도 아침부터 날이 뜨겁다. 마을을 빠져 나오자마자 저 멀리 모스뗄라레스(Mostelares)언덕이 보인다. 안내 책자를 보니 해발 950m라고 한다. 그늘 한 점 없는 황량한 구간의 오르막길을 오르려니 살짝 힘이 든다. 정상 부근에 오르니 순례자 두 명이 해를 향해 좌선 자세로 앉아 명상을 하고 있는 모습이 인상적이다.

    고개를 돌려 보니 앞으로 걸어야 할 곳이 보이는데 끝없이 황량한 메세타 지역의 전형적인 모습이 나타난다. 추수가 끝난 밀밭이어서 더욱 황량하게 느껴진다. 이 곳을 걸으면서 순례 길에 나선 것을 가장 후회했던 것 같다. 머릿속으로 나도 모르게 계속 이런 생각이 떠올랐다.

    '아, 내가 미쳤구나. 집에서 시원한 아이스커피를 마시면서 음악이나 들을 걸… 왜 이런 고생을 사서 하나?'

    아마 이곳을 지나간 순례자 중에서도 적지 않은 사람들이 나와 비슷한 생각을 하며 걸었으리라.

　10km 정도 걸어가니 조그만 강이 나오고 '이테로(Itero)'라는 오래된 돌로 만든 다리가 보인다. 이떼로 델 까스띠요(Itero del Castilo)라는 마을의 진입로인데 여기서부터 부르고스 지역을 벗어나 빨렌시아(Palencia) 지역이 시작된다고 한다.

　강 주위로 제법 큰 버드나무 등으로 이뤄진 숲이 있어 오랜만에 초록 세상을 만난다. 마을은 집 몇 채 안 되는 아주 작은 마을이고, 거기서 바로 이테로 데 라 베가(Itero de la Vega) 마을로 연결된다.

　그곳을 지나면 또 황무지 같은 길을 8km 정도 더 걸은 후에야 보아디야 델 까미노(Boadilla del Camino)에 도착한다. 이 마을 중앙에는 심판의 기둥으로 불리는 원주형의 탑이 있다. 옛날 죄인을 묶어두던 곳이라고 한다. 이 마을을 나서면 18세기에 만들어졌다고 하는 까스띠야 운하(El Canal de Castilla)를 따라 6km 정도 더 걷게 된다.

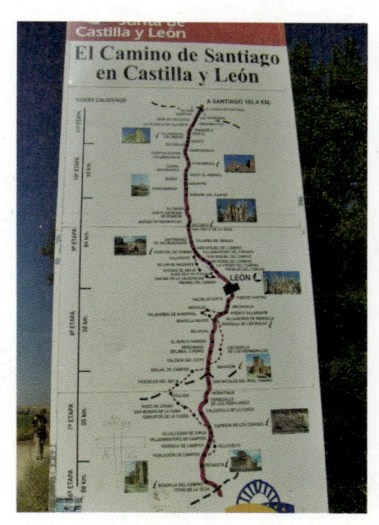

레온 지역을 중심으로 한 순례길 안내판

　이 길은 양 옆으로 나무가 줄지어 서 있어 걷는 데 힘을 불어 넣어 주었다. 이 곳 알베르게 옆에 있는 레스토랑에 가니 이 지역에서는 흔치 않는 빠에야(paella)가 있어 오랜만에 맛있게 먹은 기억이 아직도 생생하다.

한 여성 순례자가 아침 햇살을 받으며 좌선 자세로 앉아 명상을 하고 있다

오랜만에 만난 강과 돌다리 풍광

길을 걷다가 본 사설 알베르게의 벽화로 영화 '크리스마스 전날의 악몽'을 모티브로 한 것 같다

프로미스타 마을로 가는 길목에 위치한, 포플러 나무가 끝없이 이어진 가로수길

아름다운 정원에 순례길 조형물이 있는 사설 알베르게

스페인 중부 내륙 지방에서는 흔치 않은, 알베르게 옆 바 겸 레스토랑에서 먹은 빠에야 메뉴

## 16일째: 7월 29일, 프로미스타 → 까리온 데 로스 꼰데스(Carrión de los Condes) (19.5km)

16일째 이 구간은 정말 특기할 만 한 게 거의 없는 전형적인 메세타 지역의 길이다. 자동차 도로와 나란히 이어져있는 길을 그저 묵묵히 걸어야 한다. 다행이라면 중간 중간 거치는 마을이 많다. 그리 지루하지는 않지만 마을의 규모들은 매우 작다. 스페인은 조그만 마을에도 성당이 하나씩은 들어서 있다.

그 즈음 같이 걷기 시작한 멕시코 계 미국인은 가톨릭 신자로 신앙심이 매우 깊은 것 같았다. 그는 길 옆에 성당이 있으면 잠시라도 들러서 기도를 하곤 했는데 별도의 종이에 스탬프를 받아 나오면서 좋아했다. 나와 나이도 비슷한 중년이었다. 샌프란시스코에서 왔다는 이 친구는 멕시코계이지만 미국에서 태어나서 영어 발음도 완벽했다. 외로운 구간을 가는 동안 좋은 말벗이 되어준 친구였다. 약 6시간 걸려 까리온 데 로스 꼰데스 마을에 도착하여 알베르게에 일찍 들어갔다. 알베르게 주인이 카미노 프랑스 루트의 절반을 무사히 왔다며 축하해 주었다.

밀밭과 하늘 딱 2개의 장면뿐이다

까리온 데 로스 꼰데스 마을의 알베르게로 프랑스 루트의 중간 정도에 위치해 있다

성 야고보 동상이 있는 까리온 데 로스 꼰데스 마을 거리

다리 위를 건너다 만나는 강과 주변 숲은 신선한 청량감을 더해준다

## 17일째: 7월 30일, 까리온 데 로스 꼰데스 → 떼라디요스 데 로스 뗌쁠라리오스(Terradillos de los Templarios) (26.2km)

이 구간은 완전 평지로 이루어진 구간이다. 그러나 시작부터 칼사디야 데 라 꾸에사(Calzadilla de la Cueza)까지 17km에 이르는 구간에는 중간에 휴식을 취할 수 있는 곳이 전혀 없다. 마치 사막과 같은 구간이라고나 할까. 뜨거운 햇볕에 그대로 노출된 채 혼자 걸었는데 정말 외롭고 힘들고 덥다는 생각이 머리에서 떠나지 않았다.

이 길은 햇볕이 뜨거운 오후를 피해야 하기 때문에 가능한 아침 일찍부터 걷기 시작하고, 충분한 식수와 비상식도 챙겨서 가야 된다. 먼지가 풀풀 일어나는 흙길인데 비가 오면 진창으로 변한다고 한다. 힘들게 걷고 난 후에 칼사디야 데 라 꾸에사 마을로 들어가니 거의 예외 없이 모두 카페를 찾아 생맥주를 한 잔씩 하고 있었다.

그곳에서 며칠 전부터 길에서 자주 만났던 오스트리아에서 온 음악 선생님과 우리나라에서 온 두 명의 여자 분도 오랜만에 보았다. 다들 시원한 생맥주 한 잔씩 하면서 사막과 같은 황량한 구간을 통과한 감회를 되새기고 있었다.

이 곳에서 점심을 먹은 뒤 6km 정도를 더 걸은 뒤에야 목적지에 도착했

아침 햇살을 받아 서서히 밝아오는 평원 길을 걸으며 또 하루를 시작한다

카미노 순례자 길을 사랑하는 남녀가 같이 걷다가 적어 놓은 듯하다

다. 길은 널찍한 고속도로를 따라 걷는 길이어서 단조로웠지만 길 옆에 지천으로 피어있던 이름 모를 노란색 꽃들이 인상적이었다. 길을 걷는데 은은한 향기가 나서 맡아보니 향이 매우 격조 있고 우아했다. 아마도 향수 원료로 쓰이지 않을까 싶었다. 그리하여 점심을 먹고 걷기 시작한지 1시간 반 만에 그날의 목적지인 레디고스에 일찍 도착했다.

그곳에서 그 다음 목적지인 사하군(Sahagun)을 향해 좀 더 걸을까 잠시 고민이 되었다. 다음날 일정으로 안내책자에서 권고한 구간이 16km 정도로 짧은데다가 그 다음날 구간도 18km로 짧다. 조금 더 걸으면 3일치 걸을 것을 이틀 동안 나누어 걸을 수 있을 것 같았다. 그래서 2.8km를 더 걸어 떼라디요스 데 로스 뗌쁠라리오스(Terradillos de los Templarios)라는 마을에서 알베르게에 들어갔다.

### 18일째: 7월 31일, 떼라디요스 데 로스 뗌쁠라리오스 → 베르시아노스 델 레알(Bercianos del Real) (23.5km)

여전히 구름 한 점 없는 뜨거운 날씨가 계속 되었다. 더위를 피하기 위해 사람들이 더욱 일찍 일어나다 보니 아예 어둑한 새벽에 랜턴을 켜고 걷는 사람도 많이 있었다. 나도 4시 반경에 일어나 세수만 하고 바로 랜턴을 켜고 출발했다.

워낙 길이 곧바로 나 있고 지평선 너머까지 잘 보이기 때문에

아침 햇살을 받아 붉은 빛이 감도는 해바라기 밭

어둠 속에서 걷는 게 어렵지 않았다. 어느 정도 걸으니 새벽 동이 텄다. 주위는 마침 광활한 해바라기 밭이었는데 해를 닮은 꽃들이 아침 햇볕에 빨갛게 물든 모습이 퍽이나 인상적이었다. 걸음을 멈추고 카메라에 담아 보았다.

약 6km 정도를 걸으니 조그만 시골 마을이 나타나고 여기에 조그만 카페가 나왔다. 거기서 달달한 카페 콘 라체 한잔을 시켜 배낭에 있었던 바게트 빵과 함께 아침으로 먹었다. 커피를 내려주는 시골 할아버지 인상이 마치 피노키오 동화책에 나왔던 제페토(Geppetto) 할아버지를 닮았다는 생각이 들었다. 카페 옆에는 옛날 스페인에서 쓰던 농기구를 전시해 놓은 게 특이했는데 우리의 옛날 농기구와 별반 다를 바 없어 내심 놀랐다.

길은 다시 고속도로를 옆에 끼고 걷게 되어 있다. 점차 사하군으로 들어가면서 길이 복잡해진다. 사하군은 인구가 3천여 명 정도인 소도시다. 빨렌시아 지역에서 레온 지역으로 갈라지는 곳에 위치하고 있다. 마을을 들어서자 큰 성당이 보인다. 그 앞에는 철제로 된 성 야고보 상이 있어 기념사진을 찍었다. 마을 가운데로는 강이 흐르고 중간에 고풍스러운 돌로 된 다리가 있다. 주변에는 캠핑장이 마련되어 있다. 나무와 풀이 많아 오랜만에 보는 신록을 즐기고 싶어 캠핑장 근처 벤치에 앉아 피크닉 기분을 내며 점심을 먹었다.

거기서 다음 목적지인 엘 부르고 라네로(El Burgo Ranero)로 가는 길은 2 갈래로 나 있다. 나는 주 루트를 택하여 걷기 시작했다. 또 고속도로 옆을 따라 걷는 지루한 길이 계속되었다. 도로 위를 자전거로 신나게 산티아고 쪽으로 달려가는 한 무리

저녁 석양 풍경이 멋진 알베르게로 소문난 기부제 운영 알베르게 간판

알베르게의 리셉션 데스크

의 순례자 그룹들을 부러운 시선으로 바라보며 걸었다. 심하게 고독감과 심신이 지치는 것 같은 느낌이 든 날이었다.

  목적지인 베르시아노스 델 레알에는 오후 늦게 도착했다. 자원봉사자 2명이 기부제로 운영하는 조그만 알베르게에 들어서니 길에서 자주 마주친 오스트리아 음악 선생님, 스위스에서 온 나와 비슷한 연령의 아줌마, 그리고 후반부에 많은 시간을 같이 걸었던 루마니아에서 온 청년을 만날 수 있었다.

  워낙 작은 규모의 알베르게이다 보니 저녁 식사시간에는 다 함께 긴 테이블에 앉아 기도드리고 식사도 같이 했다. 기부제 알베르게의 특징은 검소한 데에 있다. 그날 저녁도 양파와 당근을 넣은 수프와 바게트 빵 그리고 샐러드만이 제공되었다. 다행히 포도주는 각자 한두 잔씩 마실 수 있는 양이 제공되었다.

  저녁 식사를 마치고 각자 먹은 식기 설거지를 마치고 나니 자원 봉사자들이 지평선으로 떨어지는 석양이 멋있다고 나오라고 재촉했다. 나가보니 서서히 타 들어가는 석양이 그 위의 구름까지 새빨갛게 물들이고 있었다. 다들 앞마당에 모여 앉아 이 멋진 광경을 보고 감탄하면서 이를 배경으로 서로 사진을 찍어 주었다.

광활한 평지에 펼쳐진 해바라기 밭으로 강우량이 적어서인지 시들시들하다

길옆에 흐드러지게 핀 격조 높은 향기 가득한 이름 모를 노란색 꽃

인근 대도시인 레온으로 향하는 고속도로로 순례 길 구간과 나란히 뻗어 있다

성 야고보 동상에서
오스트리아에서 온 순례자와 함께

사하군 마을 입구의 성 야고보 관련 벽화

자전거를 이용해 산티아고로 향하는 순례자들

모두 같이 모여 저녁 식사를 같이 하고 설거지도 함께 한다

저녁 식사 후 모두 나와 지평선으로 지는 황금빛 석양을 보고 사진도 찍는다

## 19일째: 8월 1일, 베르시아노스 델 레알 → 만시야 데 라스 물라스 (Mansilla de las Mulas) (25.3km)

아침에는 알베르게에서 봉사하는 두 분이 일일이 순례자들을 배웅해준다

아침에 일어나니 자원 봉사자들이 소시지를 썰어 놓은 콩 수프와 바게트 빵 그리고 따뜻한 코코아를 끓여 놓아 아침으로 먹고 가라고 했다. 생각지도 않은 따뜻한 아침을 먹고 알베르게 입구에서 고마운 자원 봉사자들과 기념 촬영을 하고 난 후 걷기 시작했다.

여름이지만 아침은 상당히 서늘하여 방풍 재킷을 꺼내 입어야 될 정도였다. 눈앞에는 다시 대규모의 해바라기 밭이 펼쳐지고 여기에 거대한 스프링클러가 돌아가며 물을 주고 있는 모습이 보였다.

해바라기 밭 옆으로 도로와 함께 순례길이 지평선 끝까지 뻗어 있다

길은 계속 도로를 따라 걷게 되어 있다. 6km 정도 걷고 나자 엘 부르고 라네로(El Burgo Ranero) 마을이 나왔다. 무더운 날씨에 처음 만난 카페에서 모두들 생맥주 한 잔을 마시고 있는데 말을 타고 순례 길에 나선 한 그룹이 도착했다. 거의 경주마 수준의 커다란 말들의 출현에 다들 흥미를 느끼고 쳐다봤다. 한편으로는 실제 말을 타고 감행하는 순례 여정은 알베르게에 들어가거나 도심 지역을 통과할 때 힘들 것 같다는 생각이 들었다.

이 마을에서부터 그날의 목적지인 만시야 데 라스 물라스까지 가는 길 역시 두 가지 방법이 있다. 나는 좀 복잡하지만 거리가 짧은 도로를 따라 걷는 정규 루트를 선택하여 걸었다. 약 19km의 단조로운 길을 5시간 정도 걸어 목적지에 도착했다.

전형적인 순례자 저녁 식사 메뉴

만시야 데 라스 물라스에서 묵었던 사설 알베르게로 시설이 꽤 좋다

말을 타고 가는 승마 순례자들

월드 트레킹 완벽가이드: 유럽  503

### 20일째: 8월 2일, 만시야 데 라스 물라스 → 레온(Leon) (25.3km)

20일째 이날은 스페인에서도 꽤 큰, 인구 14만의 중북부 도시인 레온으로 들어가는 날이다. 레온까지 걸어가는 길은 거의 평지이지만 특기할 만한 것도 없는 지루한 길이다. 큰 길을 따라 옆으로 걷는 길이다.

도시 외곽 부분을 통과할 때는 지나다니는 차량과 소음도 신경 쓰일 뿐더러 까미노 길의 표시 찾는 것도 번거롭기 때문에 전혀 유쾌한 시간이 아니었다.

비야렌떼 다리(Puente de Villarente)라고 하는 상당히 긴 휘어진 모양의 석축교를 지나면 드디어 레온 시내로 들어서게 된다. 수도원에서 운영하는 알베르게에 도착했다.

대도시답게 알베르게의 규모도 컸다. 등록을 하는데 며칠 동안 묵을 것인지 물어 봤다. 대부분의 사람들은 여기서 이틀 정도 묵으면서 충분한 시간을 갖고 이 도시를 둘러보는 것 같았다. 동양 사람인 것을 알자 알베르게의 사람들이 이 도시에 있는 중국 음식점에 대해 일러주었다. '오랜만에 새우볶음밥과 탕수육을 맛볼 수 있겠구나!'라는 기대를 갖고 길을 나섰는데 길이 복잡해 찾기가 쉽지 않았다. 몇 번이나 헤매다가 결국 포기하고 레온 지역의 명물 타파스(Tapas)를 파는 선술집에 들어가 저녁 겸 포도주 몇 잔을 먹고 나왔다.

'타파스'가 특별한 요리인줄 알았더니 그저 몇몇 종류의 술안주 거리를 담은 접시가 나왔는데 가짓수는 많았지만 그리 맛있지는 않았다. 타파스에 내 놓은 음식 종류는 상점마다 다른데 상점 앞의 간판에는 '7종류, 11종류' 등의 다양한 음식이 나온다고 광고를 하고 있었지만 정작 입에 맞는 것은 몇 가지 되지 않았다.

　레온 지역에서는 레온 대성당이 가장 유명하다. 13~16세기에 걸쳐 지어진 레온 대성당은 프랑스식 고딕 양식으로 지어졌다. 중앙 부분은 파리 노트르담 대성당의 석조 조각과 유사하다고 하는 화려한 조각이 있었다. 레온 대성당의 가장 큰 특징은 무려 1,700㎡에 달하는 성당 벽의 대규모 스테인드글라스다. 이것을 보는 것만으로도 레온 대성당을 방문할 충분한 가치가 있다. 레온 시내는 깔끔하고 현대적 느낌을 준다. 시가지 풍경은 중간 중간의 성벽과 같은 유적들과 잘 조화를 이루고 있다.

　알베르게에 돌아와 보니 방명록이 보였다. 세계 여러 나라 순례자들이 몇 마디의 글을 남기고 갔는데 중간 중간에 우리나라 순례자의 글도 보였다. 나도 중간을 지난 지점의 감회를 짧게 쓰고 잠자리에 들었다.

레온으로 향하는 높낮이가 거의 없는 평범한 흙길

스페인 아스토르가(Astorga) 순례자 기념비 앞에 선 한 순례자

스페인 중북부에서 가장 큰 도시인 레온 시내 중심가

수도원에서 운영하는 알베르게에서는 여러 가지 기념품도 판매한다

견고하게 지어진 중세시대의 성벽길이 이어지는 레온 시내 시가지

마) 레온 → 폰페라다 구간

▲ 프랑스길 상세 지도 4(레온-폰페라다 구간)

21일째: 8월 3일, 레온 → 산 마르띤 델 까미노(San Martini del Camino) (26.1km)

　아직 동이 트기 전에 알베르게를 나와 도심 구간을 걸었다. 전날 갔던 레온 대성당을 지나니 레알 바실리카 데 산 이시도로(Real Basilica de San Isidoro)라는 박물관이 나타났다. 상당히 우아하고 고풍스러운 건물로 과거에는 왕궁으로 쓰이던 건물

스페인 라바날(Rabanal) 일대 풍경

새벽 동 트기 전에 알베르게를 나오며 바라본 레온 시가지 전경

새벽 동이 막 틀 무렵 지나가며 본 레온 대성당과 광장 앞 시계탑

인데 오늘날은 박물관으로 사용되고 있다. 왕가의 여러 보석과 귀중한 유물이 전시되어 있다고 하는데 전날 보지 못한 게 좀 아쉬웠다.

좀 더 걸어가니 다리가 나타나고 복잡한 시가지 구간으로 이어졌다. 출근하는 시간대인지 모두들 바쁘게 걸어가고 있었다. 시내버스를 타려고 줄 서 있는 사람들을 보며 간만에 도시의 활력을 느꼈다. 복잡한 시내 구간을 빠져 나오니 지하에 지은 집 몇 채가 보였다. 문 앞에는 포도나무가 그늘을 드리워 주고 있다. 나중에 알았는데 포도주 저장고라고 한다.

길은 도시 외곽의 베드타운 지역으로 이어지고 계속하여 메세타 지역과 별반 다름없는 단조로운 길이 이어졌다. 자동차 전용 도로와 붙어 걷는 구간이 많아 각별히 주의를 기울이며 걸어야 했다.

그날 묵은 알베르게는 사설 알베르게다. 오랜만에 편안하게 자보려고 싱글 룸을 선택했다. 객실료에

조개 문양으로 만들어진 선술집 철제 간판에는 '카미노 드 산티아고'라는 이름이 적혀 있다

저녁 식사가 포함되어 있는데 저녁 식사는 6시에 시작했다. 식사 자리에 가보니 일주일 이상 같이 걸었던 오스트리아 음악 선생님, 살도 뺄 겸 순례를 나왔다던 독일 아가씨, 스위스 아줌마 등이 와있었다. 마드리드에서 왔다는 초로의 스페인 순례자 3명도 그 자리에 함께 했다.

조촐한 저녁 식사가 이어졌는데 스페인 순례자 한 분의 호의로 스페인 전통주 3가지를 시음할 기회를 가졌다. 보드카처럼 투명한 술과 연한 황갈색을 띤 술 등이었는데 도수가 꽤 높았다. 분위기가 좋아 계속 건배를 외치며 마시다 보니 상당히 취한 것 같았다. 그 날은 언제 내 방으로 돌아왔는지 기억이 잘 나지 않을 정도로 많이 마셨다.

레알 바실리카 데 산 이시도로 박물관 앞 광장을 지나며 바라본, 잘 조성돼 있는 광장 화단

레온 시내 외곽 지역의 분주한 도시의 아침 풍경

벽면 장식이 독특한 현대식 건물로
눈길을 끈 레온 시내의 한 교회

오랜 된 성당 첨탑에는 두루미 등의 큰 새 둥지를
많이 볼 수 있다

사설 알베르게에서 순례자들과 저녁식사와
함께 스페인 전통주도 즐겼다

## 22일째: 8월 4일, 산 마르띤 델 까미노 → 아스토르가(Astorga) (27.1km)

아침에 일어나니 전날 과음한 탓에 몸 컨디션에 난조를 보였다. 다시는 순례 길에서 과음을 하지 않겠다고 다짐하면서 길을 나섰다.

다행히 지루하던 메세타 지역에서 벗어났는지 긴 농업용수로도 보이고 옥수수 밭과 채소 밭 등이 보이기 시작한다. 일단 다시 초록의 신록을 보니 발걸음도 가볍게 느껴졌다. 길가에 달팽이들도 많이 보였다. 자세히 보니 길가 옆 식물 잎사귀에 달팽이가 다닥다닥 붙어 있었다. 필경 거기서는 달팽이들이 농사를 망치는 해충이라고 생각되었다.

조그만 성당 옆을 지나가니 성당 종탑 위에 커다란 황새들이

'오스삐딸 데 오르비고 마을'에는 옛날 순례자들을 치료하던 병원이 있어서 마을 이름이 유래됐다고 한다

아담하고 조용한 '오스삐딸 데 오르비고 마을'에 들어서 있는 레스토랑과 사설 알베르게 전경

둥지를 틀고 사는 게 보였다. 처음에는 신기했으나 이후 자주 보게 되었다.

약 1시간 반 정도 걸으니 오스삐딸 데 오르비고(Hospital de Orbigo)라는 마을이 나타났다.

오르비고 강이 흐르고, 울창한 버드나무가 있고 주변에는 과일과 야채를 재배하는 곳이 많다고 한다. 마을은 아담하고 예쁜데 입구에 오르비고 강을 건너는 다리가 있다. 산티아고로 가는 길 중에서 가장 긴 다리인데 20개의 아치가 놓여있는 석축교다. 내가 지날 때에는 보수 공사가 한창이었다.

마을을 빠져나오니 계속 과수원과 채소밭이 펼쳐진다. 멀리서 언덕 위에 그 날의 목적지인 아스토가가 보인다. 상당히 높은 곳에 시가지가 형성되어 있다. 눈앞에 목적지가 보이지만 이외로 길은 멀다. 아스토가로 들어가기 전 제법 큰 강이 하나 있고 철교가 놓여 있다. 철교를 지나면서 강 아래로 보니 꼬마 아

과일 가게 진열대로 일조량이 많은 스페인 과일은 맛도 좋고 가격도 저렴하다

이들 3~4명이 옷을 벗고 잠자리 채 같은 것을 들고 열심히 고기 잡기에 열중이다. 더운 여름 날 어린이들의 노는 모습은 어디서나 별반 다를 바 없구나 하면서 마지막 구간을 걷는다. 특히 아스토가 시가로 들어가기 위해서는 꽤 가파른 오르막길을 걸어야 한다. 시가지 초입에 있는 알베르게로 들어가 여장을 풀고 샤워와 세탁을 한 다음 시내 구경에 나섰다.

　시내 중심부 시청사 앞에는 큰 광장이 있었는데 더운 오후의 따가운 햇살 때문인지 사람이 거의 없었다. 이리 저리 거리를

강 아래에서 아이들이 물놀이를 하고 있는 모습이 정겹다

시청사 광장 앞에서 노는 아이들

아스토가 거리에는 이외로 멋진 문양과 디자인을 볼 수 있다

걷다 보니 로마 유적지가 나왔다. 유적지를 조그만 박물관으로 만들어 내부에서는 발굴 상태를 보여주기도 하는데 여기서 공중 목욕탕 터인 듯 정교한 문양을 가진 타일 바닥도 볼 수 있었다. 이 도시 외곽에는 로마 시대에 쌓은 성벽도 남아 있다고 한다.

도심 거리 상점들의 쇼 윈도우 유리창에는 아스토가의 옛날 모습을 담은 흑백 사진 한 장 씩을 상점마다 진열해 놓았다. 거리를 거닐면 자연스럽게 아스토가의 옛날 모습을 담은 사진전을 보게 되는 셈이다. 참으로 흥미롭고 신선한 아이디어라고 생각되었다.

도심 구간이 작아서 지도 없이 이리 저리 걷고 있는데 눈에 익숙한 양식의 건물이 나타났다. 분명 건축가 가우디(Antoni Gaudí)작품이다. 가톨릭 주교의 거처로 사용하던 주교궁(Palacio Episcopal)이라고 하는데 지금은 카미노 박물관으로 사용 중이다. 아쉽게 개관시간이 지나 들어가 보지 못했다. 그곳에서 가까운 곳에 큰 규모의 산타 마리아 성당이 위치해 있다.

알베르게로 돌아오는 데 석양에 물든 건축물이 짙은 적색으로 물들어 신비로움을 더해주고 있었다. 저녁이 되자 낮에는 그렇게 한가했던 시청사 앞 광장에 많은 사람들이 모여 있었다. 카페 앞 노상에 테이블은 물론이고 광장 주위의 벤치까지 많은 사람들이 여름날의 한가로운 저녁을 만끽하고 있었다.

저녁에 많은 사람들이 집결하는 아스토가 시청사와 앞 광장

무척 무더운 날의 아스토가가 멀리 보이는 길 풍경

위대한 건축가 가우디가 설계한 주교궁

산타 마리아 성당의 이모저모

## 23일째: 8월 5일, 아스토르가 → 폰세바돈(Foncebadon) (26.3km)

길 벽면에 쓰인 '카미노 길 잘 걸으세요!'라는 뜻의 'Buen Camino' 문구

새벽에 아스토르가 시내를 떠나면서 바라본, 아침 햇살을 받아 빛나는 산타 마리아 성당

이른 새벽부터 걷기 시작했다. 도심 구간 마지막에 '부엔 카미노(Buen Camino)'라는 말이 벽면에 새겨져 있었다. 번역하자면 '카미노 길 잘 걸으세요!' 정도의 뜻일 게다. 산티아고 가는 길에 종종 듣게 되는 인사말이기도 하다.

4.6km 정도 떨어진 조그만 마을의 성당 앞에는 '신앙은 건강의 샘'이라는 한글로 된 표어가 새겨진 팻말이 있었다. 8개 언어 중 중국어·일어와 함께 적혀 있었다. 신선한 충격과 함께 성당 안에 들어가 약간의 헌금과 함께 남은 여정을 잘 마치게 해 달라는 기도를 한 다음 다시 걷기 시작했다.

다행히 이 구간은 3~6km 정도마다 조그만 마을 몇 곳을 지나게 된다. 카페 콘 라체 한잔을 마시면서 잠시 쉬었다 가는 여유를 가질 수 있어 조그만 마을을 지나는 것은 항상 즐겁고 설렌다.

순례 길에 쓰라고 나무를 깎아 만든 지팡이와 순례 길의 상징인 조개껍질 목걸이를 파는 상점도 나왔다. 2개의 조그만 마을을 더 지나니 길은 오르막으로 변하고 황량한 산 쪽으로 향했다. 이제 메세타 지역을 완전히 벗어나는 곳이라고 하는데 앞을 보니 커다란 산맥 하나가 기다리고 있는 것 같았다. 신부님 두 분이 아이들 30여 명을 데리고 산 쪽으로 걸어갔다. 소풍 가는 것 같지는 않고 마치 성당 순례에 나서는 듯 보였다.

한 마을 카페에 들려 즐기는 카프치노 한 잔의 여유와 낭만

정오로 가면서 또 이글이글 타는 태양을 느끼며 걸어가는데 땀이 비 오듯 쏟아졌다. 길도 잔돌이 많아서 걷기가 다소 까다로웠다. 가다가 조그만 그늘만 있으면 들어가서 쉬었다.

오후 3시 경 힘들게 폰세바돈 마을에 도착했다. 이 마을은 상주인구가 50여 명 정도로 적은 곳이지만 알베르게가 3 개나 있다. 이 마을을 지나면 순례 길이 산 정상으로 이어지고 중간

레스토랑과 바를 겸업하는 사설 알베르게

에 알베르게가 없어 이곳에서 묵어야 한다. 폰세바돈 마을은 오래 전부터 버려진 집으로 가득했지만 순례자의 수가 증가하면서 몇몇 알베르게가 생겼다고 한다. 알베르게 이외에는 곳곳에 폐허로 변한 집들이 많이 보여 다소 을씨년스러운 모습을 보여줬다.

마을 입구 쪽에 위치한 '몬테 이라고(Monte Irago)'라는 조그만 사설 알베르게를 선택했다. 사설 알베르게이지만 시설은 빈

기온은 높아도 습도가 높지 않아서 그런지 그늘에만 들어가면 시원하다

약했다. 그래도 찬물 샤워를 할 수 있는 게 다행이었다. 레스토랑은 물론 식품 가게도 없고 알베르게에서도 별도의 식사를 제공하지 않아 배낭에 남아 있던 바게트 빵과 소시지와 비상식량을 꺼내 저녁을 해결했다.

밤하늘의 별을 잘 볼 수 있다고 해 새벽에 나와서 본 하늘은 그야말로 별로 가득 차 있었다. 산중턱 마을에 알베르게만 있고 민가가 거의 없다 보니 새벽에는 마을 전체에 불 켜진 곳이 하나 없었다. 거기에 건조한 공기 덕분에 별 보는 데 최적의 조건이라는 생각이 들었다.

순례용 나무 지팡이와 조개 팻말을 판매하는 조그만 마을의 상점

신부님 두 분이 아이들 데리고 산 쪽으로 걸어가고 있다

산 중에 위치한 폰세바돈 마을은 조그만 알베르게 몇 개만 있다

## 24일째: 8월 6일, 폰세바돈 → 폰페라다(Ponferrada) (32.5km)

카미노를 시작한 지 24일째 되는 이 날은 가장 많이 걸어야 하는 날이기 때문에 해가 돋기 전인 새벽에 길을 나섰다. 산중이어서 방풍재킷을 껴입어도 추웠다. 어느 정도 오르막을 오르니 평평한 평지가 나타나고 커다란 십자가가 보였다.

먼저 도착한 순례자들이 배낭에서 돌을 꺼내어 십자가 근처에 올려놓았다. 자기 집 근처에 있는 돌을 가져와서 올려놓는 게 오랫동안 이어져 온 전통이라고 한다. '그럴 줄 알았으면 나도 조그만 것이라도 가져 왔을 걸…'이라고 후회했다. 주변 돌을 보았더니 대부분 돌에 이를 가져온 사람의 이름과 사연이 쓰여 있었다. 또 십자가 밑 부분에는 조개패와 각종 휘장 그리고 여러 가지 사연을 쓴 천 등이 둘러져 있었다.

길은 이제 하산 길로 이어진다. 얼마간 내려가니 조그만 알베르게가 하나 있다. 이 알베르게 앞에 세계의 여러 도시와의 거리를 나타내는 이정표도 있는데 산티아고까지 222km 남았다는 것을 알려 주었다.

카미노 길은 계속 하산길이 이어졌다. 때로는 꽤 경사도가 깊은 구간을 내려가야 하지만 그렇게 위험하지는 않았다. 어느 정도 내려가니 엘 아세보(El Acebo) 마을이 보였다. 이 마을 중심부에는 철제로 된 자전거 모양의 조형물이 있는데 이는 급한 경사면 구간을 내려오다 사고로 숨진 독일인 자전거 순례자를 기리기 위한 것이라고 한다.

또 하나의 마을을 거쳐 몰리니세까(Molinaseca) 마을에 도착했다. 마치 스위스 알프스 숲 속에 있는 마을처럼 아름다웠다.

숲에 둘러싸여 있고 마을 입구에는 돌로 된 다리 밑으로 맑은 물이 흘렀다.

　며칠 전부터 비슷하게 걸었던 마드리드에서 온 중년의 여자 순례자 한 명이 나보고 이 다리 밑에서 수영을 하고 가자고 했다. 수영복을 가지고 오지 않았다고 하니 그럼 발만이라도 담구고 가자고 했다. 양말을 벗고 바지를 걷어 무릎까지 들어가 보았는데 정말 시원했다. 나보고 자기 배낭을 잠시 보아 달라고

스위스 알프스 숲 속 마을처럼 아름다운 몰리니세까 마을이 멀리 보인다

부탁하고 사라졌던 그 여자 분은 수영복을 입고 나타났다. 조금 있으니 다른 사람들도 수영복을 입고 나타났다. 알고 보니 이곳은 물놀이를 하는 곳으로 이름 난 곳이었다.

물놀이 후에 옆 카페에서 아이스커피를 마시다 점심시간이 되었으니 거기서 식사를 하자고 제안해 왔다. 그 마을은 식도락가에게 유명한 곳이라고 하는데 특히 그 지역 포도주·사과·배·고추·소시지 육포 등 여섯 가지 음식이 유명하다고 한다.

레스토랑에서 포도주와 함께 그 지역 대표 요리를 담은 타파스를 안주로 하여 점심을 하면서 영화 이야기 등 여러 이야기를 화제로 오랜만에 흥미로운 대화 시간을 가졌다. 이날 얘기했던 사람은 사진작가로 세계 여러 곳을 여행했다고 한다. 우리나라의 김기덕 영화감독 영화도 좋아한다고 해서 나를 놀라게 했다.

식사 후 다시 8km를 더 걸어 그 날의 목적지인 폰페라다에 도착했다. 몰리니세까에서 폰페라다로 가는 길은 도로변을 따라 가는 새로 난 길이 거리가 가깝다면서 다들 그 쪽으로 많이 갔다. 나는 안내 책자의 권고대로 옛날 순례 길 루트로 걸었는데 시간이 훨씬 더 걸린다는 것을 나중에 알았다. 나보다 뒤에 있던 순례자들이 새로 난 길로 걸었다고 하는데 알베르게에 훨씬 일찍 도착해 있었다.

그곳의 알베르게는 규모가 상당히 컸다. 마침 순례자들을 위문한다고 지역의 고등학생으로 구성된 기타 합창단이 알베르게 앞마당에서 저녁에 조그만 공연을 열어 주었다. 이 폰페라다는 '철로 된 다리' 라는 뜻을 지니고 있는데 주변의 풍부한 농축산물을 바탕으로 한 다양한 요리가 발달한 지역이라고 한다.

폰세바돈 마을을 지나 산 정상에 있는 철 십자가 주변에는 많은 사람들이 자기 집 근처의 돌을 가져와 이 곳에 쌓아두어 자갈밭을 이루고 있다

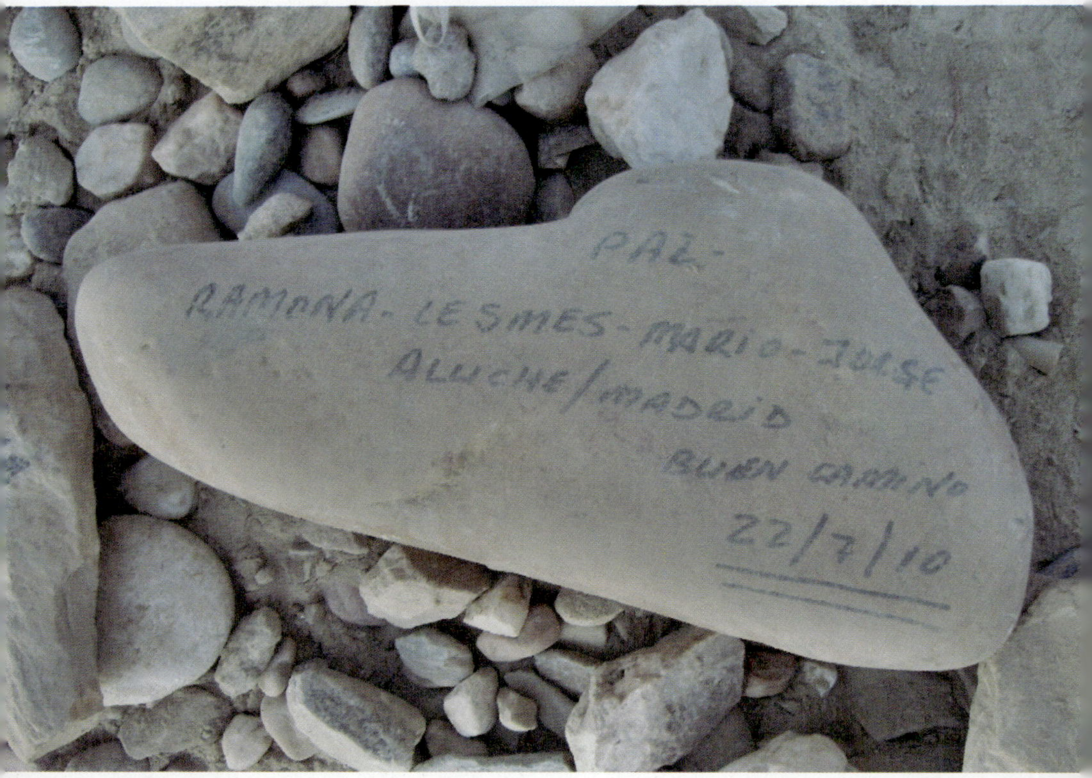
RAMONA-LESMES-MARIO-
ALUCHE/MADRID
BUEN CAMINO
22/7/10

자전거 순례 길에 나섰다가 사고로 운명을 달리 한 지점에 세워진 철제 조형물

영화 이야기를 나누면서 한동안 같이 걸었던 사진작가 스페인 순례자

몰리세니까 마을로 들어서는 다리 밑에는 맑은 강이 흐르고 있다

대규모의 공립 알베르게가 위치한
폰페라다 마을이 멀리서 보인다

미리 알고 온 듯 몰리세니까 마을 강에는 순례자들이 수영복을 준비해와 더위를 식히고 있다

## 바) 폰페라다 → 산티아고 구간

▲ 프랑스길 상세 지도 5(폰페라다-산티아고)

### 25일째: 8월 7일, 폰페라다 → 비야프랑까 델 비에르소(Villafranca del Bierzo) (23km)

여명이 트기 전에 길을 나섰다. 도심지를 통과하며 걸어가는데 전광판에 그날 기온이 14도라고 나타나 있었다. 이곳의 날씨는 한낮에는 뜨겁지만 새벽에는 매우 선선했다.

걸은 지 얼마 되지 않아 독특하고 멋진 성이 나타났다. 12세기에 지었다는 템플(temple)기사단의 성이었는데, 돌로 만든 성으로 유럽의 성 중에서도 가장 튼튼하게 지어졌다는 느낌을 받았다. 보존 상태도 아주 훌륭했다. 전날 이 곳을 제대로 보지

산티아고 순례자의 길 스페인 포르토마린(Portomarin) 일대를 거니는 순례자들

못한 것이 아쉬웠다.

폰페라다를 빠져 나와 약 5km 정도 걸으면 꼴룸브리아노스(Columbrianos)마을이 나타났다. 이곳은 포르투갈의 코임브라(Coimbra) 사람들이 많이 이주해 와서 살았던 곳이라고 하는데 주변에는 거대한 포도밭이 많았다. 이 지역에서 생산되는 포도주는 스페인에서도 꽤 좋은 품질로 유명하다고 한다. 이를 체험할 수 있는 포도주 시음장 및 전시장도 길옆에 있었다.

길은 포도밭 사이로 이어졌다. 중간에 만난 까까벨로스(Cacabelos)라는 마을 역시 온화한 날씨와 좋은 토양으로 포도주 산지로 유명하다. 포도주는 물론 이를 증류시켜

와인 생산지로 유명한 까까벨로스 마을의 포도주 시음장

50도가 넘는 일종의 코냑과 같은 술인 오루호(Orujos)로도 유명하다. 마을 사람들이 카드놀이를 즐기며 도박성이 짙은 게임을 옛날부터 해왔는데 이 때문에 타로 카드가 이 마을에서 기원했다는 흥미로운 이야기도 들었다.

구릉지대에 널린 포도밭 사이로 난 길을 걷다 보면 어느새 내리막길로 변하면서 계곡의 아래쪽에 그날의 목적지였던 비야프랑까 델 비에르소 마을이 보였다.

계곡 밑에 자리 잡은 이 마을은 인구는 많지 않지만 꽤 큰 규모의 성당과 수도원 등이 많이 자리 잡고 있다. 이 곳은 나폴레옹이 이끄는 프랑스군과 영국군 사이의 전투가 일어났던 곳이라고 하는데 지금은 스페인 사람들이 여름 휴양지로서 많이 찾는다고 한다.

그날 묵은 알베르게에서 모기인지 무엇인지 모를 벌레에게 잔뜩 물려 참으로 고통스러운 며칠을 보내야 했기에 이 곳이 기억에 많이 남는다. 밤중에 자는데 팔이 몹시 가려웠다. 랜턴을 켜고 주변을 보니 돌로 된 벽면에 이상한 벌레들이 기어 다니고 있는 것이 보였다. 기겁을 하고 일어난 그 이후로 그날 밤 잠을 이룰 수 없었다. 이것이 악명 높은 베드버그가 아닌지 고민하면서 물파스를 연신 발라도 그 때뿐이었다.

나중에 어느 알베르게인지를 크레덴셜에 찍힌 스탬프를 보고 알아냈다. 'Albergue de peregrinos Ave Fenix'라는 곳인데 길옆에 바로 있지만 절대 그 곳에 투숙하지 말기를 바란다. 전체 순례 길 중에서 가장 힘들었던 악몽의 순간은 바로 벌레에 물려 가려워 고생을 해야 했던 바로 그 순간이었다.

여명 속에 지나간 템플 기사단 성으로 12세기에 지어진 견고한 석축 성으로 전 날 보지 못했던 것을 후회해야 했다

폰페라다 마을 중심부 거리를 새벽에 통과하는데 여름이지만 새벽 기온이 14℃로 서늘했다

꼴룸브리아노스 마을 거리에서 보았던 순례길 이정표와 성 야고보 벽화

꼴룸브리아노스 마을 중심부에 있는 시계탑

## 26일째: 8월 8일, 비야프랑까 델 비에르소 → 알토 도 포요(Alto do Poio) (35.7km)

벌레에 물려 제대로 자지 못해 아예 이른 새벽에 알베르게를 빠져 나왔다. 이날은 산 정상까지 계속 오르막을 올라가야 하므로 좀 힘든 하루를 예상하고 걷기 시작했다.

계곡 아래쪽으로 몇 개의 조그만 마을이 계속 나왔다. 무엇보다도 울창한 밤나무 숲이 계곡 사이에 자리 잡고 있어 한낮에도 시원한 느낌을 줄 것 같았다. 주위를 둘러보니 보랏빛 야생화가 만발해 있었다. 한쪽에는 시원한 계곡물이 흐르고 있어 걷기에는 더없이 좋은 환경이었다. 이런 길을 약 20km 정도 걸어갔다. 길도 거의 평지라서 5시간 만에 베가 데 발까로세(Vega de Valcarce) 마을까지 걸어갔다.

이 마을부터는 서서히 길이 오르막으로 변하기 시작했다. 어느 정도 오르니 시야가 탁 트이면서 저 멀리까지 잘 보이기 시작했다. 지나온 마을들이 마치 동화 속의 마을처럼 숲 속에 자리 잡고 있는 것이 보였다.

눈은 즐겁지만 경사도가 심해지고 구름 한 점 없는 뜨거운 날씨여서 상당히 힘이 들었다. 길은 말라서 황토 빛 먼지가 폴폴 날렸다. 거기다 이미 20km 이상 걸은 후라서 더욱 힘이 들었다. 산 정상 부근으로 올라가니 드디어 산티아고가 속한 갈라시아 지방으로 들어서고 있다는 표지석이 보였다. 인증 사진을 찍고 좀더 올라가니 드디어 오 세브레이오(O Cebreiro)마을이 나왔다.

이곳은 유명 관광지여서 그런지 다른 길로 해서 차량이 이곳

갈라시아 지방 입구 표지석

까지 올라 올 수 있었다. 많은 사람들이 '성배의 기적'이 일어났다는 '산따 마리아 라 레알 성당(Iglesia de Santa Maria la Real)'을 참배했다.

그날 새벽부터 30km 이상을 걸어 왔기에 피곤한 마음으로 알베르게를 찾아 가니 오후 3시밖에 되지 않았는데 이미 만원이라고 했다. 지금까지 알베르게가 만원이 되었다는 말을 들은 적이 없어서 더욱 당황했다. 하는 수 없이 다음 마을까지 가야 했다. 그런데 다음 마을 알베르게도 만원이어서 또 다시 다음 마을로 갔는데 거기조차도 만원이었다. 결국 8.5km를 더 걸어와서 알토 도 포요라는 조그만 마을에 있는 알베르게에서 겨우 잠자리를 구할 수 있었다.

걸어오는 중간에 보니 순례 길 관련 책에서 많이 보던 순례자 청동상이 보였다. 이 청동상은 마치 세찬 바람 속을 힘겹게 걸어가는 것 같은 인상을 줬다. 바람에 날아갈 것만 같은 모자를 잡고, 힘겹게 지팡이를 잡고 걸어가는 순례자 모습의 기념물로서 매우 인상적이었다. 옆에 '해발 1270m'라는 표지판이 보였다.

이 산에는 자동차 도로와 함께 자전거 도로도 같이 나있다. 알토 도 포요에 도착하기 전에 한 번 더 오르막이 나온다. 많이 지친 상태에서 오르니 눈앞에 조그만 호텔과 바 그리고 알베르게가 나타났다. 이날이 산티아고 순례 길 중 가장 멀리 걸은 날이기도 하고 힘들었던 날이기도 했다.

베가 데 발까로세부터 상당한 경사로를 올라오니 펼쳐진 풍경

토마토 수프와 포도주

오 세브리오 마을 근처에 있던 순례자 청동상

### 27일째: 8월 9일, 알토 도 포요 → 사리아(Sarria) (33.4km)

　최종 목표지점인 산티아고 도착까지는 일주일이 채 남지 않다 보니 점점 기대감이 높아질 무렵이었다. 갈라시아 지방으로 들어서니 중간 중간에 이정표가 나오는데 산티아고까지의 남은 거리를 알려줬다.

　갈라시아 지방으로 들어서고부터는 순례자가 급격히 많아진다고 느꼈다. 성모승천대축일에 맞추어 산티아고로 들어가려는 사람들이 스페인 각지에서 몰려 온듯했다. 길 위에서 만난 스페인 순례자들은 여름휴가를 이용해 왔다고 하는데 2010년 이후 다음 성년은 2021년이나 되어야 해서 서둘러 순례 길에 합류했다고 말했다.

　갈라시아 지방은 다른 스페인 지역보다 유독 농업과 목축업에 종사하는 사람이 많은 듯 보였다. 순례 길을 걷다가 보면 소를 몰고 가는 시골 주민을 많이 볼 수 있었다. 규모는 다소 영세한 목축업 수준이었고 가끔은 소 분뇨 냄새도 많이 났다. 이 역시 농작물 거름으로 사용하려고 모아둔 것에서 나는 듯 했다.

　꾸준히 내리막길을 걸으면서 몇 개의 조그만 마을을 거치면 뜨리아까스떼야(Triacastela) 마을에 도착했다. 여기서 사리아까지는 두 개의 길이 있다. 사모스(Samos)라는 큰 마을을 거치는 루트는 대부분 평지이지만 도로를 따라 걷는 구간이 많다고 하며, 다른 루트는 거의

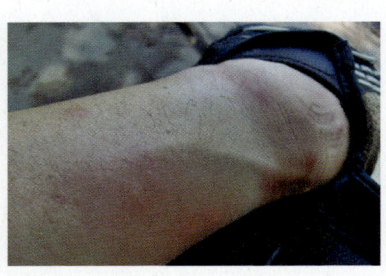

카미노 순례 길에서 가장 힘든 순간은 벌레에 물려 가려움으로 고생한 거였다

갈라시아 지방으로 들어서고부터는 순례자가 급격히 많아졌다

산길로 오르막 내리막이 심한 길이지만 호젓하고 아름다운 길이라고 한다.

나는 산길로 접어드는 루트를 택하여 걸었다. 이 길은 정말 호젓한 길이었다. 아마 여성 순례자라면 워낙 인적이 적어 무서움을 느낄 수도 있겠다는 생각이 들었다. 오르막 내리막이 심하다고 안내 책자에는 적혀 있지만 주말 산행을 꾸준히 한 나로서는 그저 북한산 둘레길 정도의 수준으로 생각될 정도였다.

무엇보다도 우거진 밤나무와 떡갈나무 숲 사이로 걷는 게 그렇게

산길을 걷다 조우한 산딸기

상쾌할 수가 없었다. 짙은 녹음 속을 걷다 보니 야생 산딸기도 보이고 커다란 고사리도 보였다. 중간 무렵 커다란 조개 모양을 한 샘터도 있었다. 또 농가 몇 채 만이 있는 아주 조그만 마을도 지나게 됐다. 아마 아름답기고 쾌적하기로는 산티아고 순례 길 중 최고가 아닐까 생각된다. 이날도 30km 이상을 걸어 사리아에 도착했다. 사리아에서는 다행히 알베르게가 몇 군데 있어서 우려했던 알베르게를 잡지 못해 다음 마을까지 가야하는 일은 일어나지 않았다.

알베르게 구하기가 힘든 것을 아는 듯 텐트를 가지고 오는 순례자도 보였다

사리아로 가는 길에서 만난 농가

갈라시아 지방 산골은 조그만 목축업으로 생활하는 사람이 많은 듯 보였다

산위에서 갈라시아 지방이 펼쳐진다

인적이 드문 산길로 택해 걸은 사리아로 가는 길

## 28일째: 8월 10일, 사리아 → 포르토마린(Portomarín) (22km)

이제 산티아고까지 108km 정도 남았음을 알리는 현수막

넓은 초지에 방목되는 젖소들

이제 산티아고 입성까지 100km 정도 조금 더 남았다. 그날 중 100km 남았음을 알려주는 표지석을 지나가게 된다고 했다. 100km 이상을 걸어야 완주증서를 주기 때문에 순례자들이 많아 알베르게 잡기 전쟁이 일어날 것 같아 새벽에 일찍 출발했다.

길을 나서니 오랜만에 안개가 자욱이 끼어 있었다. 지금까지 길에 안개가 자욱이 낀 것을 본 적이 별로 없었는데 안개 낀 길을 걸으니 마음이 차분해졌다. 한적한 농촌 마을의 길을 걸었다. 옆으로는 젖소 목장이 보였다. 중간 중간에 조그만 농촌 마을이 자주 나타났다.

걷다가 보니 누가 인사를 건넸다. 2주 전 로그로뇨 도시로 들어 갈 때 만났던 미국 퇴역 장교와 미국인 신부, 슬로베니아에서 온 신혼 부부, 그리고 우리나라에서 온 젊은 여성 순례자들이 한 그룹이 되어 걷고 있었다. 나도 자연스럽게 그들과 합류하여 같이 걸어 포르토마린으로 들어갔다.

정오가 조금 더 지난 시간인데 벌써 알베르게에 순서를 기다리는 줄이 길었다. 알베르게는 보통 오후 2시에 열기 때문에 차례를 기다리는 것인데 뜨거운 햇볕 아래 줄 서 있기가 힘들어 대부분 배낭을 차례대로 내려놓고 그늘에 가서 쉬면서 기다렸다.

오후 2시가 넘어서야 입장이 시작되고 우리는 알베르게에 겨우 자리를 차지할 수 있었다. 앞으로의 날이 걱정이 됐다. 그날 같이 걸었던 6명이 함께 점심 식

알베르게 구하기 전쟁이라 온 순서대로 놓여있는 배낭들

포르또마린 성당

사를 하기로 하고 슈퍼마켓에서 바게트 빵과 토마토·오이·치즈·소시지 등으로 길쭉한 서브마린(Submarine)스타일의 햄버거를 만들어 차가운 캔 맥주와 함께 점심 식사를 한 다음 마을 구경에 나섰다.

포르토 마린은 큰 강가에 위에 있는 마을로 인구는 약 2천 명 정도라고 하는데 1960년대 댐 건설로 옛날 마을이 수몰되어서 강 둑 위에 새로이 옮겨 지은 마을이라고 한다. 강가에는 관광객을 위한 호텔 및 리조트도 들어서 있었다. 이에 딸린 수영장에서 수영을 하거나 선탠을 즐기는 사람들을 보고 있자니 왠지 나 자신이 아주 처량하다고 느껴졌다. 발길을 이리 저리 옮겨 성당도 구경하다 보니 시내의 기념품 가게가 몇 개 있었다. 한 곳의 진열장에 카미노를 상징하는 패치(patch)를 팔고 있었다. 좋은 기념이 될 것 같아 사서 귀국 후 등산 배낭 뒤에 붙여 놓았다.

사리아를 떠나 걷는 길이 안개에 쌓여 신비로움을 더했다

2주 만에 다시 본 순례자들로 그 그룹중에는 한국여성 한명이 같이 걷고 있었다

산티아고에서부터 100km 떨어진 곳에 있는 포르토마린에서부터 순례를 시작하는 사람도 많다

슬로베니아에서 신혼여행으로 왔다는 커플 순례자

저녁에 선선한 바람을 즐기며 성당 앞 돌 계단에서 담소를 나눈다'

강변에 위치한 포르또마린은 휴양지로도 유명해 야외 수영장 시설도 있다

기념품점에서 만난 홍콩에서 온 초등학교 선생님 순례자

포르또마린에서 만난 어린 순례자들로
방학을 맞아 나온 듯 했다

### 29일째: 8월 11일, 뽀르또마린 → 빨라스 데 레이(Palas de Rei) (25.5km)

알베르게 잡기 전쟁에 대비하기 위해 다들 일찍 길을 나섰다. 나 역시 5시경 어둠 속에 출발했다. 어느 정도 걸으니 동이 터오는데 동쪽 하늘에 떠 있는 구름이 떠오르는 태양의 빛을 받아 빨갛게 변해 있었다. 날씨가 좋으니 오늘도 또 더운 하루를 걸을 것 같다. 길은 완만하지만 계속하여 오르막으로 이어지는데 주로 차량 통행이 적은 길과 나란히 걷게 된다. 오전 10시 경이 지나니 본격적으로 날이 뜨거워지기 시작했다. 다행히 중간 중간에 떡갈나무 숲과 호주에서 많이 보았던 유칼립투스(Eucalyptus) 나무가 보이기 시작했다.

뒤에서 누가 "어디서 왔느냐?"고 물어 보는 소리에 뒤돌아보니 조그만 동양 여자가 양산을 한손에 들고 걷고 있었다. 홍콩에서 온 초등학교 선생님이라고 하는데 전산학을 전공했다고 했다. 뜨거운 산티아고 길에 양산을 들고 걷는 것은 정말 좋은 아이디어라고 생각되었다. 나는 주위의 시선을 의식해 해보지는 못 했지만 상당히 시원하다고 했다.

누군가 만들어 놓은 꽃으로 장식 된 샘터

출발한 지 약 11km 정도부터는 길이 또 완만한 내리막으로 변하고 떡갈나무 숲도 계속 이어져 편한 길이 계속됐다.

조그만 마을의 집 안에는 소철나무 등이 보여 기후가 따뜻한 곳임을 알 수

17세기에 순례자들의 안녕을 위해 만들어졌다는 돌기둥 십자가

있었다. 또 어느 정도 걷다 보니 왼쪽 옆으로 17세기에 순례자들의 안녕을 기원하기 위해 만들어졌다는 돌기둥 형태의 십자가가 나왔다. 꽤 오랜 풍상을 견딘 듯 이끼도 끼고 해서 로마시대에 만들어졌겠지 여기고 옆에서 인증 사진을 찍었다. 나중에 알고 보니 17세기 무렵에 만들어 진 것이라 했다.

오후 1시 경 그날의 목적지인 팔라스 데 레이 마을에 도착했다. 일찍 도착한 편인데도 앞의 줄이 꽤 길었다. 그래도 알베르게가 커서 숙소를 잡을 수 있었다. 나중에 들었지만 이 때 순례자들이 몰려들어 혼란을 빚자 신문 등 매스컴에서 해결방안을 마련하라고 지방 정부를 압박했다고 한다. 그 대책으로 인근 학교의 체육관을 임시 알베르게로 만들어 수용했다고 한다.

이 지역은 질 좋은 치즈가 유명하다고 해 저녁은 숙소 인근 레스토랑에서 파스타 및 스페인 명물 소꼬리 찜 요리와 함께 치즈를 안주로 해서 와인을 마셨다.

알베르게 숙소 확보 전쟁 때문에 오후 1시만 되면 이렇게 장사진을 이룬다

스페인 명물 소갈비찜과 스파게티 세트 저녁 메뉴에 와인과 빵은 기본으로 제공된다

아침 햇살에 아름답게 물든 맑은 하늘과 구름 풍광

스페인 빨라스 데 레이(Palas de Rei) 일대 순례길 풍경

유칼립투스 나무가 우거져 시원한 팔라스 데 레이 마을로 가는 길

### 30일째: 8월 12일, 팔라스 데 레이 → 아르수아(Aruzua) (28.7km)

30일째 카미노 구간은 정말로 걷는 사람들이 눈에 띄게 많았다. 마치 앞뒤에 있는 순례자들이 거의 줄을 서서 가듯이 몇 명씩 모여 걸어갔다.

길은 오르막과 내리막이 이어지는데 다행히 숲길이 많았다. 특히 유칼립투스 나무숲이 많아서 특이했다. 박하사탕과 같이 독특한 향을 가지고 있어 향료와 목 사탕의 재료로 많이 사용되는 이 나무숲을 지나면 독특하고 시원한 향을 만끽할 수 있어서 좋았다.

어떤 루트에는 떡갈나무와 오리나무 그리고 소나무 숲이 연이어 펼쳐졌다. 또 목초 지대도 많이 지나게 되는데 마을마다 먼 옛날 갈라시아 지방에서 곡식창고로 쓰였다는 오레오(Horreo)가 나타났다. 이 창고의 특징은 모두 땅에서 1m 정도 떨어뜨린 허공에 지었다는 점인데, 통풍을 위해서 창이 나 있었다. 이끼가 낀 석재 오레오에서는 세월의 풍상을 느낄 수도 있었다.

조그만 마을길과 숲 속 길을 반복해 걷다가 멜리데(Melide)라는 큰 마을에 도착했다. 인구는 9천여 명이라고 하는데 거의 조그만 도시 수준으로 중심부근은 꽤 번잡했다. 많은 순례자들이 이 곳에서 점심을 먹거나 카페에서 쉬고 갔다.

점심 식사 후 걷는 길은 다시 조용한 농촌 길로 이어졌다. 약 2시간 정도 더 걸어 리바디소 다 바이쇼(Ribadiso da Baixo)라는 마을에 도착해 보니 조그만 알베르게에 줄을 선 게 보였다. 원래 목적지로는 3km 정도 앞에 있는 아르수아(Aruzua) 였으

새벽부터 길을 재촉한 순례자들이 멜리데 마을 카페에 모여 이른 점심을 먹거나 커피를 마시고 있다

카페 라떼를 시키자 우유를 듬뿍 따라 주는데 대략 1유로 정도로 저렴하다

나 역시 알베르게를 잡지 못할까 걱정되었다. 그래서 이 마을 알베르게의 수용인원을 물어 보니 줄 선 사람보다 좀 더 여유가 있다는 말에 아예 자리가 보장되는 이곳에 묵기로 했다. 그러나 막상 줄을 서면서 안내책자를 보니 그렇게 되면 내일 걸어야 할 거리가 자그마치 34.6km나 남았다. 만만치 않은 긴 거리를 조금이라도 줄여야 하겠다는 생각에 다시 길을 나서 아르수아에 도착했다.

거기도 꽤 큰 마을로 도시에 가까운 꽤 큰 마을이었는데 몇몇 개의 알베르게를 거친 끝에 겨우 사설 알베르게를 하나 찾아서 여장을 풀 수 있었다. 다소 비싼 값을 지불했지만 쾌적한 시설이 너무 마음에 들었다.

그러다 보니 긴 거리를 걸어오면서 공립 알베르게를 원칙으로 삼았던 나의 방침에 후회가 들었다. 물론 순례길이란 게 편함을 추구하는 것은 아니지만 4~5유로를 더 주면 선택할 수 있는 쾌적한 사설 알베르게를 놓아두고 공립 알베르게로 갔던 게 현명하지만은 않았음을 순례길 끝날 때쯤에야 깨닫게 되었다.

멜리데 마을 입구에서 만난 오래 된 석축교

규모가 제법 큰 멜리데 마을 중심부에 있던 성당으로 스페인은 마을 마다 크던 작던 성당 하나는 있다

리바디소 다 바이쇼 마을 알베르게에서 차례를 기다리는 순례자들

### 31일째: 8월 13일, 아르수아 → 몬테 도 고조(Monte do Gozo) (34.6km)

무리수를 두면 당일치기로 산티아고에 입성 하는 것도 가능하지만 보통 산티아고 도시 외곽 언덕에 있는 몬테 도 고조에 있는 대규모 알베르게에서 묵고 다음 날 아침 산티아고로 들어가는 것이 편하다고 한다.

마지막 길이지만 걸어야 할 길이 35km 정도로 긴 거리다. 아침에 옷을 갈아입는데 그 동안 살이 빠졌는지 바지가 헐렁하다는 느낌이 들었다. 아르수아 거리를 빠져 나오니 바로 평탄한 숲길로 이어졌다. 키가 거의 10m는 되는 듯 보이는 유칼립투스 나무 사이로 난 길을 편하게 걸을 수 있었다.

많은 사람의 순례자들이 부지런히 걷고 있었다. 어느새 산티아고까지 29km 남았음을 알려주는 표시석이 나와 잠시 감회

산티아고까지 29.5km 밖에 남지 않았음을 알려주는 표지석   후반부에 같이 걸었던 루마니아에서 온 순례자   산티아고에 가까워지면서 자주 나타나는 조형물

에 젖었다. 순례 길은 숲길과 다시 도로를 따라 걷는 길이 반복되면서 점점 산티아고에 가까이 가고 있음을 알 수 있는 표시가 곳곳에서 보였다. 또 공항이 가까운지 바로 머리 위로 비행기가 지나가는 게 보였다. 차를 한 번도 안 탄지 한 달도 넘었는데 이제 며칠 후에는 저 비행기 타고 여기를 떠날 거라는 생각을 하니 약간 감상적인 기분이 들었다.

다시 또 계속 걷고 나서 몇 시간 지났을까. 마지막 구간이라는 생각이 들어서인지 발걸음 하나하나가 좀 힘들었다. 중간에 별로 눈길을 끄는 곳도 없었다. 그저 교외의 주택가 길로 이어지는 길을 걷다가 환희의 언덕이라는 뜻의 '몬테 도 고조'에는 거의 기진맥진 한 상태로 도착했다. 이 언덕위에는 1982년 교황 바오로 2세가 방문한 것을 기념한 대형 조형물이 자리 잡고 있었다. 높은 언덕이어서 산티아고 성당을 비롯한 전 시가지가 한 눈에 다 들어왔다.

바로 밑에 알베르게가 있는데 규모가 어마어마하게 크다. 큰 규모의 알베르게 덕에 쉽게 자리를 잡을 수 있었다. 이 알베르게는 군대 막사와 같은 건물이 여러 동 줄지어 서 있는데 그 안에 슈퍼마켓과 카페도 있으며 중간 중간에는 이정표도 세워져 있다. 내일이면 산티아고에 입성한다는 설렘과 기대임 속에 고단한 하루를 마무리했다.

곡식 저장고로 쓰이는 듯한 창고 옆에 세워진 산티아고 순례길 이정표

몬테 도 고조의 '환희의 언덕'에 있던 교황 바오로 2세 방문 기념 조형 탑

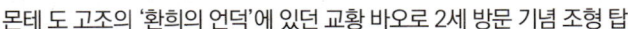

쭉쭉 뻗어있는 유칼립투스 나무는 독특한 향을 가지고 있어 향료와 목 사탕의 재료로 많이 사용 된다

초대형 규모의 알베르게가 있는 몬테 도 고조 언덕에 오르면 멀리 산티아고가 보인다

몬테 도 고조 알베르게에는 조그만 병원까지 있을 정도로 규모가 크다

## 32일째: 8월 14일, 몬테 도 고조 → 산티아고 (4.5km)

32일째 날 아침에 여유 있게 출발했다. 언덕을 내려 도심지로 향하는데 오래된 석조 조형물에 '바야 콘 디오스(Vaya con Dios)'라는 글귀가 적혀 있다. 예전에 자주 들었던 70년대 팝송들 중 한 노래 제목인 것 같다는 생각이 들었는데 나중에는 '신과 함께 가라'라는 의미라는 걸 인터넷검색을 통해 알았다.

본격적인 도심지 구간을 한 시간 이상 걸어 산티아고 대성당 앞에 도착했다. 그런데 별다른 큰 감정 변화가 느껴지지 않았다. 그저 이제 목표로 했던 곳에 별 탈 없이 도착했구나 하는 정도랄까. 주위에는 기쁨의 눈물을 흘리며 기도하는 사람. 심지어 돌로 만든 성당 앞마당에 입맞춤을 하는 사람도 있었다. 반면 나는 너무 감정이 메마른 사람이 아닐까 하는 생각이 들었다.

잠시 이런 생각을 하다가 순례 완주 증명서를 발급 받아야 한다는 생각으로 옆에 부속 건물 쪽으로 발길을 옮기니 장사진을 이뤘다. 2시간 정도 기다린 끝에 크레덴셜을 보이고 제대로 100km 이상을 걸어 왔는지를 검증 받은 후 라틴어로 쓰여 진 완주 증명서를 받았다.

산티아고 시내 초입에서 본 순례자 모습을 나타내는 조형물

다시 성당 앞 광장으로 나와 곳곳을 둘러보고 성당 안으로 들

어가 내부를 구경했다. 하지만 사람이 너무 많아 내부 박물관 등은 보지 못하고 나왔다. 알베르게를 일찍 잡지 않으면 잠자리 구하기 어렵다는 말이 이곳저곳에서 들려 일단 근처 알베르게 몇 군데에 갔지만 이미 모두 다 만석이라고 했다. 할 수 없이 20분 이상 떨어진 곳에 새로 생긴 사설 알베르게까지 겨우 찾아 잠자리를 마련할 수 있었다.

이곳에 오니 우리나라에서 온 순례자들이 좀 있었다. 반가워서 같이 산티아고 시내 구경을 하기로 하고 다시 성당 쪽으로 걸어 나와 늦은 점심을 먹으러 레스토랑을 기웃기웃해 봤다. 갈라시아 지방은 해산물 요리가 일품이라는 사실을 증명이라도 하듯 레스토랑 앞 진열대에 문어와 각종 조개류 등을 진열해 놓은 것이 많이 보였다. 결국 선택된 요리는 해물 빠에야에 포도주를 곁들여 서로 서로 완주를 축하하는 시간을 가졌다.

성당 앞거리는 정말 순례자들과 관광객들로 가득 차 있었고 엄청난 활기가 느껴졌다. 밤이 되니 더욱 화려해지고 복잡해지는 것 같았다. 우리들은 전에 산티아고 순례를 한 번 했던 초등학교 선생님의 제의로 맥주와 과일을 사들고 산티아고 성당이 잘 내려다보이는 언덕

산티아고 대 성당 외관

위의 공원으로 갔다. 그곳에서 도시의 불빛을 바라보며 산티아고의 밤을 보냈다.

8월 15일은 성모승천기념일이다. 성년을 맞아 미사에 참석하려는 사람이 많을 것 같아 전날 미사시간을 알아 두었는데 본 미사를 10시에 한다고 했다. 여유 있게 8시 반부터 가서 기다리니 9시에 문을 열어 줬다. 모두들 뛰다시피 들어가

순례 완주증명서를 받기 위해 찾은 성당 옆 사무실에서

고 나도 겨우 한 자리를 차지했다. 다행히 중앙 제단이 잘 보이는 곳에 앉을 수 있었다. 혹시 아는 사람이 오면 주려고 옆 자리도 맡아 놓았는데 일주일 전에 알베르게에서 만난 푸에르토리코에서 온 여자가 보였다. 자리를 못 잡아 안타까워하는 것을 보고 손짓으로 와서 앉으라고 하니 너무 고마워했다. 나도 예전에 그 사람에게 벌레 물린데 바르는 약을 받아 사용했으니 은혜를 갚은 셈이 되었다.

미사를 드리기 위해 산티아고 대성당으로 들어가는 문으로 내부에는 박물관도 있다

미사가 시작되면서 성당 안에 향을 피운 향로가 천장으로 올려졌다. 이것을 잡아당기면 허공에서 크게 좌우로 진자 운동을 하게 된다. 가톨릭 신자도 아닌 나조차 신의 축복을 기원하게 되는 광경이었다. 이어서 라틴어로 된 순례 완주 축하 말씀도 전해 들었다.

교황 방문을 기념하는 부조가 장식된 산티아고 대성당 벽면

깊이 생각하지 않고 떠난 순례 길인데 참 날짜를 잘 잡은 것 같았다. 7월 25일 성 야고보의 날에는 부르고스 성당에서 미사에 참석할 수 있었고 또 8월 15일 성모 승천대축일에는 산티아고 성당의 본 미사에 참석할 수 있었던 건 참으로 큰 행운이라고 생각되었다.

독특한 복장을 판매하는 기념품점

산티아고는 인구 10만 명의 현대적 대도시이다

산티아고 대성당 주변에는 관광객들도 많아 레스토랑과 바들도 성업중이다

산티아고 대성당 앞 광장에 성년(聖年)을 맞아 많은 순례자와 관광객들로 붐볐다

산티아고 대성당 주변의 거리 모습으로 레스토랑과 호텔, 기념품점으로 가득 차 있다

밑에서 올려서 찍어 본 산티아고 대성당 정면 모습

예수님과 성 야고보 복장을 하고 관광객을 상대로 모델이 되어 준다

대성당 근처 공원에서 휴식을 취하는 순례자와 관광객들

미사에 참석하고 나오면서 대성당 앞에서의 기념사진

8월 15일 성모승천 대축일 미사에 입장하기 위해 줄을 서있는 순례자들

성모승천대축일 날 산티아고 대성당 앞 광장 모습

해질녘 언덕 위 공원에서 내려다 본 산티아고 대성당

한국에서 방학을 마아 온 여성 선생님 순례자분들과 함께

## 사) 피스테라 · 무시아 걷기 및 바르셀로나 관광

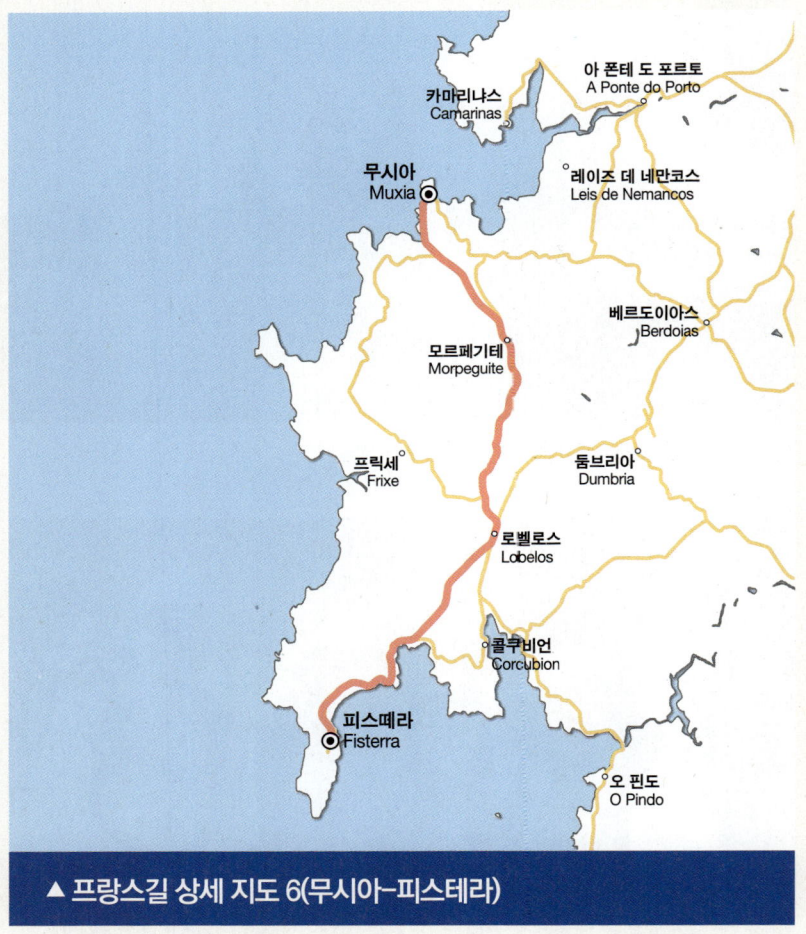

▲ 프랑스길 상세 지도 6(무시아-피스테라)

미사 참석 후 나오니 순례 길 초반에 만나 같이 걸었던 부산 아가씨를 반갑게 만났다.

산티아고에는 아침에 들어왔다고 했다. 우리나라 순례자들 4

명과 함께 계속 걸어 왔단다. 점심을 함께 하면서 앞으로 일정에 대해 논의한 결과 피스테라(Fisterra)로 같이 가기로 했다. 내게 남은 시간은 이틀 반 정도. 4일째 아침에는 바르셀로나를 거쳐 귀국 비행기를 타야 했다.

 시간을 절약하기 위해 오후에 일단 버스 편으로 무시아(Muxia)로 향했다. 무시아는 한적한 어촌 마을로 성모마리아 발현 관련 유래가 깃들어 있는 바닷가에 세워진 노사 세노라 다 바카(Nosa Senora da Barca) 성당과 2002년 유조선의 침몰과 해안 오염을 기억하기 위해 세운 조형물이 있어 유명한 곳이다.

 우리가 도착했을 때는 거의 저녁 무렵이었다. 알베르게를 찾았으나 산티아고에서 버스를 타고 왔다는 사실을 확인하고 받아

무시아 해변의 석양

무시아 해변에 있는 조그만 성당으로 2013년 크리스마스 날 낙뢰로 소실되었다가 복구되었다

주지 않아 호스텔에서 묵을 수밖에 없었다.

다음날 아침 바닷가로 나가 조형물과 성당을 유유히 둘러보았다. 내가 다녀간 지 3년 후 되는 2013년 크리스마스 날 그 성당에 낙뢰가 있어 큰 화재가 발생했다는 뉴스를 들었다. 그런데 오늘날은 완전 복구되었다고 한다. 나는 그 길이 아름답다는 말을 들은 적이 있어, 버스를 타고 간다는 일행과 헤어져 피스테라까지 걷기로 했다. 총연장 29.3km에 이르지만 길은 아주 편하고 아름다웠다.

무시아에서 왼편으로 난 길은 한동안 해안가를 끼고 걷게 된다. 정말 아름다운 해변으로 백사장이 넓게 펼쳐져 있고 물색도 투명한 에메랄드빛이다. 감탄을 하며 걸어가는데 그 좋은 해변과 백사장에 해수욕을 하는 사람은 없었다.

어느 정도 걸으니 길은 시골 밭길과 숲속 길로 이어진다. 길도 넓고 주위에 초록색 녹음과 야생화가 만발하여 저절로 힐링이 되는 기분이 들었다. 산티아고 완주도 끝낸 후 걸으니 마치 숙제를 다 끝낸 기분이랄까. 그런 편안함을 느끼며 걸었다. 중간 중간에 시골 마을도 나오고 카페도 나와 적당히 쉬면

무시아에서 맞이한 아침 햇살

서 걸었다. 뜨겁기는 하지만 날씨가 너무 좋았다. 걷는 사람이 거의 없어 왠지 고독하다는 게 좀 아쉬웠다.

피스테라에 도착하기 2시간 전쯤 카스트로(Castro)라는 강이 나왔지만 좀 큰 시냇물 정도였다. 그런데 거기를 건너려 하니 징검다리의 돌이 모두 물에 잠겨 있었다. 그냥 건너면 등산화가 젖을 것 같아 맨발로 건너는데 이끼가 있어 미끄러지는 바람에 결국 물에 빠지고 말았다. 약간 상처가 나고 다쳤지만 그보다도 디지털 카메라가 물에 빠져 고장 나고 말았다. 휴대폰은 마침 비닐 주머니에 있어 무사했다. 그래도 아직 일정이 남았는데 사진을 찍지 못한다니 무척 아쉬웠다.

나중에 알았는데 그곳은 물살이 빠르고 이끼가 끼어 있어 나

한적하고 평화로운 무시아 마을의 해변

처럼 미끄러지는 사람이 많은 곳이라고 한다. 이를 피해 돌아가려면 7km를 우회해야 한다고 한다.

피스테라는 오후 3시경 도착했다. 피스테라 마을에서부터 바다가 보이는 등대까지 가려면 다시 오르막길을 한 시간 정도 올라야 한다. 거의 30km를 걸은 후 다시 오르막길을 배낭 메고 걷기가 매우 힘이 들었다. 체력이 많이 소진되었음을 알 수 있었다.

정상 부근에 오르니 조그만 기념품 상점과 등대가 나타났다. 등대 주위에는 몇몇 사람들이 모여 있었다. 안내판에는 '이곳에서 불을 피우지 말라'고 쓰여 있었다. 순례자들이 과거에는 이곳까지 걸어와서 신었던 양말과 옷을 태워 대서양으로 던지는 관습이 있었기 때문인 것 같다. 하지만 몰래 관습을 지키는 사람들도 있는지, 주위의 바위를 보니 불을 피운 흔적이 곳곳에 남아 있었다.

다시 피스테라 마을로 걸어가니 조그만 어촌 마을이지만 순례자와 관광객이 꽤 많이 찾아오는 듯 사설 알베르게와 호텔도 제법 눈에 띄었다. 공설 알베르게에 가서 무시아부터 걸어왔다고 하니 산티아고에서 걸어와야 자격이 있다고 하면서 또 거절당했다. 힘들게 8시간 이상 걸어오고 강에서 물에 빠져 생긴 상처를 빨리 치료하고 싶다면서 재차 부탁하니 못 이기는 척 받아주었다.

그 알베르게는 바닷가 광장 공터에 임시로 만든 것 같았다. 샤워 부스도 외부에 임시로 설치하여 놓았다. 이제 걷는 것은 모두 끝났다는 생각을 하며 파도 소리와 함께 편한 마음으로 잠들 수 있었다.

8월 17일. 이날은 버스를 타고 다시 산티아고로 돌아가는 날이다. 시간적 여유가 많아 무엇을 할까 생각하다가 지도를 보니 휴양지로 유명한 해안가 도시들이 몇 곳 보였다. 이 곳에 내려 점심을 먹으면서 관광 겸 유람을 해야겠다는 생각으로 버스에 올랐다.

차장 너머로 한쪽에는 대서양 바다를 한쪽으로는 산과 마을 보면서 1시간 반 정도 가다가 오 핀도(O pindo)라는 해변 리조트 마을에 버스가 정차하기에 무작정 내렸다.

부유한 스페인 사람들이 오는 리조트 타운 같았다. 여름이 막 바지에 이른 그 곳의 풍경은 남루해진 순례자의 모습과는 잘 어울리지 않았다. 그래도 해산물 전문 레스토랑에 들어가 호기심에 문어 요리를 주문했는데 우리들이 먹는 것과 진배 없었다. 문어를 살짝 삶은 다음 적당한 크기로 잘라서 나오는데 약간의 식초를 넣은 것 같은 느낌이 들었다.

토마토케첩으로 만든 것과 같은 소스가 같이 나오는 게 마치 우리가 초고추장에 찍어 먹는 것과 같다. 시원한 생맥주 한잔과 함께 문어 찜 요리를 먹고 다시 해변을 거닐었다. 마음 같아서는 대서양 바다에 한번 뛰어들고 싶었지만 수영복도 없기에 참을 수밖에 없었다. 다시 버스를 얼마간 지루하게 기다린 후 버스를 잡아타고 산티아고로 돌아 왔다.

산티아고에서 이미 하룻밤 지낸 적이 있는 알베르게에 도착하니 그동안 길을 걷다가 알게 된 몇 명의 순례자들을 반갑게 만날 수 있었다. 산티아고에서의 마지막 밤을 이들과 함께 맥주와 포도주를 마시면서 늦게까지 같이 보냈다.

8월 18일 아침. 무시아와 피스테라 갈 때 이용했던 터라 익숙해진 공용 버스 터미널에서 공항 가는 버스를 타고 일찍 떠났다. 일종의 저가 항공사인 뷰엘링항공을 이용해 바르셀로나로 갔다.

바르셀로나는 출장 등으로 한번 온 적이 있어 가족 성당(La Sagrada Familia)이나 구엘 공원(Guell Park) 등의 관광지는 이미 보았기에 빨리 집으로 가고 싶어 별도의 바르셀로나 관광 계획은 세우지 않았다.

그날 귀국 항공편이 연결되지 않아 다음날 아침까지 기다려야 했기에 호텔도 공항 근처에 있는 곳으로 예약했었다. 정오에 일찍 호텔에 들어가 쉬고 있으니까 시간이 아깝다는 생각이 들었다. 호텔 프런트데스크에 물어 보니 시내버스 정류장이 머지 않은 곳에 있어 시내 중심가까지 간다고 했다. 최대한 시간을 활용하자는 생각으로 10분쯤 걸어 버스를 탔다. 버스는 이리저리 바르셀로나 외곽으로부터 시내를 잘 구경시켜 주면서 운행했다. 창밖을 보다 보니 낯 익은 곳이 나왔다. 바르셀로나 올림픽 때 황영조 선수가 힘겹게 넘던 몬주익 언덕을 확인하고는 다음 정류장에 내렸다.

일단 꽤 큰 규모의 성으로 17세기에 축조된 몬주익 성 (Montjuïc Castle)부터 구경을 시작했다. 성 위쪽으로 올라가자 항구 쪽이 한눈에 들어왔다. 이 몬주익 성을 기점으로 하여 중심가 쪽으로 걸음을 옮겨 람브라스 거리(Ramblas Street)를 거쳐 내려오면서 포트 벨(Port vell) 항구에 있는 콜럼부스 동상

성 야고보의 유해를 태운 돌로 만든 배의 전설이 새겨진 해변의 바위에서의 기념사진

이 있는 광장까지 걸어 내려갔다.

　이 광장에는 그야말로 세계 각지에서 몰려 온 관광객들로 북적였다. 옆에는 해양박물관도 있어 해양강국의 시대를 누리던 스페인의 역사를 볼 수 있어 들어가 관람했다.

　해양 박물관 관람 후 다시 카탈루냐 광장 쪽으로 람블라스 거리를 따라 올라 보니 보케리아 시장(Boqueria Market)이 위치해 있었다.

　해외여행을 즐기면서 여행지의 전통 시장을 구경한다는 건 언제나 흥미로운 일이다. 그 시장 입구부터 온갖 먹을거리로 넘쳐났다. 특히 각종 해산물의 종류에 놀랐다. 우리가 모르는 여러 가지 생선과 오징어, 문어, 새우, 바다가재 및 조개류 등이 얼음에 얹혀 진열되어 있었다. 아울러 각종 과일 및 채소, 치즈, 과자류, 초콜릿에 이르기까지 먹 거리가 무궁무진한 대 규모의 시장이었다. 열대 과일을 갈아서 만든 주스가 이 시장의 명물이라고 해서 나도 한잔 사서 마셔보았다. 술 칵테일 하듯 여러 가지 과일을 직접 갈아 섞어서 주는 게 특이했다. 한 손에 과일 주스를 들고 빨대로 빨면서 천천히 시장 구경을 마치고 말린 과일류와 과일 젤리 등을 사가지고 나왔다.

　점차 땅거미가 지면서 사계가 어두워지자 오히려 람블라스 거리는 더욱 화려해지기 시작했다. 길 양옆으로 플라타너스 가로수가 늘어서 있고, 주변엔 꽃집과 액세서리 가게, 엽서와 기념품을 파는 가게, 카페 등이 늘어서 있었다. 그 곳이 유럽에서 가장 활기 넘치는 거리 중 하나라는 말이 수긍이 갔다. 특히 이 거리에서는 이른바 거리 예술가들이 많이 있었다. 이들은 여러 기발하고도 독특한 동상들을 실제로 연출하고 소정의 돈을 받은 후 관광객과 기념사진 포즈를 취해 주고 있었다. 덕분에 그 거리에서 콜럼버스 복장이나 중세 귀부인 복장을 한 여자 등 개성 있는 모습들을 많이 볼 수 있었다.

   그 거리를 따라 유명한 레스토랑과 카페도 많은 듯 했지만 혼자 레스토랑에 들어가기가 겸연쩍어 저녁은 호텔 근처로 돌아와서 먹었다. 바르셀로나 중심가를 나 홀로 즐긴 관광도 나름대로 훌륭한 추억이 되었다. 아쉬웠던 것은 바르셀로나를 걸으면서 여러 가지 사진 찍고 싶은 장면이 많았는데 물에 빠진 카메라 때문에 이를 남기지 못했던 게 내내 아쉬움으로 남았다.

**산티아고 순례 길을 걷는 한 순례자**

편안하고 아름다운 무시아에서 피스테라로 가는 길 주변 풍경

6) 에필로그

　누군가는 카미노 길을 걸으면서 인생의 새로운 전기를 만들었다고 했고, 파올로 코엘료는 이 길을 걸으면서 구상한 소설을 펴내 세계적인 소설가로 등극했다.

　나는 이 카미노 길을 33일 동안 걷고 나서도 특별한 생각이나 구상을 하지 못했다. 그저 큰 생각 없이 무상무념의 상태로 걷기만 한 것 같았다.

　그러나 고작 50대 초반에 명퇴한 사람으로서 가슴에 쌓인 아쉬움과 여러 회한의 복잡다단한 생각들을 이 걸을 걸으면서 쉽게 잊을 수 있었다.

　지금 와서 되돌아보면 심오한 생각을 하지 않고 걷고, 먹고, 또 하루의 일정을 마치면 샤워하고, 입고 온 옷들을 빨래하면서 다음 날 걸을 것을 준비했던 여행이었다. 그런데 이제는 그 시간들이 다소 그립기까지 하다. 물론 강렬한 햇빛을 받으며 걸으면서 마음속으로 카미노 길을 떠난 것을 후회했던 시간도 많았다. 그럼에도 또 새로운 여유시간이 주어진다면 다른 코스로 산티아고 순례 길을 떠나고 싶다. 건강관리만 잘 한다면 70대 초반까지는 가능하리라 생각된다. 바다를 끼고 걷기에 풍광이 좋다는 북쪽 카미노 길은 언젠가 꼭 걷고 싶다.

　산티아고 카미노 순례 길은 굳이 등산 경험이 많지 않아도 누구나 도전할 수 있을 정도로 쉬운 편이니 의지만 있으면 누구든지 길 위의 주인공이 될 수 있다.

　예컨대 아무런 경험 없는 수원의 두 모녀도 나보다 이틀 늦게 산티아고에 무사히 도착했다는 소식을 들었다. 처음에는 힘들어

카미노 드 산티아고 이정표　　　　스탬프로 가득찬 크리덴샬

했지만 일주일 정도 지나면서는 몸이 걷는 것에 많이 적응되었으리라 본다. 또 평생 그렇게 모녀간에 함께 먹고 걷고 이야기하면서 걸을 수 있는 기회도 별로 없을 것이라고 생각한다. 어쩌면 인생의 딱 한 번밖에 없는 기회를 잡았을 수도 있었으리라.

산티아고 드 카미노 프랑스 길을 걸은 것을 정리해 보았다. 걸은 날수는 총 33일에 820km 정도를 주파했는데 하루에 평균 25km 정도 걸은 셈이다. 가장 많이 걸은 날은 38km를 걸었다. 대략 평균 6~8시간씩 걷고 하루에 쓴 비용은 27유로 정도 (알베르게 비용과 세 끼의 식사 및 커피, 음료수 비용 등)였다. 총 경비는 항공료 포함 2010년 기준으로 360만 원 정도 밖에 쓰지 않았다.

이는 숙박을 주로 공립 알베르게에서 했고 아침과 점심은 슈퍼마켓에서 산 음식을 알베르게나 걷는 도중에 먹었기 때문에 가능했다. 무엇보다도 스페인 물가가 싸서 생각보다 돈을 많이 절약했다. 저녁은 주로 레스토랑에서 먹었는데도 3코스 요리와 바게트 빵과 포도주가 반병 이상 나오는 푸짐한 식사를 했지만 가격이 9~10유로 정도로 저렴했다.

많은 사람이 물집과 무릎 때문에 고생했지만 나는 그와 관련해서는 거의 문제가 없었다. 오히려 가장 힘들었던 점은 모기 등의 해충에 물려서 벅벅 긁어 대면서 걸어야 했던 것과, 혼자 가서 외로웠다는 점이었다.

## 참고 도표: 산티아고 프랑스 길 추천 일정

| | | | |
|---|---|---|---|
| 1 | 25 | Saint-Jean-Pied-de-Port | Roncesvalles | Crosses the border of France and Spain in the western Pyrenees |
| 2 | 21.5 | Roncesvalles | Zubiri | Burguete, Espinal, Viscarret, Linzoain |
| 3 | 22 | Zubiri | Pamplona | Larrasoana, Trinidad de Arre |
| 4 | 23.5 | Pamplona | Puente la Reina | Cizur Menor, Uterga, Obanos Joined by the Aragonese Way just before Puente la Reina |
| 5 | 22 | Puente la Reina | Estella | Cirauqui, Lorca, Villatuerta |
| 6 | 22 | Estella | Los Arcos | Villamayor de Monjardin |
| 7 | 28 | Los Arcos | Logrono | Torres del Rio, Sansol, Viana Leaving the province of Navarre, entering La Rioja |
| 8 | 29 | Logrono | Najera | Navarrete, Ventosa |
| 9 | 21 | Najera | Santo Domingo de la Calzada | Azofra |
| 10 | 23 | Santo Domingo de la Calzada | Belorado | Granon, Redecilla del Camino Leaving La Rioja, entering the Province of Burgos, Castille and Leon |
| 11 | 24 | Belorado | San Juan de Ortega | Tosantos, Villafranca Montes de Oca |
| 12 | 28 | San Juan de Ortega | Burgos | Ages, Atapuerca, Olmos de Atapuerca |
| 13 | 40 | Burgos | Castrojeriz | Villalbilla de Burgos, Tardajos, Rabe de las Calzadas, Hornillos del Camino, San Bol, Hontanas |

월드 트레킹 완벽가이드: 유럽

| | | | | |
|---|---|---|---|---|
| 14 | 23 | Castrojeriz | Fromista | Itero del Castillo, Puente de Fitero, Itero de la Vega, Boadilla del Camino Leaving the province of Burgos, entering Palencia |
| 15 | 19 | Fromista | Carrion de los Condes | Poblacion de Campos, Villacazar de Sirga |
| 16 | 39 | Carrion de los Condes | Sahagun | Calzadilla de la Cueza, Ledigos, Terradillo de los Templarios, San Nicolas del Real Camino |
| 17 | 19.5 | Sahagun | El Burgo Ranero | Calzada del Coto, Bercianos del Real Camino |
| 18 | 38 | El Burgo Ranero | Leon | Reliegos, Mansilla de las Mulas |
| 19 | 24 | Leon | Villadangos del Paramo | |
| 20 | 28 | Villadangos del Paramo | Astorga | San Martin del Camino, Hospital de Orbigo, Santibanez de Val–deiglesias |
| 21 | 20 | Astorga | Rabanal del Camino | Murias de Rechivaldo, Santa Catalina de Somoza, El Ganso |
| 22 | 32.5 | Rabanal del Camino | Ponferrada | Manjarin, El Acebo, Riego de Ambros, Molinaseca Highest point of trail, 1515 metres above sea level, near Manjarin. |
| 23 | 23 | Ponferrada | Villafranca del Bierzo | Cacabelos |
| 24 | 30 | Villafranca del Bierzo | O Cebreiro | Pereje, Trabadelo, La Portela de Valcarce, Vega de Valcarce, Ruitelan, La Faba Crosses from Leon into Galicia. |
| 25 | 36.5 | O Cebreiro | Sarria | Hospital de la Condesa, Fonfria, Triacastela, Samos, Calvor |
| 26 | 21 | Sarria | Portomarin | Barbadelo, Fereiros, The last point at which a pilgrim can start the journey on foot or horseback and still complete the 100km needed to claim the compostela |

| | | | | |
|---|---|---|---|---|
| 27 | 24.5 | Portomarin | Palas de Rei' | Gonzar, Ventas de Naro, Ligonde |
| 28 | 25.5 | Palas de Rei' | Arzua | Casanova, Leboreiro, Melide, Ribadiso da Baixo |
| 29 | 36.5 | Arzua | Santiago de Compostela | Santa Irene, Arca do Pino, Monte do Gozo |

산티아고와 피니스테레(일명 피스테라) 곶 사이 순례 길을 거니는 순례자들

스페인 에스트레마두라(Extremadura) 일대를 거니는 순례자들

# Chapter 5
# 산티아고 카미노 트레킹
## : 포르투갈 루트

- 인정과 편안함이 있는 10일간의 짧은 산티아고 순례 길 트레킹 -

산티아고 드 카미노-포르투갈 루트를 걷는 한 순례자가 푸른 하늘과 노란색 들꽃이 멋진 조화를 이루는 주변 풍광을 즐기고 있다

▲ 산티아고 드 카미노-포르투갈 루트 구간도

## 1) 개요

산티아고 드 카미노는 일반적으로 프랑스 남부 생쟝피드포르(St.-Jean-Pied-de-Port)에서 시작하는 790km의 프랑스 루트가 가장 많이 알려져 있다.

하지만 이밖에도 스페인 북쪽 해안 쪽을 따라 걷는 북쪽 루트, 스페인 남부 세비야(Sevilla)에서 시작하는 은의 루트, 그리고 포르투갈의 수도 리스본(Lisbon) 또는 제 2의 도시인 포르토(Porto)에서 시작하는 포르투갈 루트 등이 있다.

그 중에서도 산티아고 드 카미노 여정에 나서는 순례자의 70%는 프랑스 루트를 선택한다고 한다. 그런데 프랑스 루트를 완주하려면 보통 30~34일 정도가 걸린다. 그래서 이 루트를 2~3회에 나눠서 걸어 완주하는 사람도 있다. 다른 길도 역시 30일 이상이 걸린다. 포르투갈 길 역시 리스본에서 시작하면 약 23일 정도 소요된다.

그러나 포르토에서 시작하는 약 240km의 루트를 선택하면 10일 정도면 완주가 가능하다. 또한 이 루트를 선택하는 경우 순례 길 트레킹에 나서기 전후로 주변의 주요 도시를 더불어 구경할 수 있어 좋다. 본격적으로 순례 길에 나서기 전에는 포르투갈의 수도인 리스본과 옛 도시 포르토 등을 관광하고, 순례 길을 마친 후에는 스페인의 마드리드, 바르셀로나 등의 유명 관광지와 문화유적지를 연계해 둘러보면 좋다.

포르토에서 시작하는 경우 약 5일 정도는 포르투갈 지역을, 나머지 5일은 스페인 지역을 걷게 된다. 대체로 하루 걷는 거리는 24km 정도에 이른다. 이 트레킹 코스는 포르투갈과 스페인의 시골지역을 걷기 때문에 물가가 대체로 저렴해 적은 여행비용으로 훌륭한 음식을 접할 수 있다. 거기에다가 마을 호텔과 사설 알베르게를 이용하면 다소 편안한 순례 여행길을 걸을 수 있다.

포르투갈 길은 대체로 지형의 고저차가 적고 길이 넓어서 걷기 편하다. 다만 포르투갈의 순례 길은 대부분 자갈을 깨어서 만든 이른바 카블 스톤(Cobble Stone) 길이어서 오래 걸으면 발이 아플 수 있다. 대신 스페인은 대부분이 편한 흙길로 되어 있다. 따라서 시간을 단축하고 좀 편한 길을 걷고 싶다면 포르투갈의 일부 길을 생략하고 버스로 스페인 국경 부근까지 가서 트레킹을 시작하는 방법도 있다.

이 산티아고 순례 길의 포르투갈 루트는 트레킹 초심자들도 어렵지 않게 걸을 수 있다. 특히 이 지역은 마을을 지날 때마다 알베르게나 호텔 등의 숙소는 물론 레스토랑, 슈퍼마켓 등이 들어서 있다. 그때그때 필요한 물품을 구할 수 있으므로 배낭 무게도 가볍게 하고 편하게 걸을 수 있는 곳이기도 하다.

포르투갈 루트에서의 알베르게는 스페인보다는 적다. 그래도 하루에 하나 이상의 공식 알베르게는 만날 수 있다. 이곳의 알베르게는 프랑스 길에 비해 숫자는 적지만, 규모가 큰 편이고 시설도 좀 더 잘 구비되어 있다. 그래서 공설 알베르게를 고집하기 보다는 사설 알베르게를 선택하는 것도 좋다. 비용이 다소 비싸지만 그만큼 시설도 훨씬 좋고 편안하다. 특히 베드 버그(bed bug) 등의 해충의 공격으로부터 훨씬 안전한 느낌이 든다.

그래서 이 포르투갈 길에서는 숙소를 잡을 경우 우선적으로 사설 알베르게, 그 다음으로 마을 호텔, 마지막으로 공설 알베르게 순으로 살펴보고 숙소를 선택하는 게 좋다. 특히 사설 알베르게는 공용 주방 등이 잘 구비되어 있어 마을 슈퍼마켓에서 원하는 음식 재료를 사서 직접 요리를 할 수 있어 편리하다.

숙박비용은 공설 알베르게가 2015년 4월 기준으로 약 5~7유로, 사설 알베르게가 이보다 두 배 비싼 10~15유로, 마을 호텔이 20~30유로 정도였다. 또한 마을을 지날 때마다 만나는 카페에서는 바로 내린 원두커피를 약 1유로에 마실 수 있다. 아울러 간단한 비스킷까지 함께 나오는 경우도 많다. 이러한 카페에서 쉬면서 점심을 간단히 해결하는 것도 좋다.

알베르게에 투숙하려면 출발지에서 순례자임을 증명하는 크레덴샬(credential)을 받아야 한다. 크레덴샬은 포르토뿐 아니라 규모가 큰 알베르게에서도 발급받을 수 있다. 단 산티아고 성당 도착 100km 이내에서는 발급해 주지 않는다. 100km 이상을 걸어야 순례자로 인정하고 완주 증명서를 발급해 주기 때문이다.

알베르게에서 묵을 때는 크레덴샬을 보이고 스탬프를 받아야 한다. 이 스탬프는 공설 알베르게뿐 아니라 사설 알베르게나 마을 호텔 및 성당, 심지어는 순례 길에 위치한 카페에서도 찍어준다. 그냥 기념으로 여러 곳곳의 스탬프를 찍어보는 것도 좋다. 산티아고 성당에 도착한 후에는 성당 옆 건물에서 이 크레덴샬에 찍힌 스탬프를 보고 100km 이상 걸었다고 판단되면 완주 증명서를 발급해 준다.

리스본 시내의 유명 관광지 알파마 지구 풍경

양 옆 레스토랑에서 나오는 불빛이 강에 반사되어 아름다운 저녁 무렵 도우로 강 주변 풍경

## 2) 기후 및 최적 여행 시기

포르투갈 루트를 걷는 지역은 대체로 대서양 바다를 끼고 있기 때문에 겨울에도 기온이 크게 내려가지 않는다. 기후조건을 생각하면 시기적으로 3월 중순부터 11월 중순까지가 걷기 좋은 시즌이다. 가장 좋은 시기는 봄꽃이 만발하고 푸름이 더해 가는 4월 중순과, 가을을 만끽할 수 있는 10월이다. 다만 봄에는 비 오는 날을 좀 더 많이 만날 수 있다. 대신 순례자가 많지 않아서 편하게 걸을 수 있다. 한편 가을에는 날씨가 가장 안정적이다. 그리고 단풍과 수확시즌과 겹쳐져 풍경이 다채롭고 컬러풀하다는 게 강점이다.

7~8월은 여름휴가와 맞물려서 순례자도 크게 많아져 알베르게를 잡기가 힘들다. 다행히 이곳의 여름은 날씨는 더워도 그늘에 들어가면 시원한 정도다. 그리고 비오는 날도 거의 없다. 다만 겨울철은 비도 자주 오고 길도 질퍽거리며, 알베르게도 많이 문을 닫기 때문에 피하는 것이 좋다.

## 3) 가이드 책자 및 지도

'산티아고 드 카미노' 포르투갈 루트 안내에 충실한 책으로 존 블릴리(John Brieley) 씨가 쓴 영문으로 된 'Camino Portugues'라는 책을 가장 추천할 만하다.

이 책에서는 순례 길을 하루에 걷기 적당한 정도로 길을 끊어서 구간별로 상세한 설명을 달아놓았다. 구간 구간에는 자세한 지도와 함께 인근의 알베르게·호텔·성당·유적지 등을 표시해 놓았고 길의 고저 차, 각 구간의 오르는 거리, 내리막 거리 등도 함께 표시되어있다. 또 다른 우회길 역시 자세히 표시해 놓았다. 200쪽 정도의 휴대하기 간편한 사이즈로 이 책 하나면 다른 가이드 책이나 상세 지도가 필요 없을 정도다.

실제로 포르투갈 루트에서 만난 대부분의 순례자들이 이 책을 참조하면서 걷고 있었다. 나는 이 책을 해외 아마존 사이트(www.amazon.com)에서 구입했으나 한글로 된 가이드와 정보는 네이버 카페의 '카미노(http://cafe.naver.com/camino)'에서도 얻을 수 있다.

스마트폰 앱(App)으로는 무료인 'micamino'가 추천할 만하다. 이 앱은 프랑스 길은 물론 포르투갈 길도 함께 소개한다. 숙박 장소도 알려 주고 구글(Google) 지도와 연동해 여행자의 현 위치도 찾아준다. 카미노 길에서 다소 떨어진 위치에 있는 숙박 장소를 찾거나 도시에서 원하는 목적지를 찾을 때에도 보행 내비게이션 역할을 해 주기 때문에 유용하게 사용 할 수 있다. 와이파이가 되는 곳에서 다음 행선지의 구글 지도 데이터 등을 미리 내려 받으면 위치 등을 확인하는 데 좋다.

1. 카미노 기간 동안 꼭 가지고 다녔던 책 'Camino Portugues' 표지

2. 스마트폰용 카미노 앱 micamino 화면 캡처

### 4) 계획 짜기·준비하기

산티아고 순례 길은 많은 준비 시간이 없이도 바로 떠날 수 있다는 장점이 있다. 이는 순례길 구간에 공설, 사설 알베르게와 마을 호텔 등이 많기 때문이다. 또 이들 숙소는 사전에 예약을 받는 게 아니라 도착하는 순서대로 침대를 배정하기 때문이다. 따라서 순례길 전후에 들릴 도시의 호텔 정도만 예약하고 떠나면 된다.

대체로 항공권은 2개월 전에 예약하면 저렴하게 살 수 있다. 포르토(Porto)에서 트레킹 여정을 시작할 경우 다음과 같이 10일 정도로 나누어서 걷는 것이 좋다. 만약에 하루 이틀 걷다가 돌로 포장한 포르투갈 구간을 걷는 게 너무 힘들어지면 가장 힘든 구간을 생략하고 버스로 국경 도시까지 이동해 다시 이어서 걷는 방법도 있다.

우리 일행은 총 14박 15일의 일정을 잡았는데, 순례 길을 걷기 전 포르투갈의 리스본과 포르토 관광을 각각 하루씩, 그리고 돌아오는 길의 마드리드 관광을 하루씩 더한 것에 비행시간까지 포함된 일정이다. 다음은 'Camino Portugues' 책자에서 권고하는, 포르토에서 산티아고까지의 10일간 일정과 거리이다.

### 산티아고 순례 길 포르투갈 루트 권고 일정

- ✓ 1일째 → Porto → Vilarhino(26km)
- ✓ 2일째 → Vilarhino → Barcelos(27.3km)
- ✓ 3일째 → Barcelos → Ponte de Lima(33.6km)

- ✓ 4일째 → Ponte de Lima → Rubiaes(33.6km)
- ✓ 5일째 → Rubiaes → Balenca · Tui(19.3km)
- ✓ 6일째 → Balenca · Tui → Redondela(31.1km)
- ✓ 7일째 → Redondela → Pontevedra(18.2km)
- ✓ 8일째 → Pontevedra → Calas De Reis(23.1km)
- ✓ 9일째 → Calas De Reis → Padron(18.1km)
- ✓ 10일째 → Padron → Santiago(24.9km)

휴대 준비물로는 약 50~60리터 전후의 배낭, 등산 스틱, 판초 우비 등이 필수적이며 옷은 빨리 마르는 등산복이 좋다. 다만 옷은 마을 구간과 도시 관광을 하게 되는 점을 감안하여 눈에 튀지 않는 색상과 디자인의 의류가 바람직하다.

신발은 중등산화나 트레킹화 어느 것이라도 좋지만 포르투갈 구간의 길이 돌길이어서 두툼한 깔창을 추가로 준비하는 게 필수적이다. 알베르게에서 숙박을 한다면 위생 등을 고려하여 초경량 침낭이나 개인용 모포 내피를 가져가는 게 좋다.

기호에 따라 다르겠지만, 포르투갈이나 스페인의 음식은 해산물 등 다양한 재료를 써서 만드는데다 신선하고 가격도 저렴해 한국인의 입맛에 잘 맞는 편이다. 특히 해산물과 쌀로 만든 빠에야(Paella)는 더욱 그렇다. 따라서 한국 음식은 되도록 적게 가져가는 게 좋다.

그리고 순례자들은 양말이 잘 마르지 않으므로 큰 옷핀을 가져가서 날이 좋을 때 배낭에 양말을 달고 걸으면서 말리는 방법을 많이 사용한다. 세탁 후 옷을 말릴 때 사용할 플라스틱 집게도 몇 개씩 챙겨 넣도록 하자. 비가 많이 내리는 봄에는 길이 질 퍽거리므로 스패츠도 유용하게 사용할 수 있다.

항공권은 두 달 전에 예매하는 게 가격적으로 유리하다. 인천 → 포르투갈 리스본 → 스페인 마드리드(Madrid), 또는 바르셀로나(Barcelona) → 인천으로 구간을 정해야 한다. 이 경우 인터넷 예약 화면에서 왕복(round trip) 항목을 선택하지 말고 다구간(multi city)을 선택하여야 한다. 이 경우 항공사 중에서는 러시아 항공사인 아에로플로트(Aeroflot)가 비교적 저렴한 가격에 항공권을 제공해 준다.

우리 일행은 독일 루프트한자(Lufthansa)항공을 이용하여 인천 → 프랑크푸르트(Frankfrut)(경유) → 포르투갈 리스본 → 스페인 마드리드 → 프랑크푸르트 경유 → 인천으로 오는 항공권을 예매했다.

산티아고에 도착한 후 다시 리스본으로 돌아오는 경우는 왕복으로 하면 되지만 굳이 리스본으로 되돌아가는 것보다는 스페인 마드리드나 바르셀로나로 가서 관광 후 귀국 하는 것이 더 나을 수 있다. 이들 두 도시는 산티아고에서 정기 비행편이 매일 운항하고 있어 편리하고 또 저가 항공도 많이 취항한다.

저가 항공으로는 뷰엘링(Vueling) 항공과 라이언에어(Ryanair)가 산티아고 공항에서 이들 두 도시를 연결하여 주는데 가격은 아주 매력적이지만 수화물 무게에 따라 할증료가 더 붙는다. 보통 15kg 이하까지는 적정한 가격에 할증료를 내고 탈 수 있다. 2015년 4월 기준으로는 여행일정 한 달 전에 항공사 라이언에어에서 산티아고 → 마드리드 항공권을 1인당 38유

독일의 거점 허브 공항으로 환승객도 많고 규모가 매우 큰 프랑크푸르트 공항

로에 구입할 수 있었다. 이는 15kg 수화물 추가 요금을 포함한 가격이었다.

저가 항공은 사전 좌석 지정 시 모두 추가 비용이 든다. 특히 조심해야 할 것은 전자 티켓 이외에 출발 48시간 안에 온라인으로 체크 인(Check in)을 한 다음 탑승권을 출력하여 소지하고 공항에서 제시하여야만 한다. 이를 하지 않을 경우 거의 항공료 2배에 상당하는 많은 위약금을 물게 된다. 여행하기 전 미리 이들 항공사의 앱(App)을 설치하고 정해진 시간 안에 스마트폰으로 온라인 체크인을 하는 것이 좋다. 뿐만 아니라 저가 항공사는 기내 서비스가 모두 유료다. 심지어 생수 한 컵조차도 적지 않은 돈을 지불해야 한다. 항공료가 저렴한 만큼 사전에 준비해야 할 유의사항을 숙지해야 하지만 잘 이용하면 버스보다 오히려 저렴하게 그리고 빠르게 이동할 수 있다.

순례 길 전과 후에 들를 도시의 숙소는 가능한 빨리 예약을 하는 게 좋다. 호텔 예약 사이트는 여러 개가 있다. 우리들은 대중성이 높은 부킹닷컴(www.booking.com) 또는 아고다닷컴 등을 이용하여 마드리드에서 이틀, 포르토에서 하루 그리고 마드리드에서 하루 묵을 호텔을 예약했다. 이 사이트들에서는 예산과 원하는 바에 따라 가격별, 지역별로 검색하여 예약할 수 있다. 또 마드리드나 리스본에는 한인 민박이 있으니 외국어에 자신이 없다면 이를 이용하는 것도 좋다. 인터넷 검색을 하면 쉽게 찾을 수 있다.

프랑크푸르트 공항에서 항공사 파업으로 결항돼 안내를 받고 있는 장면

파업으로 인한 결항 때문에 호텔을 배정 받아 호텔에서 제공한 런치 박스로 늦은 저녁을 해결하고 있다

프랑크푸르트 공항에서 즐긴 독일식 라거 생맥주

우리 일행이 리스본으로 갈 때 이용한 프랑크푸르트공항 활주로와 포르투갈 항공사 비행기

루프트한자 항공사가 제공한 프랑크푸르트의 한 호텔로 필요 이상으로 훌륭했다

## 5) 순례길 걷기
### 가) 도심 관광 및 순례길 들머리로 가기

　포르투갈 루트의 포르토에서 순례 길을 시작하려면 항공편으로 포르투갈의 수도인 리스본으로 먼저 가야 한다. 리스본 포르텔라(Portela) 공항에서 시내 도심까지는 약 10km 정도로 상당히 가까운 편인데 공항버스 또는 지하철을 이용할 수 있다. 시내 관광에는 지하철 24시간 정기권을 사용하면 지하철뿐 아니라 노면 전차 트램(Tram)은 물론 버스도 동시에 이용할 수 있어 좋다(2015년 기준 6유로).

　특히 28번 노면 전차는 구시가지 곳곳을 통과해 운행하기 때문에 이 전차를 타는 것 자체가 하나의 필수 관광코스일 정도다.

　포르토로 가는 버스를 타기 위해서는 지하철로 리스본 동물원(Jadim Zoologico) 역으로 가서 역 밖으로 나와 약 3분 정도 걸어서 나오는 레데 익수프레스(Rede Express: www.rede-expressos.pt/default.aspx) 전용 버스 터미널에서 타야 한다.

　위의 인터넷 사이트 및 스마트폰 앱을 통해 미리 티켓 예매도 가능하다. 신용카드는 물론이고 인터넷 화폐인 페이팔(paypal)로도 요금 지불이 가능하다.

포르투갈 관문 리스본 포르텔라(Portela) 공항을 빠져 나오며

포르텔라 공항에서 시내와 바로 지하철로 연결 되는데 지하철 역사 벽면에 미술작품 장식이 많아 눈길을 끈다

인터넷을 통해 예약했던 지하철역과 가까운 곳에 위치한 리스본의 한 호텔

리스본의 거리 곳곳에서 볼 수 있는 추상  
미술작품이 그려진 거리의 벽화

청색 타일의 아줄로로 장식한 리스본의 건물

빨간색 기와의 옛날 건물이 많아 동유럽의 도시를 연상 시키는 리스본의 시가지 풍경

중앙에 페두루 4세의 동상이 있고 물결무늬의 바닥 타일 장식이 독특한 리스본의 호시우 광장

그래피티가 무척 대담하게 그려져 있는 상조르 성으로 올라가는 길목 풍경

상조르 성에 올라가면서 시내를 배경으로 찍은 기념사진

상조르 성벽 파랗게 녹슨 대포가 곳곳에 보인다

저 멀리 타구스 강 하구에 위치한 리스본 해안가 주변 풍경으로 4월 25일 다리(Ponte 25 de Abril)가 보인다

상조르 성 방문 기념 단체 인증 사진

오래된 노면 전차가 복잡한 구 시가지를 천천히 누빈다

빨간색 지붕이 인상적인 리스본 시가지 풍경

상조르 성 밖에 손님을 기다리고 있는 삼륜차 택시로 동남아에서 보던 것과 같다

리스본 주 교좌 성당으로 로마네스크 양식에 바로크와 고딕 양식이 첨가된 복합양식의 건축물이다

리스본 시내의 유명 관광지 알파마 지구 풍경

곳곳에 오래된 성당이 들어서 있는 리스본 시내의 한 성당에서

시내 중심가 관광명소인 바이샤(Baixa) 거리로 가는 길

어디선가 애조 띤 파두가 들려오는 것 같은 리스본의 밤거리 풍경

어둠속에서 트램 철도가 빛을 받아 진한 느낌을 주었던 리스본 알파마 거리 풍경

리스본에 가면 꼭 봐야 하는 파두 공연을 하는 조그만 레스토랑에서

고속버스인 레데 익수프레스 인터넷 예약 화면

포르토까지의 버스 여행은 약 3시간 정도 걸리는데 중간중간 큰 도시에 정차를 한다.

포르투갈의 옛 도시 포르토는 포르토 와인(Porto wine)으로 유명해진 곳이기도 하다. 이 포도주는 주정을 강화하여 알코올도수가 19도 이상으로 약간 높으면서도 달콤한 맛이 더해진 게 특징이다. 영불전쟁 당시 영국이 적국인 프랑스에서 포도주을 들여올 수 없게 되자 그 대안으로 포르투갈에서 포도주을 생산하여 영국으로 가져가면서 생긴 와인이라고 한다.

포르토는 도우로(Douro) 강을 낀 항구 도시로 시가지는 고풍스럽고 또 꼬불꼬불한 길로 연결되어 있다.

순례 길을 시작하기 전에 순례자임을 증명하는 크레덴샬을 받아야 하는데 이는 포르토의 중심가에 위치한 대성당 안에서 해준다. 이 대성당은 포르토 관광 명소가 많은 도심의 중간쯤에 위치하기 때문에 크레덴샬을 발급받고 도우로 강 양쪽으로 늘어선 관광명소와 와인 가게 및 레스토랑을 찾는 것도 좋다.

순례 길은 포르토 대성당에서부터 시작하지만 좁은 포르토 도시 안에서는 순례길 표지를 찾는 것이 쉽지 않다. 또 도심 구간에서는 상당히 교통이 복잡해서 걷기에 위험할 수도 있는 구간이 있다. 따라서 많은 사람들이 또 다른 루트인 해안가 길을 따라서 걷거나 지하철을 타고 복잡한 도심 구간을 지나 교외에서부터 순례를 시작하는 방법을 많이 사용한다.

해안가 길을 따라가는 방법을 선택하면 하루 정도 더 소요되고, 모래에 발이 빠지는 백사장을 걸어야 하는 부담이 있기 때문에 우리는 지하철을 타고 교외로 가서 시작하는 방법을 택했다.

시내 중심가에 있는 트리니다데(Trinidade) 역에서 포보아 데 바짐(Povoa de Vazim)행 지하철을 타는 방법이었다. 지하철은 얼마 안 가 지상으로 나오면서 한 시간 정도 후에 이동하다가 빌라 도 핀하이로(Vilar do Pinheiro) 역에 닿는다.

이 곳은 아주 작은 역으로, 역에서 나와 오른쪽(동쪽 방향)으로 600m 정도 걸으면 N-13 도로가 나온다. 이 도로를 지나 다시 1km정도 걸어가면 조그만 카페가 나오는데, 여기가 바로 순례 길과 합류할 수 있는 지점이다.

포르투갈 제2 도시 포르토 전경으로 역시 빨간 기와지붕 집이 많다

아줄레주로 벽면이 인상적인 포르토역 부근의 한 성당

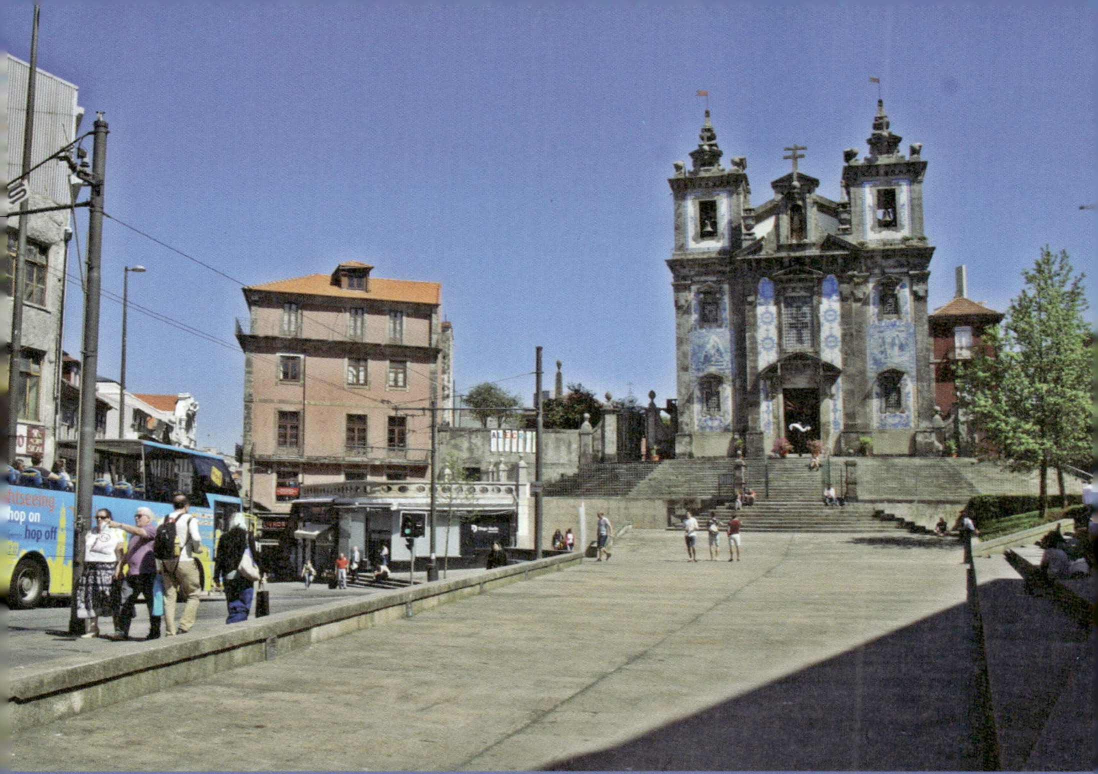
hop on
hop off

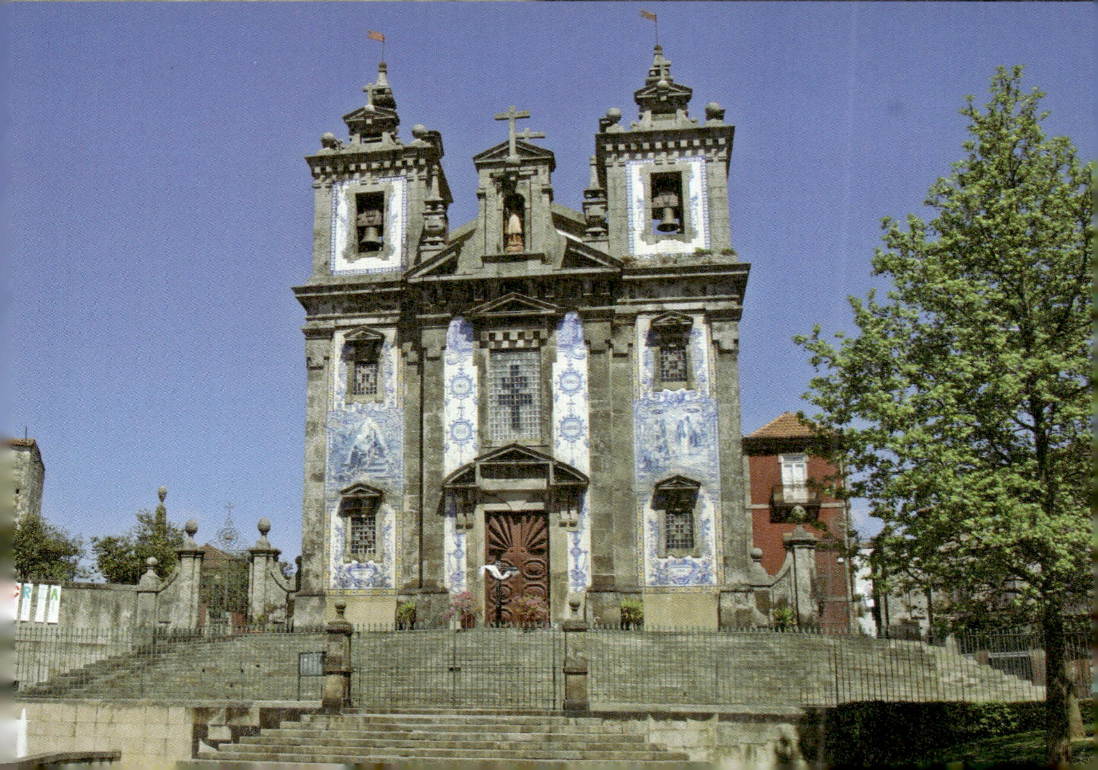

포르토의 양쪽을 이어주는 도우로 강의 아치형 철교

깨끗하고 현대적 분위기의 포르토 시청사 앞거리

순례지 곳곳의 저렴한 숙소를 잡는데 필요한 크레덴샬을
받기 위해 들른 포르토 대성당과 성당 앞 광장

도우로강 철교 주변은 유명 관광지와 유명 레스토랑과 바가 즐비하다

포르토 철도역으로 내부와 외부가 아줄레주 타일로 장식되어 있는데 특히 내부 타일은 규모도 크고 정교한 그림이어서 감탄을 자아낸다

포르투갈의 명물 계란 타르트로 달콤한 디저트이어서 인기 만점이다

포르투갈 열차로 실제로 타지는 않았다

포르토 시청사 부근에 있는 리베르다드 광장으로 동 페드루 4세 동상이 있다

땅거미가 질 무렵의 포르토 거리와 성당 주변 풍경

서늘해지는 저녁에 즐긴 시내 구경 길 플라타너스 나무가 많았던 조그만 공원 주변

저녁 무렵 도우로 강 주변 풍경으로 양 옆 레스토랑에서 나오는 불빛이 강에 반사되어 아름답다

▲ 빌라 도 핀하이로에서 레잇스(Rates)까지 19.4km 까지의 상세 루트

## 나) 순례 길 구간별 상세 정보
### 1일째: 빌라 도 핀하이로에서 레잇스(Rates)까지 19.4km

아침에 포르토의 투숙 호텔에서 나와 지하철을 타고 빌라 도 핀하이로 역에서 내려 본격적인 순례 길을 걷기 시작했다. 우선 한 카페에 들어가니 조그만 식품점을 동시에 하는 집이었다. 한 잔의 에스프레소를 마시면서 점심으로 먹을 바게트 빵과 수제 치즈, 살라미 소시지 등을 샀다. 그리고 말은 안 통했지만 친절했던 카페 주인 부부의 배웅을 받으며 걷기 시작했다.

그렇게 돌로 된 도시 외곽 길을 따라 걸었다. 언제 만들어졌는지 모르지만 몇 백 년은 되었을 법한 돌을 잘게 깨어 부수어 촘촘히 박아 놓은 길이었다. 날씨는 아주 맑아서 4월 중순인데도 상당히 덥게 느껴졌다. 아직 도시 외곽이라 집과 밭들 사이로 걷는 길이었다. 마을을 지날 때면 조그만 성당이 나왔는데 포르투갈의 유명한 자기 타일방식인 아줄레주(azulejo)로 벽면이 장식되어서 독특한 느낌을 주었다.

포르토의 한 호텔 밖의 거리 풍경으로 타일을 박아서 만든 보도는 포르투갈 길의 특징이기도 하다

어느 정도 걸으니 노란색의 봄꽃들이 만발한 들판이 펼쳐졌다. 4월 중순이지만 우리나라의 5월 중순 느낌이 났고 기온도 꽤 높다.

걷다보니 너무 덥고 지쳤지만 그늘도 보이지 않아 어느 집 대문 앞에 앉아 쉬고 있었다. 그때 앞집 할머니가 우리들을 보더니 무언가 한 소쿠리를 가져 왔다. 할머니는 집 마당에서 딴 오렌지 약 15개 정도를 힘겹게 가지고 왔다. 말은 안 통했지만 먹으라고 했다. 고맙게 받아먹으니 신선한 데다 당도도 높아 원기를 바로 회복시켜 주었다. 할머니는 잠시 뒤 다시 집에 들어가 시원한 물도 받아서 가져왔다. 모르는 사람에게 베푸는 포르투갈 사람들의 인정 가득한 환대정신에 가슴이 뭉클했다.

첫날 여정은 이렇게 나무 그늘이 거의 없는 길을 걷는 구간으로 순례길 중 가장 힘든 하루였다. 포르토 대성당에서부터 걷는다면 빌라히노(Vilarhino) 마을까지 가는 게 적당하다는 생각이 들었다. 그곳에는 소규모의 알베르게와 마을 호텔 등이 몇 개가 들어서 있다. 그러나 우리들은 지하철로 10km 이상을 왔기 때문에 이 마을을 지나서 약 9km 정도 더 걸어 레잇스 마을까지 갔다.

첫날 목적지인 19.4km를 걷고 나서 알베르게에 도착하니 발바닥이 후끈 후끈 뜨거웠다. 돌로 된 길을 걷는다는 게 결코 만만치 않았다.

레잇스의 공설 알베르게는 52명을 수용할 수 있는데 대학 기숙사처럼 2단 침대 방이 4개 있었다. 주방과 세탁시설 및 샤워룸이 있고, 넓은 마당이 있어 빨래 말리기에도 좋았다. 또한 마당 앞에는 포르투갈의 옛날 농사기구 등을 보여주는 소박한 박물관이 함께 위치하고 있다. 알베르게 바로 앞에는 식품점이 있어 여기서 과일과 파스타 재료 및 포도주 등을 살 수 있어 편리했다. 이 공설 알베르게 이외에는 다른 숙소가 없었다.

돌을 깨어 길에다 박아 만든 길인데 포르투갈 루트의 가장 큰 특징이다

레잇스 알베르게에서 독일에서 온 젊은 순례자 커플과 함께 저녁 식사를 준비하고 있는 장면

월드 트레킹 완벽가이드: 유럽

몇 백 년은 되었음직한 석축교 주변의 폰테 데 자미에로(Ponte de Zamiero) 일대 풍경

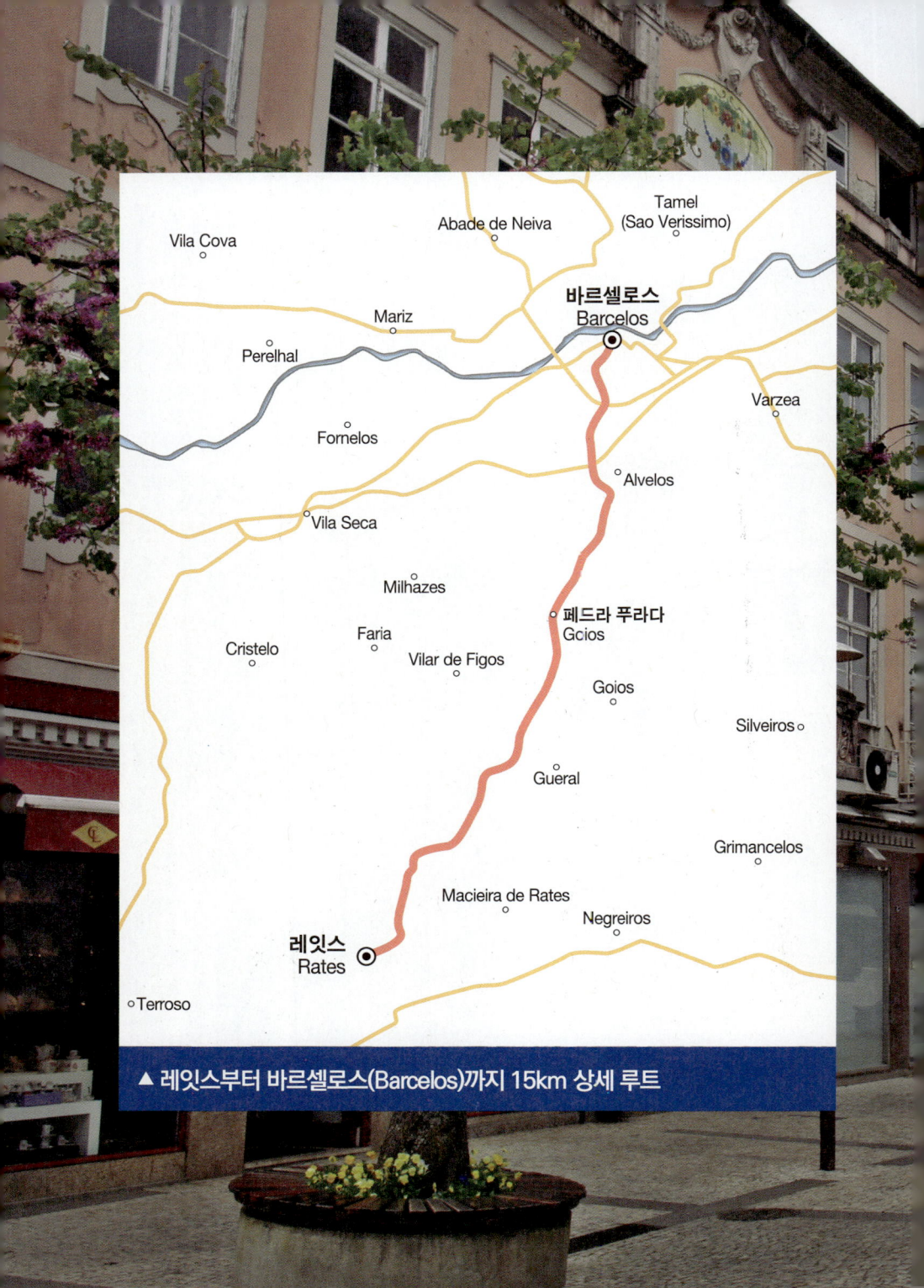

## 2일째: 레잇스 → 바르셀로스(Barcelos) 15km (상세 루트7)

레잇스 알베르게를 나오면서 두 번째 날 순례 길을 시작한다

레잇스에서 바르셀로스까지 거리는 15km 정도로 도보로 약 5시간 정도 걸린다. 주로 들길과 마을길을 걷는 구간이다. 야채밭과 포도밭이 많이 나타난다. 주변은 시골길이지만 순례 길은 여전히 돌길로 만들어져 있어 걷는 게 힘들다. 그래도 가끔씩 소나무류와 유칼립투스(Eucalyptus)나무 숲이 나타나곤 하여 그늘이 생겨났다.

노란색 카미노 길 표시를 따라 걷다 보면 조그만 페드라 푸라다(Pedra Furada)라는 마을이 나온다. 이곳에는 아주 조그만 알베르게 하나와 카페가 있다. 포르투갈의 카페는 조그만 시골이라도 원두를 머신에서 바로 갈아 내려주기 때문에 향이 진하다. 가격은 1유로 정도인데 이보다 더 저렴한 곳도 있다. 카페는 2시간 정도를 걸으면 하나씩 나오는데, 점포 마다 꼭 들러서 커피 한 잔의 여유를 즐기며 발을 쉬게 하면 좋다.

페드라 푸라다 마을을 지나면 조그만 산 하나가 나온다. 산 옆으로 우회

포도밭으로 이어진 순례 길을 걷다가 잠시 배낭을 내려놓고 쉬어 본다

해 순례길이 나 있지만 산 위로 난 길로 걸어 다시 순례 길로 합류할 수도 있다. 산 위로 올라가면 저 멀리 대서양이 내려다보이는데 정상 부근에는 로마 시대 성벽 유적지 '카스텔로 데 파리아(Castelo de Faria)'와 조그맣지만 호화로운 성당 하나나 나온다.

곧 순례 길은 폰테 데 메디발(Ponte de Medieval) 다리로 이어지고 인구 12만 여의 도시인 바르셀로스로 들어간다. 큰 도시인만큼 관광 명소와 공설·사설 알베르게는 물론 호텔 등이 많다.

이곳에 우리 일행이 도착한 것은 12시 경이었다. 일행 중 한 명이 너무 힘들어 하여 일정을 바꾸어 포르투갈의 제3 도시인 브라가(Braga)를 거쳐 관광 후 저녁에 스페인 국경 도시인 발렌카(Valenca)로 버스로 이동하기로 계획을 변경했다.

브라가는 로마시대 당시부터 만들어진 도시로 성당이 30곳 이상 들어서 있는 종교도시로 '포르투갈의 로마'라고 불리기도 한다.

브라가로 가는 버스는 바르셀로스 시내로 들어가자마자 나오는 버스 정류장에서 타고 가면 된다. 버스는 수시로 오며 약 1시간 정도 걸린다. 버스는 브라가의 공용 버스터미널에 도착하는데 여기서 포르토 및 다른 도시로 가는 버스를 탈 수 있다. 우리는 저녁 4시 반에 출발하는 발렌카 행 버스표를 예매해 놓고 약 3시간 반 정도의 시간을 가지고 점심 식사와 시내 관광을 했다. 브라가는 동양 사람들은 거의 오지 않는 듯 했는데 숨겨진 보석처럼 잘 가꾸어진 아름다운 도시이다. 하루 정도 시간을 내어 천천히 관광하는 게 좋다.

발렌카까지는 버스로 약 2시간 정도 걸린다. 조그만 버스터미널에 내리면 옆에 도로가 보이는데 이 도로가 바로 순례 길이다. 이 길을 따라 도심을 지나 성곽 유적지이자 관광지인 포르타레자(Fortaleza)에 도착하기 전에 라르고 다 트라피카하라(Largo da Trapichara) 로터리에서 좌측으로 약 1km 정도 걸어가면 공설 알베르게인 사오 테오니아(Sao Tetonia)가 나온다.

사오 테오니아는 약 85 침상을 갖춘 여유로운 공간에 주방, 로비 및 샤워 룸이 잘 갖추어진 알베르게다. 국경에 접한 관광지인 만큼 도심 구간에는 조그만 마을 호텔과 레스토랑이 많다.

담벼락에 노란색 화살표로 순례길 표시가 되어 있다

브라질에서 왔다는 순례자들과 함께 찍은 기념사진으로 같은 포르투갈어를 쓰기 때문에 편할 듯 싶었다

마을 지날 때 카페가 나오는데 이곳에서 즐기는 에스프레소 한 잔 값은 1유로에 불과하지만 그 맛은 훌륭하다

조그만 마을을 지나며 조우한 흐드러지게 핀 자주색의 넝쿨 꽃

한 순례자는 독실한 가톨릭 신자여서 성당 앞을 그냥 지나가는 일이 없다

포르투갈 제3 도시 브라가 중심가 전경

브라가 시내의 한 과일 상점에서의 한 여행자

포르투갈에서는 4월 중순이면 어디에서나 야생화가 지천으로 피어 있는데 특히 노란색 야생화가 많다

전형적인 공설 알베르게인 사오 테오니아 알베르게 전경

중심가 거리 풍경

거리 곳곳에서 보이는 동상과 조그만 쉼터

알베르게에서의 간단한 아침 식사

'포르투갈의 로마'로 불리는 브라가에는 성당이 많기로 유명하다

브라가의 특징이기도 한 꽃이 잘 가꾸어진 조그만 정원식 공원

▲ 발렌카부터 포리노(Porrino)까지 18km의 상세 루트

## 3일째: 발렌카 → 포리뇨(Porrino) 18km

알베르게를 나오면 바로 포르투갈의 오래된 성곽 유적지인 포르타레자가 나온다.

국경 수비를 위해 쌓은 포르타레자 성 입구

성곽 언덕 아래로 마을이 들어서 있는데 기념품 상점과 레스토랑이 많다

본래의 순례 길은 라르고 다 트라피카하라 로타리까지 되돌아 가 거기서 북쪽 국경으로 난 길을 따라 걷는다. 하지만 가능하면 거대한 돌로 된 성곽인 포르타레자를 둘러보고 가는 게 좋다. 이 성곽 안을 들어갔다가 나오도록 되어 있는 우회로를 이용하면 된다.

성곽 입구에서부터는 길 좌우로 기념품 상점, 레스토랑 및 호텔이 들어서 있다. 낮에는 관광버스를 타고 많은 관광객이 모여든다고 하는데 우리들은 아침 일찍 한적한 시간에 나와서 포르투갈과 스페인을 가로지르는 민호 강(Rio Minho) 주변의 아름다운 경관을 여유롭게 감상할 수 있었다.

포르투갈과 스페인을 연결하는 철교를 건너가면 인구 15,000명 정도의 스페인 투이(Tui) 마을이 나온다. 여기서부터는 편한 흙길이 계속된다. 강이 내려다보이는 조그만 언덕 위로 올라가면 중세 시대의 모습이 많이 남아있

포르타레자 성을 배경으로 한 단체사진

는 거리로 들어서게 된다. 그 거리에는 순례자들을 돌보았던 호스피스 건물을 개조한 조그만 박물관이 있고 그 앞에 상당한 크기의 성마리아 성당(Catedral de Santa Maria)이 들어서 있다. 또 인근에는 36명을 수용할 수 있는 공설 알베르게가 있는데 주방, 화장실, 샤워 룸 및 세탁 시설이 구비되어 있다.

투이 마을에는 이외에도 사설 알베르게 두 곳(El camino: 30명 수용가능, Villa San Clemente: 26명 수용 가능)과 함께 호텔 및 조그만 호스텔이 몇 곳 더 있다.

포르타레자 성 너머로 강 건너 스페인 투이 마을이 보인다

투이 마을을 빠져 나오면 조용한 시골길과 숲속 길을 번갈아 가며 걷게 되고 중간에 마실 수 있는 샘물도 나온다.

스페인을 연결하는 국경 철교를 건너며

우리가 4월 중순에 방문할 때에는 이미 상당한 녹음이 우거져 있어 시원한 그늘이 드리워져 걷기가 좋았다. 숲 속에는 엄청난 규모의 고사리 군락이 형성돼 있었다.

스페인 국경을 넘어와서는 길이 흙길인데다 나무가 울창한 숲길과 봄꽃이 가득한 들길로 이어지는 구간이 많아서 걷는 즐거움이 배가된다. 한동안 한적함을 즐기며

투이 마을 외곽의 카미노를 상징하는 순례자 조형물

사오 테오니아 알베르게를 나오면서의 기념사진

스페인의 투이 마을로 건너와서 찍은 단체사진

길을 걷다가 포리노 마을에 점차 근접하게 되면 다시 복잡한 찻길 옆을 지나게 되고 철도 위로 놓인 다리도 건너게 된다. 이 포리노 마을은 인구 16,000명 정도로 꽤 큰 편이다. 마을 안에는 카페와 피자 가게 등이 몇 군데 있다. 우리가 걸은 날은 이 마을로 들어서면서 비가 오기 시작하여 카페에서 잠시 비를 피해 쉬다가 다시 마을로 들어섰다.

최종 목적지 산티아고가 위치한 스페인으로 와서인지 길 안내 표시가 더욱 자주 나타난다

마을 중앙 부근에 조그만 강을 끼고 공설 알베르게가 위치해 있다. 수용 인원은 50명으로 신축한 지 얼마 지나지 않는 곳으로 보였고 시설도 훌륭했다. 슈퍼마켓도 걸어서 5분 정도로 가까웠다. 알베르게 이외에도 마을 호텔과 펜션 등이 있어 숙소 선택의 폭도 넓은 편이다. 이 마을에 들어서게 되면 목적지까지 100km도 남지 않게 된다.

푸른색 잔디로 잘 보존 된 포르타레자 성 주변 풍경

스페인 영토로 들어서자 걷기 힘들었던 포르투갈의 자갈길이 없어지고 편한 흙길이 이어진다

푸른색 잔디로 잘 보존 된 포르타레자 성 주변 풍경

### 4일째: 포리노 → 아케이드(Arcade) 23km

▲ 포리노부터 아케이드(Arcade)까지 23km의 상세 루트

포리노 마을을 출발하면 일반적인 시골길로서 드문드문 농가와 함께 주위에는 야채 밭과 포도밭이 보였다. 얼마 지나지 않아 해발 235m 높이의 언덕에 위치한 몬테 코르네도(Monte Cornedo) 마을이 보인다. 그 마을로 향하는 길의 경사는 급하지는 않지만 서서히 경사도가 가팔라진다. 그러다 자그마한 모스(Mos) 마을에 도달하게 되면 16명 정도를 수용하는 작은 알베르게가 있다. 들어가 보지는 않았지만 곁에서 보기에 현대식 건물에 꽤 깔끔할 것 같은 느낌이 들었다.

조금 더 걸어 가니 나온 한 카페에 들려 휴식을 취한 다음 내리막길로 들어서니 인구 3만 명 정도의 레돈델라(Redondela) 마을이 나왔다. 우리는 이곳의 한 레스토랑에서 점심으로 비프스테이크와 샐러드에 와인을 주문했는데 맛과 양은 물론 가격 면에서 매우 만족스러웠다.

레돈델라 마을의 한 레스토랑 입구

    이 마을을 다시 나와 왼쪽 옆으로 대서양과 만나는 리아 데 비고(Ria de Vigo) 만을 끼고 걸었다. 멀리 바다와 섬 그리고 매우 긴 현수교가 보이는 아름다운 풍경을 만끽하면서 걸을 수 있었다.

  길은 다시 150미터 정도의 알토 데 롬바(Alto de Lomba) 언덕으로 이어졌다. 이 언덕을 내려오면 차량이 많이 다니는 N-550 도로를 만나 이 길 옆을 따라 걸었다. 차량이 많고 길이 다소 좁은 만큼 주의를 요했다.

  아케이드 마을로 들어서면 몇 개의 마을 호텔과 사설 알베르게가 있다. 우리들은 'O Lar de Pepa'라는 사설 알베르게에서 묵었다. 젊은 주인이 영어도 잘하고 매우 친절해 인상적이었다. 2층에 3인용 베드 객실 2개를 잡았는데 넓은 거실과 주방, 목욕탕이 잘 마련되어 있었다. 숙박료는 1인당 10유로이고 슈퍼마켓은 숙소에서 10여분 거리에 있다.

레스토랑에서 와인과 함께한 푸짐한 점심식사

모스 마을 외곽에 위치한 한 카페에서 편한 휴식 시간과 커피 타임을 가져 본다

알베르게 2층 창문에서 내려다 본 베두고 강 주변 풍경

사설 알베르게 'O Lar de Pepa'는 주인이 무척 친절하고 시설도 훌륭하다

## 5일째: 아케이드 → 바로(Barro) 24km

▲ 아케이드에서 바로(Barro)까지 24km의 상세 루트

아케이드 마을을 내려오면 얼마 지나지 않아 베두고 강(Rio Vedugo)을 가로질러 서 있는 아름다운 석축교인 폰테 삼피고(Ponte Sampio)이 나온다. 이곳은 강과 바다가 만나는 지역으로 이끼가 낀 돌다리가 그 다리의 연륜을 말해 준다. 1795년에 지어졌다는 다리인데 사진을 찍기에도 좋은 곳이다. 여름에는 이 강 오른편에 있는 모래사장에서 해수욕이 가능하다고 한다.

다리를 건너고서는 다시 145m 높이의 언덕으로 오르게 된다. 다시 한적한 시골길과 숲길이 반복되는 걷기 편한 길이다. 언덕을 내려오면 다시 좀 복잡한 도로를 따라서 폰테베데라(Pontevedera) 마을로 이어진다. 이 마을은 인구가 75,000명 정도로 규모가 꽤 큰 만큼 관광 안내소 및 조그만 박물관은 물론 호텔 및 펜션 등의 숙박시설도 다양하게 들어서 있다.

공설 알베르게는 마을로 들어서기 전 철도역 부근에 있다. 56

명을 수용하는 곳으로 매우 현대적인 시설이다. 주방은 크지 않지만 로비도 넓고 편안하고 안락한 기분이 든다.

우리들은 이곳에서 비를 피하면서 배낭에 넣어 가져온 빵과 과일 및 치즈 등으로 점심을 먹고 다시 길을 재촉했다.

폰테베데라 마을에 들어서면 수도원과 마을 박물관과 여러 개의 특색 있는 광장이 나온다. 성당과 중세 시대의 건축물에 관심 있다면 시간적 여유를 갖고 마을 중심가에 있는 광장을 중심으로 둘러보는 것도 좋다. 광장 부근에는 중세시대 건물 사이 사이에 레스토랑은 물론 타파스(tapas)를 판매하는 술집도 많이 있다.

마을을 빠져 나오면 레레즈 강(Rio Lerez)을 가로지르는 긴 석축교를 건너게 된다. 여기서 부터는 다시 나무가 우거진 숲길로 이어진다. 그리고 길은 135미터 높이의 산으로 이어진다. 산 높이는 높지 않지만 다소 경사가 나 있는 길이다. 우리가 묵은 알베르게는 산 정상 부근에서 순례 길과 갈라져 오른쪽 편으로 난 길을 따라 500미터 정도 가야 하는 곳에 있었다. 학교 건물을 개조한 이 공설 알베르게는 22명을 수용할 수 있다. 외진 곳에 위치한 만큼 숙소 주변에는 슈퍼마켓 등의 편의시설이 전혀 없지만 알베르게의 관리인들이 직접 식사를 만들어준다. 주방 및 샤워 시설 등도 좋은 편이다.

우리가 그곳에 묵은 날은 비가 계속 내렸다. 우리 6명 이외에는 폴란드에서 온 순례자 2명뿐이어서 다소 오붓하게 식사를 함께 할 수 있었다. 8명의 순례자들은 다함께 촉촉하게 내리는 봄비 소리를 들으며 소박한 저녁 식사와 와인을 즐겼다.

'산티아고 까지 77km'라는 이정표를 기념으로 기념사진

아름다운 석축교인 폰테 삼피고는 바다와 접한 강 위에 1795년에 세워졌다고 한다

규모가 크고 잘 정비된 폰테베데라 마을의 알베르게로 우리는 점심을 여기서 먹고 다시 길을 나섰다

월드 트레킹 완벽가이드: 유럽　683

조그만 철제 다리를 건너서 숲으로 향한 길을 걷다보면 주변에 키가 큰 고사리가 많이 보인다

조그만 마을에도 대부분 성당은 있기 마련인데 이 성당은 17세기에 지어졌다

철길 건널목을 건너면 한동안 순례길이 철길 따라 이어진다

비가 많이 내리던 날 묵었던 조그만
공설 알베르게에서의 즐거운 시간

알베르게를 관리하는 분과 함께 한 기념사진으로 지체
장애자이신데도 환한 미소와 긍정적인 말투가 인상에 긴
여운으로 남는다

## 6일째: 바로 → 칼라스 데 라이스(Calas De Reis) 15km

알베르게를 나서서 약 500미터 더 가면 순례 길과 다시 만나게 된다. 하산길이 거의 끝나는 지점에 카페 하나가 자리잡고 있다. 이어지는 길은 시골 마을길과 숲길이 반복된다. 주변을 둘러보면 많은 포도밭이 보인다. 알베르게를 떠나 7km 정도 더 가면 또 하나의 알베르게가 나온다. 이곳은 상당히 현대적인 시설로 재단장한 건물로 28명을 수용할 수 있고, 주방 및 샤워 실 등이 잘 갖추어져 있다. 그 이후에는 칼라스 데 라이스 마을에 도착하기 전까지 레스토랑이나 카페가 없다.

칼라스 데 라이스 마을 중심 거리를 따라서 마을 구경에 나섰다

우리 일행이 이 알베르게를 지나면서부터 비가 세차게 내리기 시작했다. 시간적 여유도 있었고, 하루 정도는 좀 편하게 쉬는 시간을 갖는 것도 좋을 것 같아 우리는 칼라스 데 라이스 마을에 오후 1시경 도착해 그날의 걷기를 종료했다. 대신 자그마한 로터스 호텔(Lotus Hotel)에서 싱글 룸을 하나씩 잡고 휴식 시간을 가졌다. 어느 정도 휴식을 즐긴 후 저녁 무렵에 시내 관광에 나섰다.

칼라스 데 라이스 마을은 인구 1만 정도의 소도시로 스페인 지역임에도 보기 드물게 섭씨 40도 정도의 양질의 온천물이 나오는 곳이어서 로마 시대부터 휴양지로 발달했다고 한다. 시내 중심가에는 무료 노천온천이 2곳 있다. 하나는 5~6명이 들어가 목욕을 할 수 있는 크기의 노천 온천이고, 다른 하나는 발만 담글 수 있을 정도의 조그만 온천이다. 끊임없이 온천수가 뿜어 나오는 광경이 인상적이었다. 또 시내에는 강변을 끼고 매력적인 레스토랑과 바가 들어서 있다.

비가 잦아드는 가운데 어느 정도 시내 곳곳을 산책했다. 재래시장을 천천히 구경하면서 수제 치즈와 하몽, 살라미 소시지 등도 샀다. 노천 온천에 가서 뜨거운 온천물에 발도 담가보다가 저녁 7시경 레스토랑으로 들어가 저녁을 시켰다. 스페인 현지 사람들은 밤 10시나 되어야 저녁을 먹기 때문에 손님은 우리들과 프랑스에서 왔다는 8명의 순례자들뿐이었다. 서로 옆 테이블에 앉았기에 말은 잘 통하지 않았지만 '부엔 카미노(Buen Camino)'라고 건배를 하며 휴식 시간을 가졌다.

칼라스 데 라이스 마을에 있는 공설 알베르게는 36명의 인원을 수용할 수 있는 곳으로 베르마나(Bermana) 다리를 건너자마자 왼편에 있다. 잠깐 들어가 보았는데 다른 공설 알베르게에 비해 그리 시설이 좋은 편은 아니었다. 뿐만 아니라 우리는 비에 젖은 옷을 말리고 세탁을 할 필요도 있어 알베르게 대신 인접한 곳에 있던 호텔에 숙박했다. 그곳은 다소 오래되었지만 격조 있는 건물에 싱글 룸 객실료가 30유로였다.

로마 시대부터 온천 휴양지로 알려진 칼라스 데 라이스 마을의 작은 온천에서 족욕으로 피로를 푸는 순례자들

마을 중앙에 조그만 강 위로 다리가 놓여 있는데 비가 내려서인지 차분한 분위기가
물씬 풍긴다

큰 야자나무가 있어 남국의 휴양지 분위기를 물씬 풍기는 어린이 놀이터

비가 잦아들면서 많은 사람들이 야자나무가 많은 시가지를 활보하고 있다

뜨거운 온천수가 힘차게 뿜어져 나오는데 1881년에 만들어졌다는 명판이 보인다

프랑스에서 온 순례자들과 함께 한 저녁 식사

세탁기가 구비돼 있어서 편리했던 마을의 한 호텔

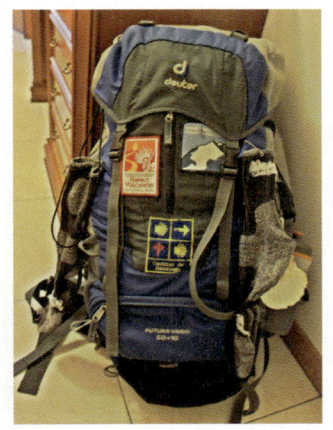

잘 마르지 않는 양말은 배낭에 옷핀으로 매어 다니면서 말리면 좋다

월드 트레킹 완벽가이드: 유럽

▲ 칼다스 데 라이스에서부터 테오(Teo)까지 28km의 상세 루트

### 7일째: 칼다스 데 라이스 → 테오(Teo) 28km

　이 날은 순례 여정 중 가장 많이 걸은 날이다. 칼라스 데 라이스 마을 중심부를 빠져 나와 우미아 강(Rio Umia) 위에 놓인 석축교를 지나 한적한 시골길로 들어섰다. 길은 자연적으로 조성된 풀밭 길과 시골길이 번갈아 나타났다. 중간 중간에 조그만 성당이나 카페가 있어 잠깐씩 휴식을 취할 수 있었다. 이 길에서는 완만한 경사로 165m의 코르티나스(Cortinas) 언덕을 올랐다. 언덕 정상 부근에는 80명을 수용할 수 있는 대규모 공설 알베르게(Xunta Valga)가 있고 그 부근에 조그만 호텔도 한 곳 있다. 이후 발가(Valga) 계곡을 만날 때까지 하산 길이 이어지다가 다시 나즈막한 언덕을 완만하게 오르게 된다. 그 정상에 오르니 멀리서 공업 지대인 폰테세수레스(Pontecesures)가 보였다.

　다시 내리막길로 가면 폰테세수레스에 다다르게 된다. 이곳에도 54명을 수용할 수 있는 공설 알베르게(Xunta Pontecesures)가 순례 길에서 200m 떨어진 곳에 위치해 있다. 이곳은 새로 개조한지 얼마 되지 않은 곳으로 샤워 룸도 충분하게 많고 주방도 잘 갖추어진 곳이었다.

　여기서 3.5km 정도 더 가면 울라 강(Rio Ulla)을 지나서 인구 9,000명 정도의 도시인 파드론(Padron)에 도착한다.

　우리가 이곳을 지날 때는 마침 시골 장이 열리는 날이었는데 순례 길이 한쪽으로는 사르 강(Rio Sar)이라는 조그만 강을 끼고 또 한쪽으로는 장터로 사용되는 널찍한 광장을 띠리 나 있어 길을 찾는 데 상당히 고생을 했다. 대신 흥미로운 스페인 시골의 장날 구경을 할 수 있었다. 여기서 농부들이 직접 만든 수제 치즈와 소시지, 그리고 스페인 전통 과자 등을 시식해 보는 흥미로운 체험도 했다. 시골장이 열리는 광장에는 아름드리나무들이 양쪽으로 심어져 있어 독특한 풍경을 자아냈다.

  약간 늦은 오후에 중심가 부근의 레스토랑에 들어가 큼직한 비프스테이크와 샐러드를 와인과 함께 점심으로 즐겼다. 6명이 즐긴 점심 계산서에는 7만원이 안 되는 가격이 적혀 있어 무척 만족스러웠다.

  점심 식사 후 다소 늦은 오후였지만 다음 알베르게가 있는 곳까지 좀 더 걷기로 하고 다시 길을 나섰다. 순례 길은 철길 옆을 따라 나 있는 흙길이었다가 다시 시골마을 길로 이어졌다. 8km 정도 이후에는 복잡한 N-550 도로와 만났다. 중간에 적당한 알베르게나 마을 호텔이 없어 결국 10km를 더 가서 테오란 마을 약간 못 미친 곳에 위치한 알폰소(Alfonso) 펜션에서 여장을 풀면서 하루 일정을 마무리 할 수 있었다. 펜션이라고 쓰여 있었으나 마을 호텔이나 진배없었다.

구속철도 구간인 것으로 보이는 철길 건널목에서    파드론 마을을 지날 때 마침 장날이어서 시골 장터를 구경하고 시식도 해 본다

스페인 시골의 레스토랑에서 선보이는 음식은 양도 푸짐하고 가격도 저렴했다

산티아고까지 남은 거리가 39km임을 알리는 이정표

전날 묵었던 로터스 마을 호텔 앞에서의 단체사진

아름다운 베르마나(Bermana) 석축교 다리 중앙의 십자가가 인상적이다

안개 속의 소박한 들꽃이 흐드러지게 핀 시골길을 지나는 순례자들

전날 저녁 레스토랑에서 함께 한 프랑스에서 온 순례자들을 다시 만나 찍은 단체사진

스페인 시골마을의 카페에서는 달달한 카페라테나 에스프레소를 즐기는 순례자들

흐린 날씨가 점차 개면서 내리쬐는 햇볕을 받으며 포도밭 사이 길을 지나가는 순례자들

채소밭이 보이는 봄날의 스페인 농촌 풍경을 배경으로 선 순례자들

오후 들어 날씨가 맑아지면서 봄기운이 더욱 만연해진다

스페인의 국립공원 관리원이 그의 스마트폰으로 무언가를 보여 주었는데 스페인어라 잘 이해를 하지 못했다

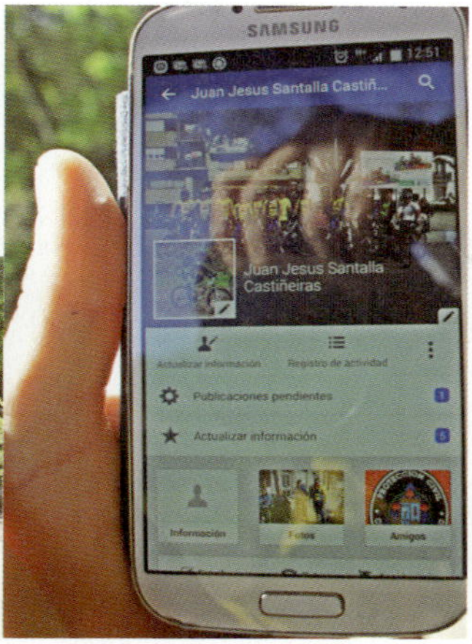

개나리꽃과 유사한 분위기의 노란색 꽃을 배경으로 선 순례자

주말을 맞아 평탄한 순례 길을 따라서 자전거 라이딩을 즐기는 사람들

푸른 하늘과 노란색 들꽃을 배경으로 혼자서 또는 여럿이 함께 기념사진을 찍는 순례자들

길가에 있던 너무 귀여운 강아지를 보니 집에 두고 온 반려견 생각도 나는가 보다

오랫동안 잔잔한 여운으로 남아 있는 평화롭고 아름다운 순례 길 주변 풍광

테오마을에서 묵었던 3성급 호텔인데 펜션을 의미 하는지 P라는 알파벳과 순례자 표시도 되어 있는데 다소 비싸지만 넓고 쾌적한 곳이다

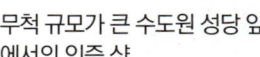

무척 규모가 큰 수도원 성당 앞에서의 인증 샷

28km 이상 걸었지만 길이 평탄하여 크게 힘들지는 않았던 여정 중 테오 마을 주변을 걷는 순례자들

### 8일째: 테오 → 산티아고 10km

순례길 마지막 날이다. 펜션에 딸려있는 카페에서 커피와 빵으로 아침을 해결하고 출발했다. 순례 길은 숲길 속으로 나 있었다. 목적지인 산티아고까지 9.8km가 남았다는 이정표를 기념으로 기념사진을 찍고 걷다 보면 점차 집들이 많아지는 도시 외곽지대로 들어서는 것을 알 수 있었다.

산티아고 성당까지 약 4km 정도를 남기고는 혼잡한 도로를 따라 걸었다. 도심 구간에는 카미노 표시가 많지 않고 또 찾기가 어려워 다소 헤매면서 걸었다. 산티아고 대성당에 도착하기 전 2km 정도에 드디어 프랑스 길과 합쳐지는 부분에 도착했다. 여기서부터는 인구 10만 명의 도시인 산티아고의 복잡한 도심 구간을 걷게 된다.

멀리서 대성당의 첨탑이 보였다. 우리들이 대성당에 도착한 것은 오후 2시경. 여러 가지 감정이 이입되는 순간이었다. 산티아고 대성당 앞쪽에는 광장이 있다. 긴 순례 길을 마치고 이 광장 앞에 서는 기분은 복잡다단하리라. 특히 30일 이상 긴 길을 걸은 순례자들은 더욱 그러하리라.

무사히 순례 길을 마친 것에 대한 기도를 드리고 사진도 찍은 후 대성당 옆 건물에 들어가 완주 증명서를 받고 나왔다. 일단 숙소를 구하기 위해서는 대성당 옆에 위치한 관광 안내소를 들어가는 게 좋다. 안내소에서는 영어에 능숙한 봉사자들이 숙박 형태, 예산 및 원하는 위치 등을 듣고 적당한 곳을 지도 위에 표시해줬다.

우리들은 알베르게보다는 좀 더 편안한 곳에서 쉬고 싶어 다소 저렴한 호텔을 안내받아 대성당에서 걸어서 5분 정도 위치의 호텔을 잡았다. 여름 성수기에 찾아간다면 미리 호텔 예약을 하고 가는 것이 좋다. 대성당 인근의 알베르게의 경우에는 여러 규모의 다양한 공설·사설 알베르게가 있으므로 좀더 선택의 폭이 넓다. 대성당에서 차량으로 약 7분 정도 떨어진 곳에 한인 민박집도 있다.

우리들은 다음날 피스테라를 버스를 타고 가서 관광 후 마드리드로 갈 예정이어서 산티아고에서는 2박을 했다.

일단 호텔에 짐을 풀고 샤워를 한 후 다시 대성당으로 들어가 시간을 갖고 여유 있게 박물관과 성당 내부를 둘러보았다. 2010년 프랑스 길을 통해 도착했을 때는 그 해가 성년(聖年)이라 엄청난 순례자가 몰려들어 제대로 보지 못했었다.

산티아고 성당 주변 거리는 역시 많은 레스토랑과 선물 가게 등으로 복잡하다. 산티아고 대성당까지 무사히 완주한 것을 자축하기 위해 레스토랑에 들어가 포도주을 곁들인 빠에야 등으로 푸짐한 저녁식사를 즐겼다. 밤이 되어도 대성당 주변은 여전히 많은 사람들로 북적였다. 성당 옆에 아치형 구조로 된 회랑 밑에서 오페라 아리아를 부르는 무명 가수의 공연이 인상이 깊었다. 석조 건축물 사이로 자연적으로 울려 나오는 풍부한 소리에 다들 걸음을 멈추고 들었다.

산티아고 인근 시 외곽에 위치한 대형 슈퍼마켓을 천천히 둘러보면서 점심으로 먹을 과일 등 식료품을 샀다

호텔 레스토랑에서 즐긴 아침 식사를 즐기면서 전날 함께 걸었던 독일에서 온 여성 순례자들과 찍은 기념사진

순례길 마지막 날인데 다시 농촌 마을을 지나면서 그날의 보도 순례를 시작한다

산티아고 시내 중심부로 들어서자 곳곳에 관광객들과 순례자들로 북적였다

산티아고 시내로 들어섰지만 성당까지는 상당히 더 걸어야 했기에 잠시 그늘 아래에서 배낭을 벗어 놓고 휴식 시간을 즐기는 순례자들

목적지인 산티아고 성당까지 10km가 채 남지 않았음을 알리는 이정표에서의 필자

노란색 들꽃이 만개한 순례 길 마지막 구간을 여유 있게 걸어간다

산티아고 대성당 도착 인증사진으로 아쉽게도 성당 외부는 대보수공사 중이었다

산티아고 대성당 앞의 널찍한 광장

산티아고 순례길 완주 증명서와 크레덴샬에 찍힌 스탬프

산티아고 순례길 완주 증명서를 발급 하는 곳으로 크레덴샬에 찍힌 스탬프를 확인하여 100km 이상 걸었는지를 확인한다

대성당 박물관에서 나와 다시 한 번 뿌듯한 마음을 가지고 바라본 광경

산티아고 성당안의 박물관 입구

성당 안 박물관 내부 광경으로 넓은 공간에 조형물과 종 등이 전시되어 있다

대성당 본당 내부 모습으로 미사가 열리는 곳인데 전면 중앙에 성 야고보 상이 있고 뒤쪽으로 들어가서 볼 수도 있다

산티아고에서 묵었던 대성당 주변의 조그만 호텔인데 가정집을 개조한 것 같았다

산티아고 입성을 기려 빠에야, 피자와 포도주로 즐긴 조촐한 만찬

산티아고 대성당 안에서 고해성사를 드리는 광경

대성당 옆의 큰 건물인데 호텔로 사용되고 있는 듯 했다

피스테라로 가기 위해 버스터미널로 가면서 다시 본 대성당 앞 광장의 아침 광경

대성당 옆에도 조그만 규모의 성당이 많이 들어서 있는데 아침 햇살을 받아 더욱 느낌이 진하게 다가온다

### 6) 피스테라 및 마드리드 관광

　피스테라(Fisterra)는 콜럼부스(Christopher Columbus)가 신대륙을 발견하기 전 땅 끝이라고 생각했던 곳이다. 산티아고에서 피스테라까지는 79km로, 걸어서 가면 3일 정도 걸리는 거리인데 많은 사람들이 이곳은 버스로 간다.

　산티아고 대성당에서 걸어서 15분 정도 거리에 있는 공용 버스터미널에서 버스를 타야 하는데 2시간 이상이 소요된다. 택시로 간다면 1시간이 채 걸리지 않는 거리이지만 버스는 여러 마을을 거쳐서 가기 때문이다. 대서양의 해변 마을을 거치면서 가기 때문에 이 버스 여행 또한 나름 운치가 있다.

피스테라에 도착하면 완만한 도로를 따라 40분 정도 오르면 피스테라 등대가 나타나고 등대 뒤로 해서 꽤 가파른 절벽이 있다. 옛날에는 이곳에서 순례 길을 마친 뒤 헤어진 옷이며 신발 등을 태워서 대서양으로 던졌다고 한다. 지금은 이를 금지하고 있지만 그래도 일부 순례자들이 가끔씩 그러한 의식을 거행하는지 여기 저기 바위에 그을음이 남아 있었다.

등대 주변의 바위에는 여러 명판이 보이는데, 등대 가기 전에 기념품 상점이 한 곳 있다. 순례자가 아니더라도 관광객들이 여기까지 관광버스를 타고 오는 것을 볼 수 있었다.

우리가 그곳을 찾았던 시기는 계절이 4월 말로 향하던 때였다. 그곳의 언덕도 노란색 야생화가 만발하기 시작해 푸른색의 바다와 함께 환상적인 풍경을 자아냈다. 다시 피스테라 마을로 내려와 항구를 구경하다가 다시 산티아고로 돌아왔다.

아침 일찍 출발하면 성 야고보의 전설이 전해지는 어촌 마을인 무시아(Muxia)를 들렀다가 올 수도 있었으리라. 무시아에는 해변에 노사 세노라 다 바카(Nosa Senora da Barca) 성당이라는 조그맣고 아름다운 성당이 있다. 2013년 크리스마스 날에 벼락으로 인한 화재로 소실되어 버렸는데 오늘날에는 다시 복원되었다고 한다.

산티아고로 돌아와 다음날 아침 일찍 산티아고 공항에서 라이언에어로 마드리드로 왔다. 산티아고 공항으로 가는 버스는 역시 산티아고 공용 버스 터미널에서 출발하며 약 30분 정도 소요된다.

마드리드에 도착하여 공항버스 편으로 미리 예약해 둔 철도역인 아토차(Atocha) 역에 가까운 호텔에 체크인 한 시간이 정오경이었다. 관광에 쓸 수 있는 시간은 남은 오후와 밤 시간 그리고 그 다음 날 이른 아침 2시간 정도뿐이었다.

일단 오랜만에 중국 음식점을 찾아서 오랜만에 새우 볶음밥과 탕수육 등으로 포식을 한 다음 각자 쇼핑할 사람과 바로 인근에 위치한 소피아 국립 현대 미술관을 관람할 사람으로 나뉘어서 관광 및 쇼핑을 했다.

우리들이 예약한 호텔(Urban Sea Hotel, Atocha 113)은 작지만 시설이 좋은 현대식 호텔이다. 저렴한 값에 위치 및 교통이 좋아 다시 마드리드에 간다면 꼭 다시 찾고 싶은 호텔이다. 왕궁 및 태양의 광장, 프라도 미술관 등 관광 명소가 대부분 걸어서 다녀도 될 정도의 위치에 있었다. 저녁에는 각자의 자유 시간을 가졌고, 다음 날에는 귀국하기 전 약간의 아침 시간을 최대한 활용하고자 막 동이 튼 새벽에 호텔을 나서 한적한 거리를 활보했다. 왕궁, 그리고 돈키호테(Don Quijote)와 작가 세르반테스 Cervantes) 기념비가 있는 공원 등을 약 2시간 정도 부지런히 돌아보면서 길었지만 아쉬운 포르투갈·스페인 산티아고 순례여행의 대단원을 마무리했다.

피스테라 등대로 올라가는 길인데 30분 정도 경사진 길을 올라가야 한다

언덕을 오르다가 뒤로 돌아 보니 피스테라 마을 전경이 보인다

노란색 야생화가 만발한 피스테라 언덕 옆으로 대서양이 보인다

피스테라 언덕에 올라서 대서양을 배경으로 포즈 취한 순례자

피스테라 등대 앞에서 검푸른 바다를 카메라 앵글에 담는 한 순례자

피스테라 마을의 한 공원 풍경으로 우리는 여기서 피크닉 온 기분으로 점심을 먹었다

피스테라 등대가 있는 언덕으로 바로 앞이 대서양이다

피스테라 언덕 옆 바위에 여러 명판이 붙어 있다

피스테라 등대로 가는 길에 있는 순례자 동상 주변 풍경

에메랄드 빛 바다색으로 아름다운 피스테라 해안가

한 때는 조그만 어촌 마을이었던 피스테라는 오늘날 관광객이 많이 찾아온다

피스테라 마을 해변에 있는 산 카를로스 성으로 성이라고 하지만 아주 작은 규모의 집이다

'0.0km'라고 적혀 있는 피스테라 언덕의 이정표 앞에서의 단체사진

피스테라 마을에 있는 사설 알베르게

피스테라 등대 부속 건물 주변으로 조그만 산책로가 나있다

피스테라 언덕에서 바라 본 숨이 멎을 것 같은 해안 절경

피스테라 해변의 모래사장인데 여름에는 해수욕도 가능하다

피스테라 마을의 항구로 조그만 어선들이 많이 정박해 있다

산티아고 시내를 돌아보면서 본 주변 풍경

마드리드로 가는 저가 항공사 라이언 에어에 탑승하면서

마드리드 아토차 역 앞 호텔로 가는 길

**월드 트레킹 완벽가이드: 유럽**

새벽에 산티아고 공항으로 가는 버스를 타기 위해 걸었던 어두운 거리 풍경

스페인 현대미술 작품을 모아 놓은 레이나 소피아 미술센터 앞 광장 풍경

레이나 소피아 미술센터에서는 플래시를 쓰지 않으면 작품 촬영도 가능하다

스페인의 명물 과자 토로스로 초콜릿에 듬뿍 찍어서 먹으면 좋다

스페인 왕궁과 주변 광장의 이른 아침 풍경

마드리드에서 가장 번화한 태양의 광장 주변 저녁 무렵 풍경

마드리드 시내 중심의 마요르 광장 풍경

# 월드트레킹 완벽가이드
# 유럽

**이탈리아** 알프스 돌로미테 지역 산악트레킹 · **영국 스코틀랜드** 웨스트 하이랜드 트레킹
**스웨덴** 피엘라벤(Fjallraven) 클래식 트레킹 · **산티아고** 카미노 순례길 트레킹: 프랑스·포르투갈루트

| | |
|---|---|
| 발행 | 2018년 1월 31일 |
| 지은이 | 이재홍 |
| 펴낸 곳 | 여행마인드(주) |
| 발행 · 편집인 | 신수근 |
| 편집디자인 | 나래 |
| 등록번호 | 제978-89-88125호 |
| 주소 | 서울 관악구 관악로 105 동산빌딩 403호 |
| 전화 | 02-877-5688(대) |
| 팩스 | 02-6008-3744 |
| 이메일 | samuelkshin@naver.com |
| 홈페이지 | www.globaltourmind.com |

ISBN 978-89-88125-40-3 부가기호 03920 (양장제본)
정가 38,000원